"案"中观察

中华法文化寻踪

龙大轩 著

知识产权出版社
全国百佳图书出版单位
—北京—

图书在版编目（CIP）数据

"案"中观察：中华法文化寻踪/龙大轩著.—北京：知识产权出版社，2024.3

ISBN 978-7-5130-8894-7

Ⅰ.①案… Ⅱ.①龙… Ⅲ.①社会主义法制—研究—中国 Ⅳ.①D920.0

中国国家版本馆 CIP 数据核字（2023）第 170858 号

策划编辑：庞从容　　　　　　　责任校对：王　岩
责任编辑：张琪惠　　　　　　　责任印制：刘译文
封面设计：张　张

"案"中观察：中华法文化寻踪

龙大轩　著

出版发行：知识产权出版社有限责任公司	网　　址：http://www.ipph.cn
社　　址：北京市海淀区气象路50号院	邮　　编：100081
责编电话：010-82000860 转 8782	责编邮箱：963810650@qq.com
发行电话：010-82000860 转 8101/8102	发行传真：010-82000893/82005070/82000270
印　　刷：三河市国英印务有限公司	经　　销：新华书店、各大网上书店及相关专业书店
开　　本：880mm×1230mm 1/32	印　　张：9.125
版　　次：2024年3月第1版	印　　次：2024年3月第1次印刷
字　　数：227千字	定　　价：78.00元
ISBN 978-7-5130-8894-7	

出版权专有　侵权必究

如有印装质量问题，本社负责调换。

自 序

仁：中华法系的重要文化基因

仁：中华法系的重要文化基因

中华法系作为独立于世界之林且数千年传承不息的国家治理体系，涵盖了整个古代中国法律的制度、思想和文化，历经夏商周的"礼刑"体系、春秋战国秦朝的"法律"体系、汉唐明清的"礼法"体系，至清末西法东渐方始解体。《道德经》云："不失其所者久，死而不亡者寿。"自近代以来，虽然中华法系外显的形式载体已逝，但其内含的文化基因犹存。习近平主席在比利时欧洲学院谈中华文明时指出，孝悌忠信、礼义廉耻、仁者爱人是中华民族的文化基因，"至今仍然深深影响着中国人的生活"。忠孝信义一类的价值观，在传统社会既是妇孺皆知的道德概念，也是身体力行的法律准则，依法律演进史的眼光观之，则是中华法系的文化基因。它不因朝代更迭便訇然断裂，亦不因制度变革就戛然而止，而如春雨润物般化入民众心灵深处，代代相传。在这种道德元素和法律元素同构的法文化模式中，道德所褒扬的，法律必予以维护，法律所制裁者，道德则予以贬斥，与西方强调法律与道德应当有明确边界的法文化迥然不同。

传统道德名目众多，但可以用一个总概念"仁"加以统揽。著名哲学家冯友兰先生说："惟仁亦为全德之名，故孔子常以之统摄诸德。"他认为忠、孝、节、义、悌、礼、智、信、廉、耻等各种德目，全都包含在"仁"的范畴之中。《说文解字》释云："仁，亲也。从人，从二。"其字形构造为"人"与"二"的结合，意指用亲的态度去处理人与人的关系。依朱熹之言，仁即是"天理""人情"；用王阳明的话讲，仁便是"良知"。梁启超先生在其《先秦政治思想史》中认为，"仁"乃是"二人以上相互间之同类意识"，你希望别人用什么样的心态和行为来对待自己，自己就应该用相同的心态和行为对待别人，正是俗语所说的"将心比心"。将"仁"这种"同类意识"运用在不同的人际关系上，遂形成不同的道德要求和法律准则。推运于父子之间，便有了"父慈子孝"的要求；推运于夫妻之间，便有了"夫妇以义"的要求；推运于君臣之间，便有了"君仁臣忠"的要求；推运于普通人之间，则有了"朋友有信"的要求。依此类推，可以囊括所有社会关系。故简而言之，中华法系最重要的文化基因就在"仁"这个字上。

纵向考察，中华法系文化基因的形成，经历了漫长的历史过程。吕思勉先生在《先秦史》中说："古有礼而已矣，无法也。"夏商周三代以"礼"为治，并用"刑"来保障其实施，"礼"既具备道德的特征，又具有法律的功用。这一千余年的治理实践，培育了法律元素与道德元素同构的基因胚胎，且已具雏形。降至春秋战国礼崩乐坏，原有的"礼"失去了构建秩序的功能，各诸侯国纷纷进行法制改革。约在公元前6世纪下半叶，郑国、晋国等将以前的"刑"从"礼"中剥离出来，进行专门立法，铸刑书、刑鼎；后来魏国李悝以此为基础，"撰次诸国法，著《法经》"（《晋书·刑法志》）。"法"作为一种崭新的行为规范登上历史舞台；商鞅变法时，又"改法为律"。当"法""律"出现之后，"礼"逐渐被抛弃在法律之外，不再由国家强制力保障实施而变为道德，中国的道德与法律从此分离。对这种变化，孔子曾痛惜不已，力求恢复三代的"礼治"，然而往者不可谏,来者犹可追,于是他提出了"仁"的概念,用以补救"礼治"失落的不足。据统计,《论语》一书中,"仁"字出现了109次。孔子说:"人而不仁,如礼何?"意思是,人若是缺乏内心的仁,光有礼乐制度也难以约束其行为。换言之,"礼"作为具象的制度易变,"仁"作为抽象的精神却长久,只要能抓住"仁"这一核心,并用以指导制度设计与改造,人间法制必将获得永不枯竭的生命力。孟子承其旨趣,大力倡扬"仁政"。到孔孟这里,法律制度赖以存续与发展的文化基因首次被揭示和强调。后世学者对此给予高度评价,郭沫若先生在《十批判书》中誉之为"人的发现"。

然而,扫平先秦乱世、一统中国的秦朝并未采用儒家的主张,而是推行"弃礼任法"的法制政策,最终出现了贾谊所说的"仁义不施""本末并失"困境,导致二世而亡。鉴于前朝得失,自汉武帝"罢黜百家,独尊儒术"之后,历代王朝皆采"礼法并用""德主刑辅"之策,"仁"的文化基因被重新激活,且得到大力呵护。经两汉的引礼入法,历魏晋南北朝的礼法结合,到隋唐达至礼法合一,凡是道德所反对的,法律必给予制裁;道德所赞扬的,法律则予以维护。诚如《明史·刑法志一》所言:"唐撰律令,一准乎礼以为出入。"中华法系的文化基因至此定型、成熟,宋元明清相沿不改。由汉到清的两千多年间,在自身基因的支配下,中华法系生发出一系列颇具传承价值的思想、原则和制度。如:"法尚简略""以民为本""情法两平""世轻世重"的法律思想;强化道德与法律衔接的"亲属相隐""准五服以制罪""矜恤折狱""刑罚用中"法制原则;追求天理、国法、人情相统一的"存留养亲"、"轻重相举"、"录囚"、"虑囚"以及死刑"覆奏"等制度,无不展现了"仁"的精神,推动了法律和道德的有机融合,从而使中华法系铸就出卓然不群的禀赋。正如清末大理院正卿张仁黼所说:"数千年来礼陶乐淑，人人皆知尊君亲上，人伦道德之观念，最为发达，是乃我国之国粹，中国法系即以此。"

横向剖析，中华法系既以仁所包含的道德为基因，其运行机制主要表现为两大价值取向。一方面，法律制度的设计创制以仁义道德为指导。若法律中出现背离常情常理的内容，则依道德对之进行立改废释。如秦朝有强制告奸的法律规定，父子、夫妻之间也不例外。云梦秦简《法律答问》载："夫有罪，妻先告，不收。"汉承秦制，早期亦有"重首匿之科"的单行法，严重伤害亲属伦理。到汉成帝时，便以诏令形式予以废改："父子之亲，夫妇之道，天性也。虽有患祸，犹蒙死而存之。诚爱结于心，仁厚之至也，岂能违之哉！"规定父子、夫妇、祖孙之间相互包庇犯罪不追究法律责任，形成"亲亲得相首匿"原则，唐朝袭之而为"同居相为隐"。法乃人定规则，不可能对社会现状包罗无遗，当法律条文出现与天理、人情相对立的状况时，则更需要用道德情理进行解释。《太平御览》载，汉代一女子的丈夫死于海难，母亲将其改嫁。汉律有文："夫死未葬，法无许嫁。以私为人妻，当弃市。"若机械依照律文将其处死，虽然合法却大悖情理。董仲舒引用礼义加以变通："妇人无专制恣擅之行，听从为顺。"该女为"尊者所嫁"，非私为人妻，"不当坐"。这种以道德诠释作为有效司法解释的审判方式，史称"春秋决狱"，又曰"仁义法"，取得了良好的社会效果。唐朝出现严格的罪刑法定原则之后，"春秋决狱"淡出法制舞台，但对情法不符的案件，仍然会在"断由"部分用道德进行说理，以引导判决，所谓"屈法以伸情"是也。

另一方面，法律制度的实施运行以维护仁义道德为追求。古代法皆依道德而立，通常情况下，违反道德的行为，自然会违反法律，径依律令规定处置，便能达到维护道德的目的。然则"法之设文有限，民之犯罪无穷。为法立文，不能网罗诸罪"（唐代孔颖达语）。

一旦出现社会危害性大而法律又无规定的行为，便会给司法机关带来难题：制裁则有损法律权威，放任又会妨害道德尊严。如南朝刘宋时张江陵骂母，致其上吊自杀，当处弃市之刑，结果刚好遇到大赦。按照当时的制文，殴打父母处枭首，遇大赦也不予赦免；但骂詈父母遇大赦能否赦免，没有明确规定。朝廷讨论该案时，大臣孔渊之认为："夫题里逆心，而仁者不入，名且恶之，况乃人事。故殴伤咒诅，法所不原，詈之致尽，则理无可宥。"他建议按殴打父母的规定处张江陵枭首，不予赦免，得到皇帝认可。实践中摸索的经验到唐朝积淀为定制，《永徽律疏·贼盗律》疏议曰："金科虽无节制，亦须比附论刑。岂为在律无条，遂使独为侥幸"，对此类疑难案件，不能任由犯人逍遥法外，而应逐级上报，由高级官员"量情为罪"。"道之以德，齐之以礼，有耻且格。"法律评价服从于道德评价，长期置身于这种法律生活中，民众养成了"德法同物"的法心理，莫不视道德为最低行为底线而不敢越雷池一步，在不知不觉中形成自律习惯，循规守法便内化为人生信条。以至于法国启蒙思想家伏尔泰说："中国人最深刻了解、最精心培育、最致力完善的东西是道德和法律。"

　　清末法制改革后，制度设计奉西方模式为圭臬，道德法律遂分而治之。追求法治固然是美好的理想，使得吾国法律体系走向现代化，但单纯追求法治而漠视德治的功能，也给百年来的法律实践带来诸多困惑。《诗经》云："周虽旧邦，其命维新。"中华民族五千多年优秀法律文化之于当下，必有其不可磨灭的贡献！党的十八大以来，要求法治建设必须"坚持依法治国和以德治国相结合"，正是对固有文化基因的继承与发展，将裨助中华法系在新的历史时期实现伟大复兴！

目 录

自 序

仁：中华法系的重要文化基因　　i

上篇·中华法文化的精神

第一讲　法者仁心　003

第二讲　德法合治　011

第三讲　孝悌与法（上）　020

第四讲　孝悌与法（下）　028

第五讲　忠诚守信　036

第六讲　谦恭礼让　044

第七讲　夫妻情义　052

第八讲　侠之大义　061

第九讲　尚廉知耻（上）　069

第十讲　尚廉知耻（下）　076

第十一讲　法治理想　084

下篇 · 中华法文化的实践

第一讲 《诗经》中的婚姻法（上） 095
第二讲 《诗经》中的婚姻法（下） 103
第三讲 战争中的礼数 110
第四讲 真假太子案 117
第五讲 上洛盗墓案 125
第六讲 董宣执法案 132
第七讲 李冲分家案 140
第八讲 陈元顶撞老母案 148
第九讲 吉翂代父受刑案 157
第十讲 景慈证母获流刑案 165
第十一讲 张江陵骂母案 174
第十二讲 乙龙虎守丧案 183
第十三讲 宋江哭父案 193
第十四讲 郭立桢枪杀堂兄案 201

附　录

附录一 新时代"德法合治"方略的哲理思考 211
附录二 国家治理需要法律和道德协同发力 252
附录三 民法典充分体现中华优秀法律文化 257
附录四 民法典"绿色原则"中的法治文化传统 263
附录五 我国古代法律中的刑事责任年龄 269
附录六 积极探索社会主义法治文化传播新途径 274

上　篇

中华法文化的精神

第一讲　法者仁心

民国时期有一位文化怪杰叫辜鸿铭，被西方人称为东方最伟大的哲学家，他写了一本书，名为《中国人的精神》。法律跟人一样，是有精神的。法文化作为法律的高级形态，同样有自己的精神，它以法的精神为精神。人要是没精神，就可能是个病人；法要是失去了精神，就很有可能变成恶法。

这里的中国法，主要指的是中国几千年传统社会的法律。我认为，法的精神就是人的常情、常理、常识。这种常情、常理、常识，用学术语言来表达，就是"仁"，"仁"用通俗的语言来说，就是人心。法律维护这"三常"，就有精神；违反这"三常"，总是和情理人心对着干，那就不是有没有精神的问题了，而是"发神经"。

先来讲一个案例。《太平御览》中记载：汉武帝时，甲的丈夫乙乘船遇到风浪被淹死，无法下葬。后来，甲的母亲丙就把甲嫁出去了。有关部门认为，按照当时的法律规定，"夫死未葬，法无许嫁"。丈夫死后，要等到尸体下葬了，做妻子的才能再嫁；如果丈夫还未下葬妻子就再嫁，要处以"私为人妻"罪名，当弃市。(《太平御览》卷六百四十引)

在本案当中，如果机械地按照法律"夫死未葬，法无许嫁"的规定，判处甲"私为人妻"，再将她绑到刑场上砍了，这样做虽然符合依法办事的原则，却大大背离了人情常理。本案事实是，甲的丈夫死于海难，葬身于大海，显然无法收尸安葬。所以强求甲安葬丈夫后再嫁，那是办不到的。但是，如果不追究甲"私为人妻"的责任，又不符合法律规定，办案人员会因此承担违法后果。那怎么办呢？有关官员去请教当时的儒学大师董仲舒。董仲舒以《春秋》来变通，说：依照《春秋》之义，"夫死无男，有更嫁之道也"，可以改嫁，这是第一；第二，"妇人无专制擅恣之行"，以"听从为顺"。那时的女性是不能自己做主的，"在家从父，出嫁从夫，夫死从子"，即"三从"。母亲叫她改嫁，她只能听从，没有反抗之理。现在是长辈把她嫁了，怎么算是"私为人妻"呢？因此，甲的行为不构成犯罪。

董仲舒用儒家经典《春秋》来变通处理疑难案件的做法，史称"春秋决狱"。对于这种变通，今天的人也会觉得有道理，可以说取得了良好的社会效果。这样的变通，使法律更符合人的常情、常理、常识，所谓"律设大法，礼顺人情"。在是非善恶之间，法律要保护对的、善的行为，惩治错的、恶的行为，维护人类最基本的情理。

所以，人类最基本的判断是非善恶的常情、常理、常识，就是法律应当具有的精神。几千年前的法律是这样，几千年后的法律还是这样。古往今来，法律在制度层面会变，但其背后的情理人心是不会变的。

然而，说中华传统法文化的精神就是中国人判断是非善恶的常情、常理、常识，这样的表述太宽泛，人们不好把握，可以用一个概念来表达，那就是"仁"。有人说"春秋决狱"是"仁义法"。所以，我认为"仁"字可以包含传统中国人判断是非善恶的常情、常理、常识。从内部来看，"仁"指的是人心；从外部来看，"仁"指的是道德。法律正是通过与道德的结合来调节人心，从而达到维护"三常"的目的，体现它的精神。

《孟子·告子上》说："仁，人心也。"生活中的一些例子可以帮助我们加深理解。如桃子最里面的东西叫"桃仁"，杏子最里面的东西叫"杏仁"，还有李仁、核桃仁等。同样，人最里面的东西就是心，所以它也叫"仁"。最准确地说，"仁"就是人类用来判断是非善恶的心，这是人区别于其他物种最基本的特征。人之所以成为人，绝不仅仅因为其具有"两足、无毛、直立"的生理特征，更重要的是人有判断是非善恶的心，而动物没有，它们奉行弱肉强食的丛林法则。人看到强者欺负弱者，就会认为强者的行为是错的、恶的，就会觉得弱者是无辜的，甚至会产生帮助弱者反抗强者的冲动。动物则不然，比如鬣狗看到猎豹捕杀羚羊，既不会认为猎豹是错的、恶的，也不会为羚羊的惨状感到悲伤和愤怒，反而会静悄悄等猎豹吃完离开之后，再去食用羚羊的残肢剩肉，其内心或许还会有阵阵不劳而获的窃喜。

那么，"仁"究竟包含哪些形态呢？

一、克己之心

大家都知道柳下惠（公元前720—公元前621年）的故事。注意，柳下惠不姓柳，本名展获，春秋时期出生在鲁国柳下邑（今属山东省济南市孝直镇展洼村），后人尊称其为"柳下惠"，是中国古代的思想家、政治家、教育家。传说展沟西面有一片茂密的柳林，在一个深秋的夜晚，柳下惠路过柳林时，忽遇倾盆大雨。他急忙躲到一个破庙里避雨。恰在这时，一年轻女子也到此处避雨，与他相对而坐。半夜时分，年轻女子被冻醒，便起身央求坐到柳下惠怀中，以暖身驱寒。柳下惠急忙推辞："万万使不得，荒郊野外，孤男寡女处在一起本已不妥，你若再坐我怀中，更是有伤风化。"女子道："世人都知大夫圣贤，品德高尚，小女子虽坐在大夫怀中，但只要您不生邪念，又有何妨？我若因寒冷病倒，家中老母便无人服侍，你救我就是救了我母女二人。"柳下惠再无推托之词，只好让女子坐到自己怀中。暴雨如注，一夜未停。柳下惠怀抱女子，纹丝不动，漫漫长夜竟不知温香在怀。天明后，得恩于柳下惠的女子不胜感激地说："人言展大夫是正人君子，果然名不虚传。"

人皆为有血有肉之生命体，对名利、美色和权力都有与生俱来的向往。正如荀子所说："若夫目好色，耳好声，口好味，心好利，骨体肤理好愉佚，是皆生于人之情性者也；感而自然，不待事而后生之者也。"（《荀子·性恶》）眼睛喜好美色，耳朵爱听美妙的声音，口舌喜好美味，内心喜欢利益，身体皮肤喜欢愉悦的感觉，这都是人与生俱来的本性，不需要后天教化就自然而然地具有。若任由其发展而不加以限制，就会利欲、色欲、权欲熏心，作出强加于人甚至有害于他人之举动，从而遮蔽"仁"的本心。人之所以成为人，是因为人有判断是非善恶的心，能判断哪些事该做、哪些事不该做，虽然有想法，但不会有做法，虽然有冲动，但不会付诸行动。

这就是克己之心，是"仁"最基本的形态。孔子云："克己复礼为仁。"唯有克制自己内心的欲望，严于律己、宽以待人，才能使"仁"得到体现。

柳下惠就是因为有一颗仁心，才能克制住自己的非分想法。他"坐怀不乱"的故事成为遵守中国传统道德的典范，被广为传颂。

当然，这个例子比较极端。其实，"仁"作为克己之心，在其他情况下也有多种表现。比如学习，很多人都会觉得这是件苦差事，但为什么莘莘学子都会刻苦学习呢？因为他们克制住了自己贪图玩乐的心，抑制住了人类好逸恶劳的本性。

二、不忍人之心

子贡，即端木赐（公元前520—公元前456年），擅长经商之道，是孔子的弟子中最先富起来的那部分人之一，富至千金，也是中国民间信奉的财神。他问："有一言而可以终身行之者乎？"孔子回答："其恕乎！"（《论语·卫灵公》）孔子认为，恐怕就是"恕"这个字了。所谓"恕"，上"如"下"心"，有"如人之心"的含义。这是什么意思呢？人在面对外部世界时，当有"人同此心，心同此理"的感受，应站在别人的角度来考虑问题。自己不愿意吃有毒有害的食品，也就不忍心把这种食品卖给别人；自己不愿意受到不公正的待遇，也就不忍心将不公正的事强加到他人头上。这就是孔子多次提到的"己所不欲，勿施于人"，自己不情愿接受之事，就不要强加给别人。

这种心理状态，按孟子的说法就是"不忍人之心"，用今天的话说就是"不害人、不整人"，具有极其重要的现实意义。

讲一个故事来说明。一位父亲要去集市卖母猪肉，儿子说："这不是害人吗？自己都不愿吃母猪肉，怎么能卖给别人呢？"父亲不听劝，坚持要去，并告诫他说："到了集市，千万别说咱家卖的是母猪肉！"一位顾客来到摊前，将肉翻来覆去地看。儿子见状，心里很紧张，赶紧解释说："我们家卖的可不是母猪肉！"顾客一听，转身就走了。父亲一看生意没做成，气得揍了儿子一顿。之后又来了一位顾客，同样将肉翻来覆去地看，同时嘴里念叨着："你家卖的是不是母猪肉？"儿子听了这句话，立马对父亲说："老爸，这下可不是我说的！"顾客闻言，自然就转身离开了。

这个故事说明，小孩儿还有一颗不忍人之心，做了坏事、错事，内心难免紧张，说假话时就会脸红，真应了那句"人之初，性本善"。而随着年龄的增长，为了追逐更多的利益，有些人心中那颗不忍人之心就会被各种欲望蒙蔽，不惜以次充好，整人、害人，麻木不仁。

三、爱人之心

樊迟（公元前515—公元前454年）是孔子七十二贤弟子中的重要人物，其重农重稼思想在历史上具有进步意义。他经常向孔子提问。有一次他问孔子什么是"仁"。孔子答曰："爱人。"(《论语·颜渊》)

儒家提倡"仁者爱人"，也就是将"仁"的内涵界定为"爱人之心"。如果说"不忍人之心"是一种不损人的心态，那么"爱人之心"则是一种利他的心态。后世宋明理学从体用关系的角度，对爱人之心的论题进行了哲学探讨。朱熹指出："仁者，爱之理；爱者，仁之事。仁者，爱之体；爱者，仁之用。"(《朱子语类》卷二十)在他看来，"仁"与爱是一种体用关系，"仁"是内心存在的根本，爱是外部表现出来的行为。只有内心有"仁"的心态，外在才会有"爱"的举动。

爱人之心作为"仁"的最高境界，始于爱亲，"仁者，人也，亲亲为大"(《中庸》)。但其并不仅仅局限于亲人之间，而是由己身向外渐次延伸。在家孝顺父母、敬重兄长，出门善待亲友、尊老爱幼，直至对普罗大众都能施以爱心。所谓"穷则独善其身，达则兼济天下"(《孟子》)，就是一种推己及人的广泛的爱。

可能大家都知道"杏林"一词是医家的代称。但这个典故是怎么来的，或许有人并不熟悉。东晋葛洪《神仙传》记载，三国时期，建安郡（今福建省）出了一位神医，名叫董奉，医术非常高明。传说一位少年第一次见到他时,他已四十出头。多年后,此人回乡探亲,许多当年的邻居、朋友都已经老的老、死的死,唯有董奉的颜貌一如往日,没有一点变化。他心中很疑惑,就问董奉:"当初我看到先生是中年人,而今我已满头白发,您却仍然健壮如中年。先生是否得道?"董奉回答:"偶然耳。"

为了治病救人,董奉四处奔走,他看到世人因战争而贫病交加,十分同情,便在附近的一个小山坡上居住下来,并定下一道奇特的规矩:看病不收费,但重病者痊愈后,要在他居住的山坡上种植杏树五株;病轻者,种一株。由于他医术高明,医德高尚,远近患者纷纷前来求治,数年之间就种植了万余株杏树,小山坡成为一片杏林。杏子成熟时,董奉写了一张告示,规定:来买杏的人,不必通报,只要留下一斗谷子,就可自行摘一斗杏。

清代征士放《杏林诗》云:

> 吾亦知医术,平生慕董君。
> 药非同市价,杏以代耕耘。
> 山下虎收谷,溪边龙出云。
> 芳林伐已久,到此仰余芬。

董奉为何用杏子换那么多谷子?用以救济贫民。据说,每年有两三万贫病交加的人能得到他的救济。后来人们用"杏林"指称医家,医家也每每以"杏林中人"自居。

医生用慈爱之心对待病人,老师用慈爱之心对待学生,官员用慈爱之心对待民众,商家用慈爱之心对待顾客,如此种种,仁者爱人。这样一来,社会秩序和风俗自然良好。

从人性的角度考察,因血缘之故,一个人爱自己的父母兄妹,乃亲情的自然流露，比较容易做到。在家里有了这种情感上的准备，在社会上再以爱人之心对待他人便有了基础。"老吾老，以及人之老；幼吾幼，以及人之幼"（《孟子·梁惠王上》），即是此理。孝子贤孙路遇其他老人，自然会联想到自己家中的老人，遇到需要帮助的幼弱之辈，自然会想起自己家里的小孩，在条件允许、能力所及的情况下，便会以爱人之心对待别人家之老幼。这种由近而远、先易后难的爱心释放路线，符合人类先亲后疏的情感表达规律，是行得通的。以此类推，则可将慈爱之心逐渐放大。正如孔子所说："泛爱众，而亲仁。"（《论语·学而》）我们不仅要关爱和自己亲近的人，还要爱天下所有的人。如此就可以逐渐接近"仁"的最高境界。

当然，在现实生活中，不可能每个人都能达到"仁"的最高境界，即以爱人之心对待普罗大众。但正因为有了这一高尚的目标，人才能向这一目标渐行渐近。正如《诗经》中所说："高山仰止，景行行止。虽不能至，然心向往之。"

"仁"作为中国传统法文化的精神内核，从内部来看，指的是人类判断是非善恶的心，包括初级形态的"克己之心"、中级形态的"不忍人之心"、高级形态的"爱人之心"。当然还有其他种种表述：是非之心、羞恶之心、恭让之心、廉耻之心等。但是，法律作为一种由国家制定或认可的行为规范，具有强制性，它不可能直接规范人心，也就是人们常说的法律不能"诛心"。那么法律又是如何来调整人心的呢？

第二讲　德法合治

前面讲到，中华法文化的精神就是人的常情、常理、常识，用一个字来概括，即为"仁"。从内部来看，"仁"指的是人心，也就是人判断是非善恶的心。但是法律没有办法直接规范人心，因为一个人有没有"克己之心""不忍人之心""爱人之心"，在没有参照物的情况下，是看不出来的。所以还得从外部进行观察，通过人与人打交道时的言行举止，来判断一个人有没有"仁"的心态。

可以想象一下，假如一个"宅男"，天天窝在家里，不跟人打交道，那么他有没有一颗仁心，恐怕谁也看不出来。清代著名思想家阮元（公元1764—公元1849年）说："凡仁必于身所行者验之，而始见亦必有二人，而仁乃见。若一人闭户齐居，瞑目静坐，虽有德理在心，终不得指为圣门所谓之仁矣。"（阮元：《论语论仁论》）意思是，一个人有没有仁心，必须通过他的言行举止才能看出来，也必须在两个人或多个人相互打交道的过程中才能看出来。一个离群索居的人，一个不与人打交道的人，其有无仁心，既不重要也无从发现。

再继续想象，这个"宅男"在家待久了，闷得慌，终于走出家门，来到湖边散步。突然，他看到一个孩子掉进了湖里，孩子母亲正在湖边着急，手足无措。这位"宅男"二话没说，迅速脱掉外衣，一个猛子扎进水里，将小孩儿救了出来。他的这一行为，说明其有一颗仁心。反之，如果这个"宅男"没有下水救人，而是上前跟那位正在着急的母亲说："阿姨，我水性好，你给我两千块钱，我帮你去救人。"那位母亲说："我身上没带现金啊！""宅男"说："你可以用微信或支付宝转给我。"那位母亲说："你先救人嘛！我事后一定会感谢你的。""宅男"说："那不行。先给钱，再救人；不给钱，不下水。"他的这种行为，说明其没有一颗"仁心"。

按照孟子的说法，一个正常的人，生下来就有一种善端，即恻隐之心。看见别人受苦受难，就会自然而然地产生同情心，进而产生帮助弱者的冲动，这是每个人与生俱来的本性。所以说恻隐之心是"仁之端"，是"仁"的源头。只要扪心自问，大家一定会发现，我们每个人都有这种善端，都有这种恻隐之心。这也是人区别于动物的关键，因而孟子说："无恻隐之心，非人也。"（《孟子·公孙丑上》）

将这种"仁心"转化为相应的行动，就变成了道德行为。比如：上文说的"宅男"救人的行为，向内考察，说明这个"宅男"具有"仁"所包含的"不忍人之心"，也就是恻隐之心，看到别人处于危险境地，就会产生同情心；向外考察，该"宅男"的举动就是"义"的道德行为，我们今天称之为"见义勇为"。反之，"宅男"不去救人，而是和小孩儿的母亲讨价还价，从内考察，说明他的"不忍人之心"泯灭了；向外考察，这种行为就叫"不义"，用俗话说就是"缺德"。

通过上面的例子可以说明："仁"向内探求，指的是人的心态；向外推演，指的是道德，也就是人与人打交道时需要遵守的准则和规矩。东汉经学大师许慎在《说文解字》中说："仁，亲也。从人，从二。""仁"的字形构造为"人"与"二"相结合，意指人和人的关系。段玉裁在《说文解字注》中进一步阐释"仁"说："独则无耦，耦则相亲，故其字从人二。"（段玉裁撰：《说文解字注》卷八）从文字学的角度理解，"仁"就是"亲"，即和谐相处，是处理人与人关系的行为准则。当代著名学者白奚先生认为，"仁"字从人从二，"二"表示的是两个人在一起，但并不是指数量上的两个人，而是指由此发生的人际关系。❶

然则，人与人之间究竟该如何相处，才能做到"亲"呢？梁启超先生认为，"仁"就是"二人以上相互间之'同类意识'"❷。只有以这种"同类意识"把对方当作"同位之人"来互相礼敬和交流情感，才是基本的、常态的人际关系。

以上种种观点皆言之有理，但略显抽象，难以让世人把握其中的具体要领。我个人以为，可以说得更通俗易懂一点，"仁"就是"将心比心"：你用什么样的心来对待我，我就用什么样的心来对待你。如此便能做到"亲"，才能和谐相处。举个例子，在新春佳节，你提着年货到亲友家串门，他们也会拿着礼物到你家拜年。又如在平时，你给别人帮了忙，别人是不是得请你吃顿饭？别人请你吃了很多次饭了，你是不是也得回请别人呢？老百姓称其为"人情往来"，也有"亲戚越走动越亲"的说法。这背后潜藏的就是"仁"的价值观，你对我亲，我对你也亲。

反之，在处理社会关系时，内心缺乏"仁"，表现出来就是不会将心比心。卖猪肉的不吃自己卖的猪肉，因为他明白里面"搞了什么鬼"，他只吃专门用粮食喂出来的猪；卖蔬菜的不吃自己卖的蔬

---

❶ 白奚：《"仁"与"相人偶"——对"仁"字的构形及其原初意义的再考察》，《哲学研究》2003年第7期。

❷ 梁启超：《先秦政治思想史》，东方出版社1996年版，第82页。

菜，因为他知道里面有农药，只吃自己专门种的没有农药的蔬菜。若大家都这么想，那社会岂不糟糕？话说有一个小伙子去买烟，老板多给他找了10元钱，小伙子一想占了便宜，就把钱装兜里走了。老板喊道："小伙子，回来。"小伙子问："啥事儿？"老板说："你烟都没拿呢！"小伙子有点儿感动，拿了烟，把10元钱掏出来说："你刚才还多找了我10元钱，还给你。"然后拿着烟又走了。老板又喊："回来。"小伙子说："咋还要回来呢？"老板说："再给你换包真的。"古人早就说过："我为人人，人人为我。我害人人，人人必将害我。"可见人与人之间不讲将心比心，最后会形成一种互害模式。

所以，我们将"仁"内在固有的"克己之心"、"不忍人之心"和"爱人之心"将心比心地向外推运于人与人的关系之中，于是就形成了处理人际关系的道德准则。当然，不同的人际关系有不同的道德准则：父慈子孝、夫义妇德、兄友弟恭、君仁臣忠、朋友有信等。

《孟子·滕文公上》云："父子有亲，君臣有义，夫妇有别，长幼有序，朋友有信。"传统社会将所有的人际关系归纳为五种，即"五伦"：父子、君臣、夫妇、兄弟、朋友。所谓"伦"，东汉著名经学大师郑玄解释为："伦，犹类也。"（《礼记·乐记》，郑玄注）在自然世界，同类事物有其相同的理，即伦理。人类群体也一样，父是一伦，子又是一伦，君是一伦，臣又是一伦，彼此是不同的"类"，当遵循各自那一类所应有的理，便是伦理道德。然而，人类的伦理是从哪里来的呢？便是从"仁"所具有的"克己之心"、"不忍人之心"和"爱人之心"推导出来的。

将仁心推运于父子之间，便有了"父慈子孝"的伦理：父母对子女要慈爱，子女对父母要孝顺。父母在我们年幼时照顾我们的衣食住行，所以当他们老了，我们也应该保障他们的衣食住行，这就是"仁"，这就是"将心比心"；父母在我们年幼时关心我们的精神生活，所以当他们老了，我们也应该关心他们的喜怒哀乐，这也是"仁"，也是"将心比心"。可见，"孝"的伦理道德，就是体现在父母与子女关系中的"仁"。或者说，将"仁"所包含的"爱人之心"这种心态，推运到父子关系中，就形成了"孝"的伦理道德。

推运于君臣之间，便有了"君仁臣忠"的伦理：君主对臣民要以礼相待，臣民对君主当尽忠报国。

推运于夫妻之间，便有了"夫义妇德"的伦理：夫妻之间既要重情，更要重义。

推运于兄弟姐妹之间，便有了"兄友弟恭"的伦理：兄姐对弟妹要友爱，弟妹对兄姐要恭敬。

推运于朋友之间，便有了"朋友有信"的伦理。今天的人说朋友，往往是指和自己关系好的人，是特定意义上的"朋友"。"朋友有信"中的朋友，不是特指而是泛指，即在社会上凡与自己打交道的人，都要以朋友之礼对待。一个不讲诚信的人很难在社会上立足。比如，张三很爱撒谎，一天村长碰见他就说："张三，你不是会撒谎嘛，你撒个谎给我听听。"张三着急地说："村长，我哪有时间给您撒谎哟！村东头的湖水快流干了，大家都在那里捉鱼呢！我得赶快去捉几条鱼回去吃。"说完就走了。村长听说这样，也赶紧跑去抓鱼，结果走到一看，哪儿有人呢，湖水还很深呢！后来张三家被偷了，张三来向村长反映："我家被偷了，您得管管呀！"村长说："你是不是又撒谎骗我？"这就跟"狼来了"的道理一样，骗人骗多了，别人就不会相信你了。因而我们老祖宗有"人无信不立，业无信不兴"的说法。

关于中华传统伦理道德，众说纷纭。有四德说：礼、义、廉、耻。有五德说：仁、义、礼、智、信，或曰公、宽、信、敏、惠。有八德说：孝、悌、忠、信、礼、义、廉、耻。有十德说：忠、孝、节、义、悌、温、良、恭、俭、让。用宋代以来通行的八德说来演绎其与仁之间的关系，如表 1 所示：

表 1 八德与仁的关系

道　德	层　次	心　态	精　神
孝、悌	家庭层面	克己之心	仁
忠	国家层面	不忍人之心	
信、礼、义、廉、耻	社会层面	爱人之心	

可见，传统伦理道德的名称虽然很多，且有多种多样的表述，但最终都可以用一个字来概括，那就是"仁"。

20 世纪著名哲学家冯友兰先生曾用"全德之名"的概念来讨论"仁"的范畴。他说："惟仁亦为全德之名，故孔子常以之统摄诸德。"❶他认为"仁"是"全德之名"，是包含其他各种道德的一个总概念，即忠、孝、节、义、悌、温、良、恭、俭、让，都包含在"仁"的概念范畴之中。我个人认为冯老的论述非常精辟，有利于我们把握传统道德的精髓。

通过上面的分析我们可以看到："仁"，向内探求，指人判断是非善恶的心，是人的常情、常理、常识，"克己之心""不忍人之心""爱人之心"是其主要表现；向外推演，指种种伦理道德，即处理人与人之间关系的行为准则，孝、悌、忠、信、礼、义、廉、耻是其主要表现。人心是道德的基础，道德是人心的外化，故"仁"是传统社会道德的统称。

纵观中国法律史，"仁"、"道德"与"法律"三个概念的关系，

---

❶ 冯友兰：《中国哲学史》（上册），华东师范大学出版社 2003 年版，第 62 页。

呈现出正三角形的特征（图1）。

```
        仁
       /  \
      /    \
   道德——法律
```

图1 "仁"、"道德"和"法律"三者的关系

道德通过舆论的手段来提倡"仁"，法律通过维护道德来体现"仁"，也即维护人们判断是非善恶的常情、常理、常识，调整人心的是非善恶。

纵观历史，凡是这个三角形正常的朝代，法制建设就搞得好，因为它体现了法律的精神；凡是这个三角形畸形的时代，法制建设就很糟糕，因为它失去了法律的精神。

假如我们穿越回秦朝，就能看到非常冷漠的家庭场面。汉代初期文学家贾谊在《治安策》中记载了秦朝的风俗：

> 借父耰锄，虑有德色；
> 母取箕帚，立而谇语。
> 抱哺其子，与公并倨；
> 妇姑不相说，则反唇而相稽。

父亲找儿子借一把锄头使用，儿子往往会满脸顾虑，不想借。即便借了，又会露出施舍给父亲的得意之色："耶！老汉儿，你还要找我借锄头啊！"这哪里是父子，简直连路人都不如！婆婆找儿媳借一把笤帚使用，儿媳站在门口就骂："咱小家里的东西，所有权是咱的，凭啥借给你？墙上挂窗帘——没门。"婆婆和儿媳相处不融洽，你说她一句，她顶你十句。

为什么会出现这样的状况呢？秦灭六国后，"海内为郡县，法令由一统"(《史记·秦始皇本纪》),奉行"弃礼任法"的治国策略。"礼"作为一种行为规范,在夏商周三代,既属于道德,又属于法律,是道德和法律混同的产物。春秋战国时期,礼崩乐坏,各诸侯国纷纷进行法制改革。有些"礼"进入了新出现的"法"中,就变成了"法";没有进入"法"中的"礼",便不再由法律以强制性手段来规范,而由社会舆论来约束,这时的"礼"就变成了"道德"。秦朝大兴"弃礼任法",就是抛弃了传统的道德,而单靠法律来治理国家,后人称之为"专任刑法""纯任法治"。换言之,乃是推行只讲法律不顾道德的单纯"法治"。法家韩非说:"夫君之直臣,父之暴子也。……夫父之孝子,君之背臣也。"(《韩非子·五蠹》)他认为忠孝之间有冲突,对长辈尽孝会影响为国尽忠。秦朝统治者采纳了他的主张,那时的法律对父子之间的孝道伦理不但不予保护,还进行压制。父子之间的伦理道德遭到破坏,所以才会出现前面那种情况。

秦朝依靠"法治"的手段取得辉煌,正如《过秦论》中说的那样,"故秦之盛也,繁法严刑而天下振"。但这种单纯"法治"的治理模式,导致"仁义不施",法律漠视甚至践踏仁义道德,违背基本的人性,"秦本末并失,故不能长"。因而貌似强大的秦朝,不到20年(公元前221—公元前207年)即告灭亡。

汉朝人开始反思秦朝法律和道德相分离的模式:道德支持的,法律却要反对;道德反对的,法律偏要支持。这就使法律失去了其应有的精神,背离了人的常情、常理、常识。正如著名史学家司马谈分析的那样:"法家不别亲疏,不殊贵贱,一断于法,则亲亲尊尊之恩绝矣。可以行一时之计,而不可长用也,故曰'严而少恩'。"(《史记·太史公自序》)从汉朝开始,国家立法执法时,将以前被抛弃的"礼"逐渐引入法律中,用来改良法律,史称"引礼入法"。魏晋南北朝时期,"礼法结合"得到了进一步发展,到唐朝,形成了"礼法合一"的格局,宋元明清基本沿袭了这一治理模式,直到清末向西方学习,才有了质的变化。

"礼"作为夏商周时期的治国手段,是道德和法律混同的产物,在春秋战国时已经被破坏,即"礼崩乐坏",要想恢复三代的"礼"已经没有可能。"礼"虽然已经被破坏,但其背后的精神——"仁"却是永远存在的。所以,传统中国的"礼法结合",并不是照搬三代的"礼",而是将"礼"背后的"仁"作为指导法制建设的精神和灵魂。具体来说,就是将"仁"所包含的孝、悌、忠、信、礼、义、廉、耻这些道德观念,融入法律制度中,用法律的手段来维护道德,通过维护道德来体现"仁"的精神。

那么,孝、悌、忠、信、礼、义、廉、耻这些道德观念,是如何与法律融合起来的呢?接下来我们将逐一进行梳理和分析。

第三讲 孝悌与法（上）

前面讲到中华法文化的精神是"仁"，"仁"的含义有两个方面：从内部看，指的是人心；从外部看，指的是道德。法律正是通过维护道德来调整人的行为，使善的行为得到保护，使恶的行为得到制裁，从而体现"仁"的精神。

传统道德名目众多，我们熟悉的就有孝、悌、忠、信、礼、义、廉、耻等，下面我们来分析道德中的"孝悌"是如何与法律融合的。

一、孝悌观念发展的阶段

我曾在央视法制节目中看到一个赡养费纠纷案件，当法官问几个儿子不赡养父母的原因时，老大振振有词地说："父母偏心，只对小儿子好，所以我就不赡养他们。"似乎自己还受了天大的委屈。老二说："有风吹大坡，有事看大哥。大哥都不赡养，凭什么叫我赡养？"小儿子说："父母对我也不好哇！哪有偏心？"他们各有各的理由，把父母当作包袱，恨不得早点甩掉。当今社会，老年人越来越多，而且老龄化会越来越严重，养老问题已经成为我们不得不关注的社会问题。因此，我们先来讲孝的伦理道德与法律的融合，这既重要也很有必要。

从古至今，孝道经历了如下几个阶段：

1. 礼乐时代

夏商周时期，"礼"作为当时的行为规范，既属于道德，又属于法律，道德与法律没有严格的区分。所以，孝既是道德概念，又是法律概念，违反者将受到严厉的制裁。《孝经》中说："五刑之属三千，而罪莫大于不孝。"夏朝有五种刑罚，三千条法律规定，最严重的犯罪就是不孝。

2. 法·律时代

古时"法""律"二字，一般是不连用的，"法"和"律"各有各的含义。春秋战国时期，礼崩乐坏，出现了新的国家治理规范，即"法"和"律"。以前的"礼"进入"法"或"律"中，就变成了"法"或"律"；没进入"法"或"律"中，就变成了道德。这个时期，孝就变成了单纯的道德概念，不再由法律来保护。到了秦朝，国家甚至把孝与忠对立起来，认为对长辈尽孝会影响为国尽忠，法律不但不保护孝道，反而还要压制孝道。

3. 礼法时代

汉至清末，国家采用"德主刑辅""礼法并用"的主张，将道德与法律重新结合起来，形成礼法传统。在孝悌伦理上，历代提倡"以孝治天下"，相关的道德要求也演化成了法律规定。

4. 法制时代

清末以来，我们向西方学习，采用道德与法律分而治之的治理模式，道德的问题归道德约束，法律的问题归法律调整，将单纯的法制作为追求目标。孝道作为伦理道德，法律不再予以保护。查阅相关资料可以发现，早在几十年前，"孝"字便已消失在当代社会的政治文件与法律文本中，与家庭伦理道德联系最为紧密的《民法通则》《婚姻法》《老年人权益保障法》，也没有使用这一概念。涉及父母与子女关系的问题，法律往往使用"赡养""抚养"等术语，不会使用"孝"。

5. 中国特色社会主义法治时代

2014年，党的十八届四中全会通过了《中共中央关于全面推进依法治国若干重大问题的决定》，明确了走中国特色社会主义法治道路的方向，针对道德与法律的关系问题，提出了"坚持依法治国和以德治国相结合"的原则，不再以单纯法治作为追求目标。党的十九大报告有两处提到"孝"：一是提出要"孝老爱亲"；二是提出要"构建养老、孝老、敬老政策体系和社会环境"。2021年施行的《民法典》第1043条第1款规定："家庭应当树立优良家风，弘扬家庭美德，重视家庭文明建设。"这说明体现孝悌精神的家庭伦理道德重新得到法律重视。

从上面的梳理可以看出，孝道与法律经历了"混同—分离—结合—再分离—再结合"的过程。可见，我们的生活离不开孝道，我们的法律也离不开孝道。只有合理维护孝道的法律，才能体现"仁"的精神。

二、孝道的内涵

说到孝，人人都很熟悉。问一般老百姓什么是孝，他们会回答："孝就是对父母要好。"问法律人什么是孝，他们会回答："孝就是子女要赡养父母。"这两种回答都没错，但我觉得都无法反映传统孝道的精华。传统孝道的含义非常丰富，既不好讲清楚，也不容易使人听明白。通过反复思考，我认为可以用六个字、三个层面来把它讲透彻。

1. 利　亲

《墨子·经上》中说："孝，利亲也。"什么是"利亲"，我理解，就是要从物质层面满足父母的需求，具体地讲，就是要保障他们的衣食住行。

以饮食为例来分析。《礼记·王制》中说："五十异粻，六十宿肉，七十贰膳，八十常珍，九十饮食不离寝。"父母到五十岁，身体开始衰弱，儿女们就应该为老人单独准备有营养的食物，不吃粗粮专吃细粮；六十岁以上每隔一天要保证有肉吃；七十岁以上应少吃多餐，随时备有食物；年满八十岁的父母，气血逐渐不足，"年老之人，血气既衰"就是这个意思，可以经常弄点山珍海味，不是为了显摆家里有钱，而是为了给他们补气补血；九十岁以上的老人，主要活动空间恐怕是在床上，所以屋里要随时准备吃的喝的，甚至还得有专门的人陪护。

也许有的人会说："我就是这样照顾父母的呀！还用得着拿古人的话来教育我吗？"我觉得《礼记》中的这句话，不仅仅是告诉大家具体怎样照顾父母，关键是告诉大家要关注父母的年龄。"父母之年，不可不知也。一则以喜，一则以惧。"（《论语·里仁》）父母的年纪，不可不知道，应该时常记在心里，一方面为他们的长寿而高兴，另一方面为他们的衰老而担忧。大家可以调查一下身边的人，看看有多少人能记住自己父母的生日，我估计有一部分人记不住。记住父母的生日不仅仅是为了给他们办生日宴会，更重要的是根据他们的年龄，在衣食住行上给予更恰当的照顾。

《全相二十四孝诗选集》（以下简称《二十四孝》）中有一个"行佣供母"的故事，就是这方面的典型。江革，东汉时齐国临淄人，少年丧父，侍奉母亲极为孝顺。战乱中，江革背着母亲逃难，几次遇到盗匪绑架。盗匪为什么要绑架他一个穷小子呢？原来他自己贫穷赤脚，有点钱就给母亲买好吃好穿的，盗匪看见以为是下人背着贵妇，就想"捞上一票"。弄清原委后，盗匪被他的孝顺感动，将他们放走。后来，他迁居下邳（今江苏省徐州市睢宁县古邳镇），做雇工供养母亲。明帝时被推举为"孝廉"，章帝时被推举为"贤良方正"，任"五官中郎将"。

那么，是不是让父母吃好喝好穿好住好，就是孝道呢？不是的，孝道还有更高层次的要求，那就是善事。

2. 善　事

《说文解字》中提道："孝，善事父母者。"这是精神层面的要求。前面讲到物质层面的孝，是要照顾父母的衣食住行；而精神层面的孝，则是要关心他们的喜怒哀乐。那么，怎样才能做到"善事"呢？

"善事"父母的第一个途径就是在行为上要顺从。

孔子的弟子孟懿子曾问孔子什么是孝，孔子回答："无违。"（《论语·为政》）什么是"无违"呢？就是不要违背父母的意志，父母让你干什么就要干什么。因此，中国的"孝"字后面总会跟一个"顺"字，这就是我们通常所讲的"孝顺"。《弟子规》中说："父母呼，应勿缓。父母命，行勿懒。父母教，须敬听。父母责，须顺承。"用周杰伦的歌词来概括，就是要"听妈妈的话"。由此可见，顺是最重要的孝，不顺不足以为孝。

现在有的专家说，小孩儿叛逆是正常的，这恐怕是教育中的一个误区。正是有了这样的观念，一些小孩儿产生了叛逆意识，对待长辈的教育，往往会反问："凭什么要听你的？"有的还会离家出走，过激的甚至会以死威胁父母。

中学课本里有一篇文章——《一碗馄饨》，是说一个中学生和妈妈吵架，离家出走了，时间长了，饥寒交迫，一位卖馄饨的老婆婆就送了一碗馄饨给她吃。她刚吃几口,眼泪就掉下来,说:"我们不认识,而您却对我这么好,愿意煮馄饨给我吃。可是我妈妈,我跟她吵架了,她竟然把我赶出来,还叫我不要回去!"

老婆婆听了,平静地说道:"孩子,你怎么会这样想呢?你想想,我只不过给你一碗馄饨,你就这样感激我,那你妈妈煮了十多年的饭给你吃,你怎么不感激她呢?怎么还要跟她吵架?"

现在很多小孩儿把父母之爱视为理所当然,毫无感激之心,把父母的管教视为专制压迫,把孝顺的品格视为奴才意识。这些现象都是亟待反思和纠正的。

"善事"父母的第二个途径就是态度要恭敬。

孔子的弟子问孔子,尽孝什么最难?孔子回答:"色难。"对待父母最难做到的,就是长期保持一副好的脸色。俗话说:"久病床前无孝子。"假如父母卧病在床说他要喝开水,而做儿女的沉着脸,把茶杯在老人面前狠狠地一搁,声色俱厉地说:"喝吧!"这还能叫尽孝吗?恐怕只能叫尽义务。所以孝最难的是对待父母的态度。态度上必须要恭敬,脸色要好看,这就是我们通常说的"孝敬"。

我不是名人,但也想说句"名言":"孝道就是'笑道'。"只有子女脸上经常挂着体贴关爱的微笑,父母脸上才会露出幸福的微笑。

我们来看《二十四孝》里"彩衣娱亲"的故事。老莱子,春秋时期楚国人,自幼便十分孝顺,在他七十岁时,二老还健在。但二老看见儿子日渐老去,便有了自己已经来日无多的哀叹。老莱子见状,便想了一个办法,他把自己打扮成孩童模样,蹦蹦跳跳地来到父母面前,一边嘻嘻哈哈大笑,一边作出孩童嬉戏的动作。二老看到儿子滑稽的动作,乐得哈哈大笑,把烦恼忧虑都忘了。从此,老莱子在父母面前绝不提"老"字,而且常常扮成孩童模样,使二老得到快乐的晚年。

孔子曾曰:"今之孝者,是谓能养。至于犬马,皆能有养;不敬,何以别乎?"(《论语·为政》)有的人赡养父母,只管为他们养老送终。如果仅仅是这样赡养老人,则缺少"敬",和养犬马没有什么区别。现在城市里虽然不养马,但养犬的还是很多的,我们以此为例来加以说明。我经常感叹"人生何处不逢狗",有一天早上出门吃面,听到后面"咯噔咯噔"响,回头一看,是一条狗。狗走路怎么会响呢?原来它穿了皮鞋。人穿鞋只需要一双,它却要两双。这只狗身上的毛被染得花花绿绿的,眼睛周围还有一圈黑色的东西,看起来像一副眼镜。我心里想:"这还是一条有文化的狗,还戴副眼镜!"后来才知道,那是贴的膏药。走到吃面的地方,看到狗主人用筷子挑面给自己吃一口,又给狗吃一口,如此反复。狗吃饱了,就开始冲着路边的行人又追又叫。狗主人喝令:"莎莎,莫叫,快点回来。"哪知道那狗根本不听她的,真如《三字经》说的那样:"苟不教(狗不叫),性乃迁。"狗要是不冲人叫,就是改变了它的本性。这时,狗主人就生气了,呵斥道:"莎莎,你再不回来,老娘回去要打你!"这说明什么?说明人养狗,可以给它染发,可以给它穿鞋,可以给它喂饭,对它很亲热,但一旦急眼,也可以骂它,不尊敬它。可见,养犬马是亲而不敬。赡养老人呢?我们既要与他们很亲近,还要对他们很尊敬,即"亲而且敬"。所以孔子才说,对待老人,如果缺乏必要的尊敬,就和养犬马差不多。

3. 慎 终

上面主要讲了孝道在父母生前的要求,而父母死后还有一些要求。孔子说:"生,事之以礼;死,葬之以礼,祭之以礼。"(《论语·为政》)这可以说是宗教层面的孝。

首先,听到父母的死讯,必须哭。《礼记》中记载:"始闻亲丧,以哭答使者，尽哀；问故，又哭尽哀。"（《礼记·奔丧》）刚刚听到父母的死讯，子女就放声痛哭，用哭声来回应通知他的人。哭得差不多了，再问死因。问了之后再哭，哭得差不多了，赶紧去奔丧。父母去世，子女自然会哭，这主要是受感情因素影响，而儿媳哭公婆，恐怕就不一定了。人们常说婆媳是一对天敌，婆婆去世，儿媳必须哭，这是道德要求。我小时候在农村看到别人家儿媳哭婆婆，刚开始都是干嚎，没有感情，但嚎着嚎着就变成了真哭，估计是想起其他伤心事了。

其次，老人去世，子女和儿媳要守丧三年。三年之内，衣食住行都有要求。衣：要穿孝服，不能换成时髦的衣服。食：不能吃肉，不能喝酒。住：不能住在家里，"居于倚庐，哀亲之在外也；寝苫枕块，哀亲之在土也"（《礼记·问丧》）。要在父母坟前搭个茅庐，住在那儿，因为自己的亲人在外面回不来了；要睡草席、拿泥巴当枕头，因为自己的亲人被埋在土里。要用这种方式来陪伴他们。至于其他行为，还有种种限制，比如守丧期间，儿子不能讨老婆，女儿不能出嫁，在外当官的儿子必须回家，子女不能从事娱乐活动，等等。

通过上面的讲述，可以看到，传统孝道主要有物质、精神、宗教三个层面的要求，主要表现为六个字：利亲、善事、慎终。

第四讲　孝悌与法（下）

前面讲了孝道在物质、精神、宗教三个层面的具体要求，接下来我们看一看这几个方面的道德要求是怎样与法律结合起来的。

中国自汉代以来，宣称"以孝治天下"。孝的伦理道德融入法律，形成相应的法律规范。

一、物质层面孝道的法律化

1. 供养有阙

俗话说："养儿防老。"赡养父母是为人子女最基本的道德义务，同时也是法律责任。唐朝以前的法典已经失传，我们无法直接从法典中看出这方面的道德与法律是如何结合起来的，只能从其他零星记载和相关案例来分析。

南朝刘宋时期，江陵（今湖北省荆州市）有个人叫尹嘉，家里很穷，欠了一屁股债。母亲熊某靠卖身为奴得到一笔质钱（相当于后来说的"典钱"），并且用这笔钱来为儿子还债。没想到这儿子还是不争气，把自己的钱花光了不说，还要把父母的钱花光。熊母一气之下，到官府告发儿子不孝。地方司法官葛滕判处尹嘉大辟之刑，即死刑。后来江陵府讨论该案，南蛮长史何承天发表意见说：

"法云，谓违犯教令，敬恭有亏，父母欲杀，皆许之。"(《宋书·何承天传》)意思是法律规定，子女不听长辈管教，敬养父母有亏欠的，父母到官府控告子女不孝，要求将其杀掉的，官府应当允许。这说明不赡养父母在那个时候是有可能被判死刑的。

或许有人会说，不赡养父母就被判处死刑，太严苛了。那么，我们再继续看看尹嘉是不是真的被判了死刑。何承天继续分析说："嘉虽亏犯教义，而熊无请杀之辞。"尹嘉不赡养母亲、亏犯教义，母亲熊某虽然将其告到了官府，但没有提出杀掉儿子的诉讼请求。"滕签法文，为非其条"，地方司法官葛滕没有理解该条法律的原意，因此建议"降嘉之死"(《宋书·何承天传》)，不处死刑，而减轻刑罚。结果该判决还未下达，就遇到大赦，尹嘉被赦免。

这个案例说明不赡养父母虽然要判死刑，但在法律上有两个前置条件：第一，父母必须去官府告发。父母不告，官府不会主动追究，相当于今天的"自诉案件"。第二，父母必须有明确处死子女的诉讼请求。但是，父母一般哪有告发自己子女、置子女于死地的铁石心肠呢？可见，这条法律就像一把能使人恐惧的利剑，举得很高很高，落下来却未必很重，甚至不会落下来，只是高高在上地展示着它的威慑力。

到了唐朝，这方面的立法更加规范化，有了准确的罪名，叫作"供养有阙"。《唐律疏议》规定："诸供养有阙者，徒二年。"(《唐律疏议·斗讼》)子女有各种各样不赡养父母或赡养父母不到位的行为，会被判处两年徒刑，这就比较合理了。而且，唐朝特别注重区分罪与非罪的界限：堪供而阙。有条件赡养而不养的，才构成犯罪；自己都穷得揭不开锅，没有办法给父母提供丰厚物质条件的，则不构成犯罪。

此后各朝，皆沿用这一规定。直到清朝末年，我们向西方学习，将法律分为刑事和民事两大类，这条规定才发生大的变化。以前不赡养父母是犯罪行为，用刑法来调整；此后不赡养父母不再是犯罪，而只是民事违法行为，由民法调整，父母可以向子女追索赡养费。近几十年来，法院民事案件中赡养费纠纷的占比很高，而且有逐年上升的趋势；在执行过程中，赡养费也往往难以追索。这些现象正是近代以来制度变化带来的结果。

2. 别籍异财

夏商周三代的"礼"当中有"父母在，不有私财"（《礼记·曲礼》）的要求，即父子同财共居，不能分家。到秦朝，出现专门的《分户令》，要求儿子成年后必须和父母分家单过。"父母在，不有私财"的"礼"，变成了纯粹的道德要求，法律是不保护的。从汉朝开始，儒家思想占据主导地位，父子同财共居的"礼"逐渐得到社会认可，三世同堂、四世同堂的家庭越来越多。到曹魏时期，出现"废异子之科"，废除以前父子分家的法律，要求父子同财共居。"父母在，不有私财"的道德与法律结合起来。

到了唐朝，法典中就有了明确的罪名"别籍异财"。所谓别籍，指另立户籍；所谓异财，指分割财产。父母在、祖父母在，子孙不能分家，坚持要分家的，古人把这种情况叫作"生分"，长辈还活着就分了，所以叫"生分"。违反者要被判三年徒刑。为什么会有这样的规定呢？因为传统中国是农业社会，养老只能靠家庭。父母年龄大了，子女不在身边，就没人照顾。法律不对此加以规制，养老就可能变成严重的社会问题，影响国家稳定。

近代以来，家庭结构发生了巨大变化。子女长大，都得外出求学、求职、求发展，都得分家。养老方式也随之变化，变成家庭养老与社会养老相结合，尤其是独生子女家庭，恐怕大都只能走社会养老的路子。因此，传统"别籍异财"的法律规定对现在的法律已经没有什么借鉴意义了，但还是有一定的启示，即子女即便不和父母居住在一起，也应当常回家看看。2018年修正的《中华人民共和国老年人权益保障法》第18条第2款规定："与老年人分开居住的家庭成员，应当经常看望或者问候老年人。"这正是这方面的道德在法律中的体现。

3. 恶　逆

恶逆，指殴打、谋杀父母、祖父母等尊亲属的行为。在道德意义上，这是最大的不孝。古代法律对此予以调整，亦将其作为最严重的犯罪来打击，定"恶逆"之罪，处斩刑。与殴打、谋杀其他人的犯罪不同，侵犯其他人的人身权利，过去定的是杀伤罪，杀伤罪的罪犯，遇到大赦可以被赦免；但恶逆罪的罪犯，遇到大赦是不能被赦免的，是"十恶不赦"中的一种。二者有天壤之别。

近代法制改革以来，我国法律以西方法律为蓝本，强调平等保护，并规定侵犯尊亲属的人身权利和侵犯一般人的人身权利一样，在定罪量刑上是相同的。之前，某大城市发生一桩机场刺母案。母亲把儿子送到日本留学，每个月定期给儿子寄钱。结果有个月寄晚了，儿子很生气。之后儿子从日本回来，母亲去机场接他。见面的一刹那，儿子不是拥抱，而是掏出一把刀，连捅母亲九刀。按现行法律，他的这种行为构成故意伤害罪，他的母亲请求法院从轻判决，因此该忤逆儿子只被判了三年半有期徒刑。

二、精神层面孝道的法律化

孝道要求子女关心老人的精神生活，行为上要孝顺，态度上要孝敬。这些要求在汉代以后逐渐与法律融合起来，形成了相应的制度规定，其中典型的有两项：

1. 子孙违反教令

为了保证孝顺能落到实处,古代法律规定了"子孙违反教令"的罪名。唐朝以前,这类罪犯要被判处死刑。虽然表面上看起来罪刑很重,但与前面讲的"供养有阙"犯罪一样,需要满足两个前置条件:一是长辈去官府告发;二是长辈明确要求处死子孙。

到唐朝,这方面的立法更加合理。子孙违反教令要被判两年徒刑,还需要注意区分罪与非罪的界限:可从而违。也就是该罪名下,长辈指令子孙去做的事应当是其可以做到的事,比如让小孩儿去买点油盐酱醋、帮着拿个东西,教令子孙培养良好的生活习惯、戒除不良的生活恶习,等等。明朝冯梦龙在《古今谭概》中说到一个叫陈公镐的人,嗜酒如命。父亲让他戒酒又戒不掉,就给他做了一只大碗,上面刻了八个字:"父命戒酒,只饮三碗。"喝酒可以,但每次最多只能喝三碗,这显然是可以做到的。如果他仍然没有节制,父亲就可以去告他违反教令了。但是,如果长辈叫子孙去做坏事,比如杀人、骗别人的钱,这就是没法遵从的,即便违反了也不构成犯罪。

近代法制改革时,是否废除子孙违反教令的规定成为当时的争议焦点。以沈家本为代表的法理派认为,晚辈听不听从长辈管教,只是道德风化问题,不应当由法律作出规定,而应由教育来解决;以张之洞为代表的保守派认为,法律惩治子孙违反教令已有几千年的传统,祖宗之法不可变。由于近代以来,学习西方法律成为主流,子孙违反教令这样的传统也就逐渐淡出法律领域。时至今日,儿女听不听父母的话早已不再是法律问题,父母对子女,只有教育他们的义务,但没有惩戒子女的权利。传统的断裂以及权利义务的分离,恐怕是今天孩子教育难的主要原因。

2. 不　孝

孝道要求子孙对长辈态度要恭敬，古代法律对孝敬也作出了相应的规定：骂詈、控告、诅咒父母、祖父母的行为，违反了孝敬的道德义务，都是犯罪行为，定"不孝罪"。如何量刑，先来讲一个案例。

南朝刘宋时期，有一男子名叫张江陵，其与妻子吴氏共同辱骂自己的母亲黄氏，"令死，黄忿恨自经死"。

张江陵两口子辱骂母亲，还造成了母亲自杀的后果，大臣讨论后报皇帝批准，张江陵被判处枭首之刑。关于其妻子吴氏怎么判，讨论时认为："妇本以义，爱非天属，黄之所恨，情不在吴。"（《宋书·孔渊之传》）意思是，儿媳与婆婆没有血缘关系，只是遵照"义"来行事，其对公婆的关爱之心并非天性。死者黄氏所恨的，并不是儿媳吴氏，而是自己亲生的儿子张江陵。因此对吴氏做减轻量刑处理，判处徒刑。

可见那个时候辱骂父母、祖父母是要判死刑的。到唐朝，骂詈、控告、诅咒父母、祖父母的不孝行为，仍然是死罪，只是执行方法不同，改为绞刑。宋元明清沿袭不变。那么实践中，是不是只要骂了长辈就得死呢？也不可一概而论，司法官往往会根据"天理—国法—人情"的模式，进行必要的变通。

宋朝任布在越州（今浙江省绍兴市一带）做官时，有一个男子喝酒喝醉了，骂了自己的祖父。祖父一气之下，将孙子告到官府。事过之后，双方气消了，祖父十分后悔，于是跑到官府大哭，说："我老了，儿子又不在了，全靠与孙子相依为命啊！"面对这样的案子，你要是司法官，莫非真要机械地依照法律判孙子死刑？恐怕于心不忍吧！所以任布直接免了孙子的法律责任，将他放了。然后任布写了一份控告自己违法的折子，上报朝廷，请求处理。朝廷知

悉这个情况后也就没有过问。(《宋史·任布传》)

清末以来我们向西方学习，采用道德与法律分而治之的治理模式。辱骂父母的行为，只是道德问题，法律很难介入。

三、宗教层面孝道的法律化

父母去世后，对子女还有很多道德要求，古代法律也作出了相应规定。首先，听到父母死讯，子女必须哭。怎么个哭法，法律都有规定。《唐律疏议》记载："父母之丧，创巨尤切，闻即崩殒，擗踊号天。"父母去世，对儿女打击很大，他们一听到消息就会崩溃。"擗"就是捶胸口，"踊"就是顿足，即要捶胸顿足地哭、呼天抢地地哭。不哭则构成犯罪，罪名是"匿不举哀"，按唐宋法律要判处流放两千里的刑罚。到朱元璋当皇帝时，觉得太重，改为杖六十。

其次，父母去世，子女和儿媳要守丧三年。说是三年，法律实际规定只有二十七个月，其间的衣食住行法律都作出规定。比如：儿子讨老婆、女儿嫁人的，叫"居丧嫁娶"；守丧未守满时间就出来做官的，叫"冒哀求仕"。这些都是要判刑的。

如今时代进步了，这方面的法律规定已经失去了借鉴意义，也就不再做详细介绍。有一点需要说明，虽然现在不守丧，但必要的治丧活动是要举办的，相关的法规、规章也为直系亲属参加治丧活动规定了相应的假期。然而，有的地方把治丧活动搞成了娱乐活动，这种风俗恐怕需要改变。我在农村老家看到，办理丧事要请乐队来唱歌。放在以前，这就叫"居丧作乐"，要判三年徒刑。今天生活条件好了，想唱歌可以理解，唱点感恩、感伤的歌还算应景。结果有的居然在葬礼上唱："今天是个好日子，心想的事儿都能成！"这就过分了。

前面讲了孝的伦理道德在物质、精神、宗教三方面是如何与法律融合的。家庭之中，悌的伦理从属于孝的伦理。《弟子规》中提道："兄道友，弟道恭。兄弟睦，孝在中。"兄弟姐妹之间，年长的要爱护年幼的，年幼的要尊重年长的。"兄友弟恭"是"父慈子孝"伦理的延伸，也得到了法律的维护，违反者会受到法律的严厉制裁。

宋代著名的案例汇编《折狱龟鉴》中记载，苏涣任鄢陵（今河南省许昌市鄢陵县）知县时，遇到自然灾荒，民不聊生，有兄杀弟而取其衣者，结果弟碰巧没死，就和父亲一起来官府告状。苏涣可怜当哥哥的因贫穷而走上犯罪道路，于是采用启发式审判，故意问哥哥说："你为什么不彻底把他杀死，而是将他放走了？"哥哥懂了苏大人的用意，说："刚好有人看见，我就没有继续加害于他。"这样一来，该案就只是伤害罪，而不是杀人罪。苏涣正是通过这种方式，才使当哥哥的没有被判死刑。可见那时的法律规定，兄弟之间的杀伤性犯罪，要重于常人。

前面讲了孝悌作为伦理道德是如何与法律融合的，接下来我们讲忠信观念与法律的结合。

第五讲　忠诚守信

古人云:"儒有不宝金玉,而忠信以为宝。"(《礼记·儒行》)忠诚、守信的品德,历来被视为人生法宝。传统的五伦中,忠是调整君臣关系的道德。过去,君国一体,忠于君主,也等于忠于国家。所以中国人从来都有"忠君报国"的信仰。按照这一信仰做事,在道德上就会受到褒奖;违反这一信仰,法律就会进行制裁。先来讲一个案例:

西汉名将李陵(公元前134—公元前74年),是"飞将军"李广长孙。天汉二年(公元前99年),李广统领三万骑兵从酒泉出发,攻击在天山一带活动的匈奴右贤王。李陵率五千骑兵直捣单于王庭,结果在浚稽山(阿尔泰山脉中段)被匈奴八万精兵围困,力战数日,杀敌上万人,因无援兵又无粮草箭矢,最后战败被俘。汉武帝闻讯大怒,召集百官讨论。大家都认为李陵背叛国家,投降匈奴,构成犯罪,只有司马迁为李陵说好话。汉武帝一气之下,判处司马迁以宫刑。后来又有人说,李陵不但投降了匈奴,还帮匈奴练兵,"于是族陵家,母弟妻子皆伏诛"(《汉书·李陵传》)。后来方知,为匈奴练兵的并不是李陵,而是另外一个叫李绪的汉人。诛杀李陵一家老幼,实为特大冤案。

由此可见，违反忠的道德义务，在法律上也是重罪。《汉书》注文中记载："律，大逆不道，父母妻子同产皆弃市。"（《汉书·景帝纪》注文）按照当时的法律，投敌叛国属于大逆不道，父母、妻子儿女、兄弟姐妹都要被处死，这就是过去常说的"夷三族""诛三族"。

汉以后，忠的道德观念不断融入法律，形成了一系列的法律规定。仅十恶罪中就有四个罪名涉及忠：

谋反：企图推翻当朝政权等行为
谋大逆：破坏皇帝宗庙、坟墓等行为
谋叛：投降敌人、背叛国家的行为
大不敬：冒犯皇帝尊严、妨害皇帝人身安全的行为

先秦儒家提倡的忠，是"君仁臣忠"。君主要施行仁政，对臣民要仁爱，臣民要忠于君主和国家，彼此要将心比心，用今天的话说就是权利义务要对等。法律对这一道德理念进行维护，能体现"仁"的精神。然而，汉唐以后，法律在这一领域逐渐走偏，过度维护忠的道德要求，以致变成愚忠。

时至今日，我们已经不再有"忠君"的观念，更批判愚忠，但"报国"却是千古不变且应当提倡的美德，仍然得到了法律的有力维护。我国现行《刑法》分则第一章，专门设置了"危害国家安全罪"，具体有十二个罪名，充分维护了几千年传承不变的"忠"的道德观念。

上面讲了"忠"的道德观念与法律的结合，那么"信"的道德观念又是如何转化为法律的？先来讲一个例子：

清朝苏州吴县有个叫蔡璘的人，曾有朋友在他家寄放了千两黄

金，没有立字据。不久这个朋友去世了，蔡璘向朋友的儿子归还黄金。朋友的儿子大吃一惊，说："我父亲从来没说过在您那里存放了黄金，何况存放这么多黄金，哪有不立字据的呢？我也没见过字据呀！"蔡璘说："字据存放在心中，而不在纸上。你父亲了解我，所以从未向你讲。"说完便将黄金送还给了他。

中华民族有着数千年的文明史，从来不缺乏诚信的基因。这就是诚信的典型，通过这个例子，我们来进一步分析诚信究竟有什么文化内涵。

许慎在《说文解字》中解释说："诚，信也。从言，成声。"又说："信，诚也。从人，从言。"可见，诚就是信，信就是诚。仔细分析，会发现这两者之间既有联系，又有区别。

"诚"是"言"字和"成"字的组合。"成"意为黄金白银的成色，以纯为标准。一个人说的话是"成"的，就意味着他说的话是纯的，是"不打折扣的言语"。明清之际思想家王夫之指出："诚，以言其实有尔。"（《张子正蒙注·天道篇》）意思是，实际上有什么就说什么，即我们通常讲的"实话实说"。

"信"是"人"字和"言"字的组合，指一个人说出的话。远古时期，没有纸，经验技能均靠言传身教。那时的人纯真朴素，没有那么多花花肠子，说出来的话必然是可靠的。清代文字学家段玉裁对"信"的解释是"人言则无不信者"，即一个人说出来的话没有人不相信，就是我们通常说的"说话算话"。

孔子说："内不欺己，外不欺人。"（《格言联璧·持躬》）"诚"更侧重个人内在的心态，"信"更侧重与他人打交道时的行为。蔡璘所说"字据存放在心中"，就是一个人内心的"诚"，做到了"内不欺己"；将千两黄金归还故友儿子的行为，就是外在的"信"，做到了"外不欺人"。

"人无信不立，业无信不兴。"(《论语·颜渊》)在诚信道德观念的影响下，我们的老祖宗，与人打交道、做生意，无不以此作为立身立业的根本。

东汉末年有个人叫韩伯休，出身名门，但不愿做官，便以上山采药售卖为生。他卖药从来都是明码实价，童叟无欺，说多少就是多少。由于远近的人都知道他卖药言不二价，大人不方便时，可以放心地让小孩儿来他摊前买药，绝不会上当受骗。一天，来了位女子，看他的药材质量好就要买，问多少钱。韩伯休说："二两银子。"女子讲价说："便宜点，一两半吧。"他还是伸出两根指头："二两。"女子又到别的药摊逛了一阵儿，回来说他的药质量好，想加价到一两八成交。韩伯休还是说二两。女子气道："你这老头，怎么言不二价呢？你以为你是韩伯休不成？"(皇甫谧:《高士传》)原来这位女子是个外地人，不知道眼前这位正是韩伯休。由此可见，韩伯休已经因诚信而声名远扬了。

从经济学的角度分析，诚信不仅仅是一种高尚的品德，更是一种人生智慧。现在有些人做生意把赚钱看得太重，忽视了诚实守信的作用，不惜制假贩假、以次充好，只顾眼前利益，不重长远利益。殊不知在商业活动中，有了信誉才会有更多的商机，才能赚更多的钱；没了信誉，就会自绝财路。所以，诚信更是一种商业智慧。

中国历史上，诚信文化的形成，单靠道德教化的力量是不够的，还需要法律协同发力、齐抓共管。换句话说，就是法律必须对有损诚信的行为进行必要的制裁，作出相应的规定。历代政权对此特别重视，诚信的道德观念得到了法律强有力的维护。

比如债务纠纷，大多是由当事人不守诚信引起的。对此，传统法律的制裁措施十分强硬。西周法律对债务纠纷中欠债不还的债务人，既要判令其偿还债务，还要处以墨刑。"凡大约剂书于宗彝，小约剂书于丹图。……其不信者服墨刑。"（《周礼·秋官·司约》）意思是，重要契约要刻在宗庙彝器上，一般契约则书写在红色竹帛上，违背诚信破坏契约的，要处以墨刑。墨刑就是在脸上刺字，再涂上墨，以后再也不会褪色。一个脸上刺了字的人，走到哪儿别人都知道，这是一个不守诚信的人。这和当今法院为了解决执行难问题，在各种媒体上公布"老赖"名单的做法，道理上是相同的。

我们应该熟悉"不齿"这个词，意思是某人道德品质败坏，大家都不愿意提起他。然而在古代，它却是一种附加刑。对那些因不守诚信而犯罪的人，在处以墨刑这种主刑之外，还得附加"不齿"之刑。学术界认为，不齿就是"不得列于平民"，即户口和普通人不编在一起，是一种资格刑，来源于"序年齿"的礼仪。人与人见面，先问名字，接着就要问年龄。问年龄就是"序年齿"。为什么那时要问年龄呢？因为问清年龄，才知道谁大谁小，然后才知道用什么样的礼数来跟人打交道。"倍则叔伯事之"，如果对方年龄比自己大一倍，就要以叔伯之礼对待对方；"长则兄事之"，如果对方只比自己大几岁，就要以兄长之礼对待对方。

一个被并处"不齿"的人，大家就不会跟他"序年齿"了，见了面不问年龄，等于不跟他打交道。我们今天正走向城市社会，也是一个陌生人的社会，尤其是居住在城市的人，家住对门儿几十年都不认识，因此很难理解被人"不齿"的滋味。而传统社会是农业社会，是个熟人社会，一个不讲诚信而为人"不齿"的人，谁都对他不理不睬，那种日子，一定是孤独而痛苦的。谁愿意过这种日子呢？

唐宋以后，规定欠债不还的债务人要如数偿还债务，还要对其处以刑罚。欠得越多、拖得越久，处罚就越重，最轻的要用笞杖打板子二十下，最重的可以处杖一百，或徒一年，即剥夺自由强制劳动一年。(《唐律疏议·杂律》)明清时期都沿袭这一立法精神，没有质的变化，只是处刑轻重略有变化。

传统法律不仅用刑罚来调整债权债务关系，对其他民事行为也采用刑罚手段。诸如谈婚论嫁中的欺诈行为、拾得遗失物拒不归还、将别人寄存物据为己有等行为，大都要处以刑罚。

话说一个媒婆对男方家说："我给你们介绍的这个女子呀，那真是沉鱼落雁、闭月羞花，只是目前没有什么。"男方家一听，是个美女，就同意了。等到娶进门，一揭盖头，才发现女方没鼻子，就去找媒婆理论。媒婆说："我可是事先说清楚了的。我说她沉鱼落雁、闭月羞花，只是目前没有什么。目前就是眼睛前，眼睛前能看到什么？鼻子呐。勿谓言之不预也。"当然这只是媒婆的狡辩，一旦闹到官府，媒婆肯定得挨板子。

人都是趋利避害的，如果一个人不守诚信不会受到严厉的惩罚，那他就会一直不讲诚信。付出的违法成本低，而获得的经济收益高，就会有更多的人选择这样做，最后导致社会诚信精神缺失。由于传统法律用刑罚和经济制裁两种措施来调整民事行为，不讲诚信会带来牢狱之灾，最轻的也要被打板子，这就使得人在生活中不得不守诚信，诚信的精神得到了良好的维护，并逐渐成为一种文化传统。这方面的案例也举不胜举。

南宋有个叫陶四翁的人，开了一家染布店，他为人忠厚，讲求信誉，在镇上有口皆碑。一天，有人来推销染布用的原料紫草，陶四翁高价买下了那人的紫草。不久一个买布的商人来店里进货，看到这些紫草，便告诉他说是假的，并教了他一些检验紫草的方法。陶四翁照商人说的一试，果然都是假紫草。这时，商人说没关系，这事儿包给我了，假紫草仍然可以用来染布，价钱便宜点儿拿到市场上卖掉就行了。

第二天，商人再来进货，陶四翁却没有一匹染布，还当着商人的面把那些假紫草都烧了。其实，当时陶四翁并不富有，但他宁可自己受损失也不愿坑害别人。他用高尚的品质熏陶了他的后代，他的子孙们也像他一样诚信不欺，最后都成了大富翁。（施德操撰：《北窗炙輠录》）

中国人长期积累形成了这样的法律观念：违反国家法律就是"犯法"，犯法就要坐牢，至少也要被打板子。清末法制改革以来，人们发现，法律还有民事、刑事之分，还有违法、犯罪之别。违反民事法律不算犯罪，只是违法，只用承担民事责任。比如欠债不还，只能用返还财产、支付违约金等这些方式来制裁，而返还财产本来就是应该的，支付违约金不过是给对方当事人一点儿利息罢了。这种制裁犹如隔靴搔痒，惩罚性不强。所以才有了这样的民间说法："贷款三千万，从未打算还。公安不敢抓，法院不敢判。"公安不敢把他当罪犯来抓，法院不敢把它当刑事案件来判。于是在民事领域不守诚信的行为变得越来越多。

即便将失信行为诉诸法院，也很难得到执行，有人戏称"法院判决不过是盖了钢印的白条"。最高人民法院公开的数据显示，债务人能自觉履行义务的不到10%。道理很简单，即民事制裁的法律手段，在一些人看来根本算不了什么，违法付出的成本太低，而得到的收益很高。

经济交往中的失信行为越来越多，日常生活中的诚信缺失更是如此。后来遇到一件事，让我颇为震惊。一年暑假，我去西北某城市度假，朋友居然告诉我，有的火锅店里的羊肉不是羊肉，也不是用其他肉冒充的，而是用纸、胶水和羊油一层层糊出来的，当地公安跟踪好几年才破获此案。

习近平总书记在 2016 年 12 月就指出,"要运用法治手段解决道德领域突出问题",要完善"违法失信惩戒机制","使人不敢失信、不能失信"。党的十九大报告又强调,要"推进诚信建设"。有了这样的思想指导,我们完全可以在立法层面作出与时俱进的修改完善。对一些债权债务关系明确,且债务人主观上有恶意的纠纷,可以考虑用刑法来调整。一旦立法作这样的调整,诚信缺失的危机恐怕就能迎刃而解。这方面也有成功的先例,比如酒后驾车问题,以前用行政法进行调整,效果一直不明显,自从入刑,酒驾大幅减少。

酌古参今,我们可以得知,只有在法律上加大对严重失信行为的惩罚力度,充分发挥刑法的社会调控功能,"使人不敢失信、不能失信",才能使诚信的道德价值观得到有力维护。

第六讲　谦恭礼让

前面讲了忠信观念与法律的结合，接下来我们讲礼与法的结合。夏商周三代的"礼"，就是那个时代的法，其既有法律性质，又有道德性质，是法律与道德混同的产物。春秋战国，礼崩乐坏；后来到秦朝统一，更是弃礼任法。"礼"不再用法律的手段来维护，变成了纯粹的道德。汉代开始引礼入法，到唐朝礼法合一，这种模式一直维系到清末。原来被排除在法律之外的"礼"，纷纷融入法律。比如前面讲到为父母守丧的"礼"，汉唐以后就变成了守丧三年的法律规定，说是三年，实际是二十七个月，衣食住行都有要求，违反者构成犯罪。又比如以前有"前贫贱而后富贵，不去"的礼，汉唐以后就转化为丈夫升官发财后不准和妻子离婚的法律。如此等等。本讲要讲的是，礼当中的"礼让"，作为一种道德品质，是如何与法律结合的。

什么是礼让？就是依礼而让，但不是无条件的退让。《论语》中说："君子无所争，必也射乎！"（《论语·八佾》）君子是不愿和人争斗的，若一定要争个你强我弱，那就比赛射箭吧！比赛开始，双方对立行礼，表示礼让。然后开始比赛。结束后不论谁输谁赢，彼此对饮一杯酒。赢了的人说："承让承让！"输了的人说："领教领教！"始终保持君子的气度。即便是用于搏斗的拳术，也能看到这种礼的影子。现在是全民健身，不论是"广场派"，还是"公园派"，都喜欢练太极拳，里面有一招，叫"懒扎衣"。双方彼此拱手为礼，然后左手顺势将长衣扎在腰间，右手前伸像是在向对方行礼。言下之意是："你先请，你先请！"同时也有拒敌于门户之外的含义。

礼让作为一种道德品质，主要分为两类。其与法律的结合，也是围绕这两方面展开的。

一、对人的礼让

人在社会上活动，就得和其他人打交道，文明礼让是非常重要的。近几年来，大家一定会碰到这样的情形：你在人行道上走得好端端的，突然就会有人向你直勾勾地撞上来。他们为何如此？他们在刷微信，走路根本不看人！"目中无人"的成语发展到今天，已经不再是瞧不起人的意思，而是人们眼里只有手机没有旁人。《弟子规》中说："或饮食，或坐走。长者先，幼者后。"吃饭时长辈没动筷子，晚辈不要自顾自地先吃；走在路上，遇到年龄大的，要让他们先走。这在以前叫"教养"，现在叫"礼貌"。

在这种道德教化的熏陶下，传统中国确实称得上礼仪之邦。人与人见面都要拱手为礼，又叫"揖让周旋之礼"。话说有个急性子的人，见人行礼，猴急狗刨地捯饬几下就完了。别人批评他说："你这样做不合礼数，显得没有诚意。应该一边手上行礼，一边心里默念一月、二月……一直念到十二月，就合礼数了。"这人后来见人行礼就这样做，等他行完礼一看，对面的人都不见了。他问旁边的人："那人啥时走的？"旁边的人说："那人三月就走咧！"著名文化大师林语堂曾调侃地说："中国文化比西方文化强的，就在

这拱手为礼上。西方人握手为礼，容易传染疾病；中国人拱手为礼，乃卫生之道也。"❶

对人礼让作为一种道德要求，在汉唐以后逐渐变成了法律的硬性规定。唐朝《仪制令》规定："行路，贱避贵，来避去，少避老，轻避重，违者笞五十。"走在路上，地位低的人要给地位高的人让路，来的人要给去的人让路，年轻的要给年长的让路，负担轻的要给负担重的让路，违背者打板子五十下。

这样的法律规定，在实践中也得到了执行。唐文宗时，御史中丞温造是个暴脾气。当时的御史台相当于现在的纪检监察机关和检察公诉机关，御史台的正长官叫御史大夫，但只是个虚职，一些有功劳的高级官员，都可以加御史大夫的头衔。御史中丞是副长官，实际上就是御史台的"一把手"，相当于今天说的"常务"，正四品，专门负责纠举违法，弹劾犯罪。温造性情刚烈，不畏贵势。一次在街上碰到左补阙李虞，此人的官没他大，从七品上，但李虞是经常在皇帝身边的人，负责提建议。李虞就像现在有些给领导当秘书的人一样，瞧不上其他人，没有给温造让路。温造当即就把李虞的祗承人（侍者）抓起来，在每人背上打了十杖。（《旧唐书》卷一百六十《温造传》）

或许大家会觉得这一法律规定有些荒唐，其实它也有一定的道理。

先说"贱避贵"。现代人对"贵贱"可能会很敏感，人与人是平等的，怎么能分贵贱呢？是的，如今讲平等、不分贵贱，但是职务是有级别的，地位的高低也是有的。比如：你和领导在一起，肯定是你给领导让路；学生与老师相向而行，学生要给老师让路。

"来避去"不太好理解。打个比方，你坐公交车、坐地铁，下

---

❶ 林语堂：《生活的艺术》，延边大学出版社1989年版，第123页。

车的人就是"去"，上车的人叫"来"，所以乘车规则就是"先下后上"。这样做更合理，能够减少拥挤。

来到车上，看到老年人，年轻人是不是该给他们让个座呢？看到抱小孩的母亲，两手空空的人是不是该让一让呢？这就叫"少避老，轻避重"。我曾在公共汽车上看见一位时尚女性，抱了一只哈巴狗，一人一狗占了两个位置。售票员让她把狗占的位置让给一位老人。没想到该人说了一句："我的幺儿是买了票的。"这样的言行举止，表面上看是缺乏文明礼貌，从内在看是没有"仁"所包含的那种"不忍人之心"。

传统法律用强制手段来维护礼让的品德，其核心就是要体现"仁"的精神。在道德、法律的双重作用下，传统社会形成了礼让的风气，全国有很多地方，甚至以礼让作为地名，如"礼让乡""礼让镇"。当然，由于老少、贵贱等的标准不同，有时候难免有交叉，如果把握不好，也会闹出笑话来。

话说有兄弟俩同去金陵赶考。来到岸边，哥哥一定要让弟弟先上船，说："我虽然是兄长，却是个监生（国立学校叫国子监，在那里读书的叫监生），还没有功名；你虽然是弟弟，倒是个秀才。按照身份该你先上船。"弟弟也不肯，说："尽管我小有功名，但到底是阿弟，万万不可走在阿哥前头。"两人争执许久，谁也不肯先上船。后来相互让步，约定两人同时上船。可是船头极狭，船身又在摇晃，两人一挤撞，"扑通"，全都掉入了河里。

二、对利的礼让

《史记》中有这样的说法："天下熙熙，皆为利来；天下攘攘，皆为利往。"（《史记·货殖列传》）"利"应当包括物质利益和非物质利益两个方面。物质利益，如金钱财物，非物质利益，如权势荣誉，人人莫不趋之若鹜。趋利避害是人的本性，因而追逐利益是无可厚非的事，反而主动放弃应有利益的行为，让人有些难以置信。然而在传统礼让文化的熏陶下，有些人在名利面前也能保持谦让不争的态度，实在令人佩服。

说到这一点，人们常常以"孔融让梨"的典故举例，但我觉得孔融让梨的时候，年龄太小，不足以说明问题。《三字经》载："融四岁，能让梨。"大家可以看看，坐电梯的时候，往往是小孩子还懂得让一让，等电梯里面的人出来再上，反倒是一些大人不自觉，电梯里面的人还没出来，他们就拽着孩子往里面钻。我去重庆黔江地区调研时，当地一位小学老师给我讲了他们那里开展的"小手牵大手"教育活动。大人接送小孩时，为了节约时间，往往硬闯红灯，学校要求学生见到大人的这种行为时，就用小手拉住他们的大手。大人可以无视交通规则，但对小孩的请求不能不管，施行后效果很好。真是"人之初，性本善"，等到长大了反而不遵守规则了。有鉴于此，我来讲一个成年人礼让的例子。

五代十国时期有个叫张士选的人，年幼时就没了父母，与叔叔住在一起。他的祖父留下不少家产，还没分。等到张士选十七岁时，他的叔叔说："你已成年，可以不用我抚养了。我们把你祖父留下的家产一分为二吧，我们两家平均各分得一份。"（古人讲虚岁，十七岁就说是十八岁。）张士选却这样回答叔叔："叔叔您有七个儿子，那么我们该把家产分为八份才好。"叔叔觉得不好意思这样做。因为祖父留下的遗产，应该是张士选的父亲和叔叔各分一份。张士选的父亲已经去世，理应由他代位继承。这种事情，放到现在，恐怕很少有人会主动放弃自己的合法继承，不愿分得更多的遗产。但张士选坚持要求分为八份。没办法，叔叔只好听从了。当时张士选常在书馆认真读书，一个相面的人偶然经过书馆，看到张士选的面相，便对书馆的先生说："这个人满脸心思，是个有心计、有主意的人，以后会高中状元的。"后来张士选果然考中了状元。

传统社会，不但道德上要求礼让名利，法律上也有配套的制度，叫作"无讼"。孔子说："听讼，吾犹人也，必也使毋讼乎！"（《论语·颜渊》）"听"为审理之义。孔子的意思是，审理民事财产案件，他和别人差不多，但他的追求是让人们不要为鸡毛蒜皮的财产纠纷打官司。

古代的诉讼分为两种："狱"和"讼"。"罪名相告谓之狱"，"狱"相当于今天的刑事诉讼；"财货相争谓之讼"，"讼"相当于今天的民事诉讼，如田宅、户婚、债务、地租、邻里相争等一切小事，叫作"民间细故"。对于"狱"，被害人或被害人家属必须强制告发，绝不允许私下和解。对于"讼"，人们则不愿诉诸官府解决，认为没有必要斤斤计较。可见古代的法律观念是有所争有所不争、有所告有所不告，是相互配套的，不能简单地批评古人法律意识淡薄。"无讼"指的是不喜欢打民事官司，而不是所有的官司。我们今天所说的民事诉讼，在过去，基本上都会用"无讼"的态度来对待。

为了达到这一目的，官方有一些相应的制度设计。比如山西省平遥县的县衙大门，用门联来劝民息讼，少打官司：

上联：
莫寻仇莫负气莫听教唆到此地，费心费力费钱，就胜人，终累己
下联：
要酌理要揆情要度时世做这官，不勤不清不慎，易造孽，难欺天

宋朝时，古灵陈先生为仙居县令，专门刻制教民的碑文，其中说道："无好争讼，无以恶陵善，无以富吞贫。"（朱熹：《小学·嘉

言》十四)著名诗人陆游告诫其子孙说:"纷然争讼,实为门户之羞。"(《陆游诸训·戒子录》)

在这样的思想教育环境中,古人把"无讼"当作一种人生态度和生活智慧。中国人喜欢拿《易经》来算命。算命先生往往会告诉你,"讼"是一种卦象,在《易经》中排第六卦。"有孚,窒惕,中吉,终凶。"(《易经·讼卦》)意思是,人在遇到利益纠纷时,最好能忍气吞声、小心谨慎。如果非要打官司不可,尽量保持平和的心态,做到"中",不偏不倚,方呈吉祥;如果坚持要把官司打到底,追求过度,则成"凶"兆。正因如此,老百姓常常会把打官司看作不吉利的事。

明代文学家冯梦龙在《笑府》一书中记录了这么一个故事:

新年将至,父亲告诉几个儿子,各说一句吉利话写成春联。大儿子说:"新年好。"二儿子说:"烦恼少。"三儿子说:"不得打官司。"竖写成联贴于门墙。结果邻人读之:"新年好烦恼,少不得打官司。"不由得捧腹大笑:"这家人恐怕有病哟!居然还喜欢打官司。"由此可见一斑。

中国人奉行"无讼"的法律观念,但是真遇到财产纠纷,又该怎样解决呢?首先是自行和解。明朝皇帝朱元璋在《教民榜文》中规定:"若不经由者,不问虚实,先将告人杖断六十,仍发回里甲、老人理断。"(朱元璋:《教民榜文》)意思是,民事纠纷不经自行和解而直接到官府告状的叫"越诉",当事人要挨六十大板,然后发回去叫里甲有威信的老人进行调解。实在解决不了的,再去官府打官司。

对诉来官府的案件,办案官吏多用调解之法解决,与当今法院的诉讼调解相似,做到案结事了,追求法律效果与社会效果的统一。清代知县陆陇其,是个聪明的才子,经常会用一些常人意想不到的办法来调解案子。遇一兄弟争讼案,审理之前,"但令兄弟互呼",不到五十遍,两人便主动请求撤诉。但陆陇其还是对两兄弟进行了严厉的教育批评:"夫同气同声,莫如兄弟,而乃竟以身外之财产,伤骨肉之至情,其愚真不可及也。"(陆陇其:《陆稼书判牍·兄弟争产之妙判》)最后判令财产由兄长掌管,弟弟予以协助。

从上面的分析可以看到,中国传统法律正是通过维护礼让的品德,进而维护人内在的"不忍人之心"和"爱人之心",从而使"仁"的精神得到体现。

第七讲　夫妻情义

人们常常会说，某某人讲义气，某某人见利忘义，某某人见义勇为。可见"义"这一道德概念，现在还经常使用。那么究竟什么是"义"呢？《礼记》曰："义者，宜也。"北宋理学家程颐说："顺理而行，是为义也。"（《二程遗书》卷十八）意思是，一个人的行为符合时宜、符合情理就是义；不合时宜、不近情理，就是不义。

"义"这种道德观念，在传统社会适用很广。在家庭中，主要用来调整夫妻关系，叫作"情义"；在社会上，用得就更多了。"义"的最高境界就是敢于反抗强暴、帮助弱者，叫作"侠义"。

先来讲"义"作为夫妻之间的伦理道德，是如何与法律结合起来的。

《礼记·昏义》中说："夫妇有义。"我们现在主要以感情作为夫妻关系存续的基础，说准确一点就是爱情。这没有错，但心理学将爱情作为感情中的特殊种类，其维持的时间不会超过十四个月。

如果仅仅以爱情作为夫妻连接的纽带，恐怕很多婚姻都会因"没有爱情"而破裂，毫无商量余地。网上甚至流传这样一句话："'90后'都离婚了，叫我们'80后'情何以堪？"民政部统计数据显示，离婚率自2003年以来连续十四年递增，到2016年，有四百多万对夫妻离婚。❶ 学界称这种现象为"中国第三次离婚浪潮"。

传统社会以"义"作为夫妻关系维系的纽带,夫妻离不离婚要看男女双方各自的行为合不合适、合不合理。有了这种道德约束,婚姻中的爱情就会转化为亲情;没有爱情基础的包办婚姻,在长期的磨合中也可以产生感情。所以"义"的道德价值观对维护婚姻稳定有着重要作用。

一、做好自己

孟子说:"夫妇有别。"(《孟子·滕文公上》)这不是说夫妻之间要区别对待,搞不平等,而是说各有各的角色定位,要做到"夫义妇德"。各自尽到自己的角色义务,就是义;反之,就是不义。

《句容县志》记载了这么一个故事:

有位姓陈的女子,十六岁时嫁给了张熙明。张公子素来家底不厚,上有寡母,下有幼弟,所以每当吃饭时,他都望碗而叹。妻子知道他的心思后,就对他说:"你若能有大志,就撸起袖子加油干,家里的大小事情,我包了,不让你分心。"张公子听了,激动地说:"像这样,你就是我心目中的妻子了。"自此以后,张公子专心读书,学业日益长进,后又到外游学。妻子勤劳持家,任劳任怨。后来,张熙明科举及第,作了粤地长官,一家人过上了幸福的日子。俩人互相劝诫道:"不要忘记贫贱凄凉的滋味。"(《句容县志》)

张熙明能发奋图强,刻苦学习,改变一家人的处境,这是他的情义。《礼记·丧服》中说:"夫者,妻之天也。""天"字出头就是"夫",丈夫是妻子的"天",他要撑起家庭这片天。还有一种说法是,夫就是"扶"的意思,从物质和精神上扶持一个家庭,这就是

---

❶ 杜万华:《弘扬核心价值观 促进家风家庭建设》,《西南政法大学学报》2018年第1期,第17页。

丈夫该做的事，是丈夫的角色义务。他要是成天萎靡不振、不思进取，或者打牌赌博、好吃懒做，撑不起家庭这片天，就叫不义。

陈女子能安心持家，任劳任怨，这是她的情义。妻子的角色义务是要守妇德，包括德、言、容、功。"德"指的是要有贤良、温柔的美好品德。有句话说，讨个"母夜叉"，让你变成哲学家。因为痛苦可以使人深思，整天面对这样一个老婆，那真是"痛苦反复纠缠，我无法躲闪"，成天苦思冥想，自然就成了哲学家。谁愿意讨这种老婆呢？古人如此，今人也这样。"言"就是说话要让一家人听起来入耳，而不是动不动就发脾气。"容"就是要注意仪容，不要动不动就使脸色。"功"就是会做家务。"缝补浆洗不停手，一日三餐有鱼虾"，陈女子这样做就尽到了自己的角色义务。反之，如果妻子像一首民谣说的那样："小板凳呀祝英台，讨个老婆不成材。又喝酒呀又打牌，半夜三更才回来。"那就是不义。

当然，现代社会提倡男女平等，有些女人很能干，撑得起家庭这片天，她就可以主外。老公在家主内，干些买菜、做饭、洗衣服的家务，也是可以的。夫义妇德的位置也可以互换。

二、善待对方

按照"义"的道德要求，夫妻双方要互敬、互爱、互让。

东汉梁鸿，讨了个老婆叫孟光。孟光力气很大，可以举起石臼，但梁鸿还是不让她出去干体力活，而是自己出去耕田，孟光在家织布。梁鸿每次干完活回到家，孟光就已备好食物，然后两个人共同进餐。虽然两口子日子过得清贫，却其乐融融。（《后汉书·梁鸿传》）这就是互敬的典型。

夫妻互爱，彼此就要注意发现对方的优点，更要口头表扬表扬。情感的增进往往建立在相互欣赏之上，爱你在心，还要口常开。老公在外创业，起早贪黑，精神压力大，妻子可以夸他有担当，是个顶天立地的汉子。老婆在家奉献多，缝补浆洗、教子育女，任劳任怨，老公就夸她勤劳。当然现在有的女性不愿别人夸她勤劳（搞得跟夸保姆似的），那你就夸她颜值高。

话说一位妻子正在烧火做饭，对老公撒娇说："你这人最没情调。隔壁两口子好有情调，老婆做饭时，老公还给她咏诗一首，以资鼓励。你就不会学学？"老公问道："隔壁老公怎么咏的？"妻子学舌道：

吹火朱唇动，添薪玉腕斜。人在烟火里，恰似雾中花。

老公说："这个简单，我也给你来一首。"

吹火青唇动，添薪黑腕斜。人在烟火里，恰似鸠盘荼。

"鸠盘荼"是佛教传说中又丑又恶的女鬼，虽然是调侃，但也能让生活充满情趣。

春秋时有个刺客叫专诸，有万夫不当之勇，但老婆一喊他，就灰溜溜地跟着回去了，自称是"夫屈一人之下，必伸万人之上"（《吴越春秋·王僚使公子光传》）。这是夫妻懂得互让的典型。我在网上看到一个段子，夫妻饭后下象棋，妻子下不赢丈夫，就用马走直线吃掉了丈夫的炮。丈夫说："马跳斜角。不带你这么玩儿的。"妻子说："我这是千里马，想怎么跳就怎么跳。"过了一会儿，妻子看自己快输了，就用车走曲线吃掉了丈夫的马。丈夫说："车走直线。这是象棋的规矩。"妻子撒娇说："我这是自行车，想怎么走就怎么走。"最后妻子用隔着楚河汉界的卒子吃掉了丈夫的帅，丈夫无奈，只好让她。妻子大获全胜，哼着歌儿就洗碗去啦！夫妻之间，让对方一让，不但不丢脸，说不定还有意想不到的收获。

现在的人喜欢说："我只管爱你一个人。"这固然是对的，但每个人都不是孙猴子，不是石头里蹦出来的，都是娘生爹养的，所以同时还要认真对待伴侣身边的亲人。自己用什么心对待自己的父母亲友，也要用同样的心对待对方的父母亲友。《礼记》中记载："妇事舅姑，如事父母。"意思是，儿媳对待公婆，要像对待自己的父母那样。唐朝诗人朱庆馀写了一首《近试上张籍水部》，流传甚广：

洞房昨夜停红烛，待晓堂前拜舅姑。
妆罢低声问夫婿，画眉深浅入时无？

诗中描写了儿媳拜见公婆前的各种准备工作和紧张心情，唯恐对公婆有所不敬。儿媳如果总是用这种心态对待公婆，丈夫能不感动吗？丈夫总是用这种心态对待岳父岳母，妻子能不感动吗？夫妻感情自然增进。

"夫妇以义"这种道德，如果能得到法律的维护，婚姻关系就会更加牢固，人内在的"仁心"就能得到体现，法律也就获得了精神。秦朝奉行法家之法，亲亲之恩绝。《法律答问》中记载："夫有罪，妻先告，不收。"丈夫犯了罪，在官府发现之前，妻子去告发的，妻子就不会被收为官奴。法律强制要求夫妻相互告发，丈夫犯罪，妻子要告发，妻子犯罪，丈夫要检举，否则就会受到法律的制裁。法律无视甚至刻意破坏夫妻之间的情义，使得"义"的道德观念遭到破坏，内在的"仁"受到压制，法律失去其应有的精神。

汉朝以后，道德与法律走上了相互结合的道路，夫妻之间的义，得到了法律的保护，并形成了相应的法律规定。汉宣帝地节四年（公元前66年）下诏说："父子之亲，夫妇之道，天性也。"为了维护这种亲情，制定了"亲亲得相首匿"的刑罚适用原则：亲属之间相互包庇犯罪，不追究法律责任。具体而言，妻子包庇丈夫，不论何种情形，都不会被追究法律责任。丈夫包庇妻子，如果妻子犯的是死罪，是否追究丈夫包庇罪需要上报中央廷尉，但一般都会得到减免；死罪以下都不追究。（《汉书·宣帝纪》）可见，这时的法律特别注意保护夫妻之义，和秦朝法律刻意破坏夫妻之义相比，完全是两种做法。

尤其是在离婚的环节，往往以"义"或"不义"作为判断标准。

1. 判决离婚以是否违反"义"为标准

早在汉朝，就有"义绝"的说法。《汉书》记载："夫妇之道，有义则合，无义则离。"（《汉书·孔光传》）《白虎通》一书中说："悖逆人伦，杀妻父母，废绝纲纪，乱之大者，义绝乃得去也。"（《白虎通·嫁娶》）由于汉朝的法典我们现在已经看不到了，究竟当时的法律中有没有"义绝"的规定，不好随便下定论。

到了唐朝，法典中就有了明确的"义绝"制度。比如：丈夫对妻子以及妻子的尊亲属有杀伤行为，或者与妻子家的其他女性有通奸行为，妻子对丈夫以及丈夫的尊亲属有杀伤行为，或者与丈夫家的其他男性有通奸行为，夫妻就必须离婚，在法律上属于"义绝"的范畴。

凡是有"义绝"情形的，哪怕夫妻双方不愿离婚，官府也要强制判离，还要判夫妻一年徒刑。

元朝有这样一个案例可以说明问题。丈夫李先强奸了继子媳妇阿李，又将妻子李阿邓打伤。官府认为："夫妻原非血属，本以义相从，义和则固，义绝则异"，认定李先的行为构成"义绝"，判决李先与李阿邓离婚。(《元典章·刑部》《内乱·妻告夫奸男妇断离》)

即便是"和离"，也就是今天所说的协议离婚，也要以"义"为指导，处理好离婚后双方的关系，不要搞得反目成仇。敦煌出土的唐代《放妻书》中说，离婚是"一别两宽，各生欢喜"，对双方都是解脱。以前男人占据主导地位，所以丈夫要给女方提供三年衣粮作为补贴，祝愿前妻"巧逞窈窕之姿，选聘高官之主"(《放妻书》)，希望她继续保持迷人的身材、美丽的容貌，找一个大官做下一任老公。听到这样的话，以前有再大的积怨，恐怕也能化解了吧！

2. 不准离婚也以是否符合"义"为标准

《周礼》中规定："有所取无所归，不去。"(《大戴礼记·本命》)意思是，妻子嫁来时带了很多嫁妆，说明她娘家家境很好，后来娘家破败了或家破人亡了，这样的老婆，不能休。三代的"礼"在春秋战国时已遭破坏，这样的"礼"就变成了纯粹的道德。汉朝开始引礼入法，这一礼数才被写入了法典，成为汉唐明清通行的规定。之所以将这样的道德观念转化为法律，古人的解释是："为其不义也。"人家现在遇到困难了，你把她休了，叫她到哪儿去？这样做就是不义。

"义"的道德观念与法律制度的融合，对人的婚姻观会产生巨大影响。当夫妻一方遭遇灾难时，能够激发另一方人性中的善端，让他在困难面前不抛弃、不放弃，作出重情重义的举动。

北宋有个刘庭式，在未考中进士之前，曾找媒人向同乡的一个女子提了亲，有了婚约，但尚未送聘礼正式定亲。后来，刘庭式考中了进士，而那个女子却因病双目失明了。女方家见女儿出现病变,就不好再向刘庭式提婚约的事。也有人劝刘庭式娶盲女的妹妹为妻。刘庭式听后笑着答道:"已经给人家提了亲,怎能反悔呢?我不娶她,她又能嫁给谁呢?"刘庭式娶了盲女为妻。婚后,二人十分恩爱。后来,盲妻去世,刘庭式十分悲伤,一直不肯再娶。(《东坡全集》卷九十三)

现在的人感叹:"男人有钱就变坏,就要换老婆!"当然,女人有钱或出名了,也可能会换老公。这在过去是行不通的。《周礼》中说:"前贫贱后富贵,不去。"(《大戴礼记·本命》)妻子嫁给你时,你还是个穷光蛋,后来发财了、出名了,这个时候不能休妻,因为妻子和自己曾共患难。这一礼数,在汉以后也逐渐进入法典。原因仍然是:"为其不义也。"

东汉初年的宋弘,样貌较好,官拜大司空,专管全国的土木建筑工程。光武帝刘秀的姐姐——湖阳公主刘黄,早年丧夫,看上了他,就让刘秀去向宋弘提亲。刘秀召见宋弘,并让公主坐到屏风后面偷听。他与宋弘进行启发式谈话,说:"'贵易交,富易妻。'人情乎?"意思是,人的地位提高了就换朋友,发了财就换老婆,这不是人之常情吗?言外之意是,你现在升官了,是不是也该换一换老婆了。没想到宋弘回答道:"臣闻贫贱之交不可忘,糟糠之妻不下堂。我怎么可能抛弃我的结发妻子呢?"宋弘老婆姓郑,是战争年代宋弘在郑家养伤时认识的,是患难夫妻。刘秀一听,也就不再勉强。等宋弘走后,对公主说:"这事儿,办不成了。"(《后汉书·宋弘传》)

我们设身处地想一想:刘庭式得知未婚妻双目失明后,他内心会不会产生换一个眼睛正常的人的想法呢?宋弘面对皇帝主动抛来的橄榄枝,他内心会不会有那么一点点心动呢?恐怕会有吧。但有想法不等于有行动,因为那样的行为是"不义"的。"不义而富且贵,于我如浮云。"(《论语·述而》)可见,在婚姻关系上,传统法律正是通过维护"义"的道德,来维护人内在的"不忍人之心"和"爱人之心",进而体现"仁"的精神。

第八讲　侠之大义

前面主要讲了"义"在婚姻层面的运用,在社会层面,"义"的道德观念运用得更加广泛,常常用"义"或"不义"来判断一个人的行为合不合适、合不合理。从古至今,一直流传着这样一些说法:"金钱如粪土,仁义值千金""你对我不仁,休怪我对你不义"等。

《道德经》第三十八章对"义"有这样的定位:"失道而后德,失德而后仁,失仁而后义,失义而后礼。"

道家所说的"道",指宇宙万物的总法则;道家所说的"德",同"得",指人从"道"那里获得的部分。道家这句话的意思是:人们不能按照自然天成的"道"来规范自己的行为,退而求其次,只好按照从"道"那里得到的"德",来规范自己的行为。人们如果能达到这种境界,是不需要法律的。然而人们做不到,不能按照"德"来规范自己的行为,只好再退而求其次,按照内心的"仁"来规范自己的行为。人们若不能按照"仁"来规范自己的行为,就只好按表面上符合"义"的标准来规范。如果连表面上的"义"都不顾了,就只能用"礼"这种法律手段来加以约束了。

这样讲起来很抽象,举个例子。比如你在大街上看到一个无赖，还有一个美女，用道、德、仁、义、礼这几个层次来阐述，就是：

世界上没有无赖，大家都自然而然地生活，这就是"道"。

大街上有无赖，但他不会欺负美女，这就是"德"。

无赖调戏美女，你看到了，内心会生出一种帮助美女对付无赖的冲动，这就是"仁"。

你上前将无赖打倒在地，这就是"义"。若打不过无赖，又害怕无赖报复自己，那你就悄悄躲在一边打报警电话。这种行为从表面上还说得过去，也算是"义"。

结果你不但不这样做，反而上前与无赖共同欺负美女，那就不符合常理、不合时宜，是不义。对这样的行为，就只能用外在的强制手段来约束了，那就是"礼"。"礼"在三代时就是法。

通过这个例子可以说明，"义"就是指一个人的行为表面上说得过去。而支配行为的内心就是"仁"这种心态。内心有"仁"，表现在行为上就会有"义"的举动；内心没有"仁"，表现在行为上就不会有"义"的举动。

所以中国人常常会把"义"和"仁"连起来使用：仁义、不仁不义。

在社会层面，侠义是"义"的最高境界，体现了"仁"所包含的"不忍人之心"和"爱人之心"。作为一种高尚品德，侠义的含义是："救人于厄，振人不赡，仁者有乎；不既信，不倍言，义者有取焉。"（《史记·太史公自序》）"厄"指灾难、危险：在强弱之间，要反抗强暴，将弱者从灾难和危险中解救出来，就叫"救人于厄"，用今天的话说就是"扶危济困"；在贫富之间，能赈济那些吃不上饭、穿不上衣的人，就叫"振人不赡"，就是我们现在说的"扶弱济贫"。面对这两种情况，恐怕大多数人都会有帮助弱者的冲动，这就是一种"仁"的心态、侠者心肠。但是"扶危济困""扶弱济贫"不只是停留在嘴上说说大话。"不既信"中的"既",早期字典《广雅》训为"失",即不能失去信用,不能违背诺言,说到就要做到,表现在行为上就是侠义的举动,大有可取之处。正因如此,司马迁才专门为侠义之人著书立说,写出《游侠列传》。

可见,侠和义是不可分的,是互为表里的,侠为里,义为表。唐朝著名政治家李德裕在《豪侠论》中说:"义非侠不立,侠非义不成。"意思是,人间正义没有内心的侠者心肠支配,就难以得到伸张;侠者心肠不通过外在的行为表现出来,也就没有侠义的举动,不过是内在的美丽幻想而已。

扶弱济贫

遇到贫穷无助的人,侠义之士就会疏财仗义,帮助他们渡过难关,而且不计回报。

汉朝初年,有位侠客名叫朱家,差不多与汉高祖刘邦同时。"振人不赡,先从贫贱始。"朱家赈济穷人,先从那些最贫困的开始。由于乐善好施,搞得"家无余财",他自己也没有余粮了。朱家专门为别人的困难之事跑腿帮忙,比为自己做事还要着急。(《史记·游侠列传》)

楚国地界有一个侠客叫季布,以守信出名。当时楚国流行一句谚语:"得黄金百斤,不如得季布一诺。""千金一诺"的成语就是由此而来。在楚汉战争时,季布给项羽当部将,非常武勇。刘邦一统天下后,悬赏千金捉拿季布,同时颁布一条命令:谁敢藏匿季布,株连三族。

季布把自个儿打扮成家奴,卖给鲁地的朱家。朱家知道这个人是季布,但表面上假装不知,便买了下来安置其在田地里耕作,并且告诫他的儿子说:"田间耕作的事,都要听从这个佣人的吩咐,一定要和他吃同样的饭。"然后,自己坐车到洛阳拜见大将夏侯婴,通过夏侯婴劝说刘邦放过季布。最后刘邦赦免了季布,还任命他为郎中。汉惠帝时,季布官至中郎将。等到季布富贵之后,朱家再也没去找过他。他这种不图回报的仗义之举,为世人所称道。(《史记·季布栾布列传》)

到了唐朝,又出了一位人人皆知的大侠客,那就是李白。

大家都知道李白是一位伟大的诗人,恐怕很少有人知道,他也是位大侠客。《新唐书》说道:"击剑,为任侠,轻财重施。"(《新唐书·李白传》)所谓"任侠",就是以行侠仗义为己任的意思。他把钱财看得很轻,喜欢帮助穷人。他曾经东游扬州、京陵一带,遇到落魄公子,便慷慨解囊、出钱救济,不到一年时间,花出去三十几万两黄金。(李白:《上安州裴长史书》)

古往今来,能够做到扶弱济贫的人层出不穷,这正是侠义的道德价值观在日常生活中的展现。

扶危济困

当别人遇到困难和灾难时,你要伸出援助之手帮助弱者,这意味着要和强暴者进行抗争,会给自己带来难以预见的灾难。但拥有侠义精神的人,往往会迎难而上,为了解救别人,不惜自己的身家性命。这就是常说的打抱不平。

武侠小说《三侠五义》第十三回中说:"真是行侠仗义之人……见了不平之事,他便放不下,仿佛与自己的事一般,因此才不愧那个'侠'字。"(石玉昆:《三侠五义》第十三回)由此可见,侠义的核心,就是要有强烈的是非观和善恶观,路见不平,一定要拔刀相助。

宋仁宗庆历年间,王实的母亲被恶霸张本奸污,父亲也因此而亡。市井侠士孙立便出头为王实讨公道。他一大早来到张本家门口，找他决斗，并约定不许任何人帮任何一方。两人赤手空拳斗了几个时辰，直到午时，孙立终于将张本打倒在地。张本求饶说："你不杀我，我愿给你千两黄金，你杀了我，也得吃官司！"孙立说："我还以为你是条好汉，原来这么怕死。你依仗自己有钱，奸淫良人家妇，简直就是禽兽，饶你不得！"说完，便砍下他的脑袋，用来祭奠王实父墓。然后扔掉刀，去官府自首。（刘斧：《青琐高议》）

在这个事件中，人人都觉得大快人心，但孙立却冒了极大的风险，至少有两种：一是武力风险。张本也是个练家子，史称"力若熊虎"，孙立找他决斗，鹿死谁手，不可预知。二是法律风险。唐宋以后，国家法律禁止民间私斗。用今天的法律术语来说，剥夺他人生命权，是国家的公权力，任何人不能行使这种权力，以私斗的方式剥夺他人生命，必将受到法律的严惩。但是孙立不怕被张本打死，也不怕受国法惩处，为了弘扬道义，他宁愿放弃自己的自由和生命。

侠义中"扶危济困"似乎高于"扶弱济贫"，因为没有胆识、勇气和高超的技艺，是办不到的。所以《豪侠论》中说："夫侠者，盖非常人也。"侠义之士，都不是一般人。正因如此，侠士不但为民间广为传颂，更是历代文学礼赞不绝的对象。李白为此专门作了一首《侠客行》，其中写道：

> 赵客缦胡缨，吴钩霜雪明。
> 银鞍照白马，飒沓如流星。
> 十步杀一人，千里不留行。
> 事了拂衣去，深藏身与名。

燕赵的侠士，头上系着侠士的武缨，腰佩吴越闪亮的弯刀，骑着银鞍白马，在大街上驰骋，就像天上的流星一样。他们的武艺盖世，十步可斩杀一人，千里之行，无人能挡。他们为人仗义，事成之后，连个姓名都不肯留下。这是何等的潇洒、何等的荡气回肠！这首诗表达了世人对侠客的仰慕，对拯危济难的向往。

侠义作为一种高尚的道德品格，也得到了法律的认可，并形成了相应的法律规定。我仔细查阅了《唐律疏议》，这是我们目前能见到的中国古代最早的法典，之前的法典都失传了，当然这也是中国古代最成熟的法典，很有代表性。其中，将侠义的道德观念转变为法律规定的有四处：

一是强盗、杀人犯罪。发生这些犯罪时，周围的知情人应上前阻止。这在今天被称为"见义勇为"，只是一种道德义举，而在那个时候，既是侠义之举，也是法律的硬性要求。那时的"强盗"，相当于今天的抢劫；"杀人"跟今天差不多。遇到这些情形，邻里之人要相互告知。五家为邻，五邻为里。然后大家一起帮助受害人，对付强盗或杀人犯。如果邻里之人只是相互告知某某人被抢劫、被杀了，说说闲话，不去救助，则要受到处杖一百的刑罚；稍微离得远一点的邻里之人，虽然没有其他邻居来告知，但听到有呼救的凄惨叫声，仍然不去救助，杖九十。若为老弱病残，没有能力去救，这种叫作"力势不能赴救者"，可以跑到就近的官府衙门去报官，不去的，杖九十。（《唐律疏议》第456条）

二是劫持人质犯罪。面对此种犯罪，邻里之人以及"知见"之人（刚好路过事发现场的人）都要上前去阻止，直到将罪犯抓住，否则判两年徒刑。（《唐律疏议》第258条）

三是抗拒追捕犯罪。有关官吏正在追捕罪犯，结果罪犯身强体壮、武艺高强，官吏无力制服罪犯，向过往路人求助。过往路人若人数较多、身强力壮，甚至还有锄头、扁担一类的工具，完全有能力制服罪犯，但未提供帮助，则要仗八十。当然也有例外规定："势不得助者，勿论。""势不得助"指行人都是体弱之人，人数也不多，也没有工具，根本没有能力制服罪犯。这种情况下，拒绝帮忙追捕罪犯，就不算犯罪。(《唐律疏议》第454条)

四是火灾犯罪。看到官府的办公场所或仓库起火了，"知见及邻近之人"要互为告知，共同去救火。不告知、不救火的，判一年徒刑。看到寺庙、社庙、宫殿起火，周围的人都要相互告知并共同救火。不告不救的，判两年徒刑。如果私人住宅起火，周围的人也要相互告知并共同救火。不告不救的，"笞三十"。(《唐律疏议》第433条)

已故著名武侠小说作家金庸先生，在谈及"当代人最需要继承和提高什么"这个问题的时候，说："现在中国最缺乏的就是侠义精神。"现在的人缺乏侠义精神，肯定是多方面原因造成的，我个人觉得跟法律制度的变化也有一定的关系。

传统法律和当代法律，都会维护侠义的道德品格，但是使用的方法是不同的。传统法律用强制的手段激发侠义，现代法律用鼓励的手段提倡侠义。假如我们穿越到唐朝，在街上遇到小偷，按照当时的法律，看到有盗窃行为发生，周围的人要相互告知，并共同去救助被害人，对付小偷。(当然得是身强力壮的人，老弱病残不算。)"不告不救"的，就要被判刑，仗九十。见义勇为，前面有小偷的拳头或凶器，很危险；不见义勇为，后面有官府的板子，还是危险。既然"伸头也是一刀，缩头也是一刀"，还不如大家一起上前，来他个以多胜少，将小偷制服。那真是"路见不平一声吼，该出手时就出手"，不出手的，事后也要挨官府的板子。

我们再穿越到现代的公交车上，如果遇到小偷，大家都去帮助被害人对付小偷，叫见义勇为，是道德义举；大家都装着没看见，不管不问，也不违法，不会受到法律的制裁。2014年，江西一辆公交车上发生歹徒砍人事件，两位高中生勇敢与歹徒搏斗，最终夺下歹徒凶器，自己也身负重伤。同车的其他人身强力壮，虽然没有参与对付歹徒的行动，缺乏扶危济困的侠义精神，但并不违法。

传统法律用强制手段要求人扶危济困，面临危险，不挺身而出就是犯罪，谁敢不上前！这有助于激发侠义精神。现代法律用鼓励手段去引导人见义勇为，但人性是趋利避害的，只要没有法律的强制，当遇到危险时，绝大多数人恐怕都会首先选择自保而不是挺身而出。这应该是当代侠义精神淡化的一个原因，也给我们带来了更多的悲剧。曾有报道，重庆市万州区一辆公交车上，一位中年妇女坐过了站，对司机又骂又打，车上的乘客没有一人站出来制止，最后导致车辆失控，坠入长江之中，车上十五人全部遇难。

比较而言，传统法律虽然有助于激发侠义精神，但把不特定的公众置于危险境地，让他们去承受不应该承受的风险，现在看来已经过时。现代法律虽然不利于激发人的侠义品格，但可以使不特定的公众避免危险，更利于保护自由、人权，显然是进步的。正因如此，提倡侠义的政策、立法正逐渐增多。前面讲到的江西夺刀少年，被授予全国首个"中华见义勇为楷模"称号。各省、市、自治区也在纷纷出台见义勇为的地方性法规，有的物质奖励甚至高达百万元。我相信，随着鼓励见义勇为的立法不断完善，侠义精神会得到更好的发扬和永久的传承。

第九讲 尚廉知耻(上)

前面讲了孝、悌、忠、信、礼、义这六种道德与法律结合的情况,接下来看廉耻观念是如何与法律对接的。

我们现在喜欢把廉和耻放在一起来说,如某某人不知廉耻,就是说他不知羞耻。过去廉和耻是两个意思:廉指对不义之财能够保持克制和拒绝的品格;耻指对自己不当或错误的言行会感到羞耻的品格。

先来讲廉的道德观念与法律的结合。《广雅》中解释:"廉,清也。"要求人对待财富要保持廉洁自律的态度,不能贪心。"廉洁"是廉的第一层含义。这里要注意和前面讲的礼让品格区别开来。廉是对不应该得到的财富利益要懂得拒绝,礼让是对本来应该得到的财富利益选择了放弃,二者是不同的。廉洁的品格刚好和贪官相对应。举个例子来加以说明。

话说有个白字先生死了,到阎王殿去报道。什么是白字先生呢?就是念错字的人。阎王爷说:"你这人呐,生前老念错字,误人子弟,下辈子就不要做人了,免得害人。"白字先生就问:"那大王想让我变成啥?"阎王爷说:"罚你变成一条狗。"白字先生听了很高兴,说:"变成狗好哇!请大王一定要让我变成一条母狗。"阎王爷问:"怎么要变成母狗呢？"白字先生说："古人说得好呀！'临财母狗得，临难母狗免。'面临财富母狗就可以得到，面临困难母狗就可以躲避。"究竟是怎么回事呢？《礼记》中说："临财毋苟得，临难毋苟免。"（《礼记·曲礼》）意思是，面临财富不要苟且得到，面临困难不要苟且躲避。结果这家伙死了还要念错字，念成"母狗"啦！

面临财富不要苟且得到，就是廉洁，是一种高尚的品格。当然这种品格，仅靠道德来约束，肯定是不行的。有个经典段子，刚好能揭示其中的道理。某大城市一位领导出事了，检察人员就去搜他的家，发现他家里面有个保险柜，打不开，就请专门开保险柜的人来开。开保险柜的人检查之后说："这个保险柜太高级了，是声控的，密码是八个字，说对了它就开，说不对就打不开。"大家都来试，但怎么试都不行，最后只好把那位出事的领导请来。只见他对着保险柜说了八个字"执政为民，廉洁奉公"，门就开了。这很讽刺，"为官廉洁"这样的话，人人都会嘴上说，一旦落实在生活工作中，就不一定做得到了。

这涉及人性问题。有人问我："有些当官的为什么那么贪呢？"我说："你们没做过官，不明白其中的原因。"没做官时，手上没有权力、没有资源，别人不会来求你，你就不会受到诱惑。一旦做了官，手上有了权力、有了资源，别人就会想方设法来诱惑你。在诱惑面前，有的人就可能扛不住。不过，那些要拉领导干部"下水"的不法之徒，总会找出你的弱点来下手，"办法总比困难多"。就像曾经热播的电视剧《人民的名义》中的省委常委、政法委书记高育良，不法奸商给他送啥他都不要，而且一腔正气、大义凛然。结果给他送了一个美女，而且送得十分巧妙，高书记就扛不住啰！

既要做官，又要扛住各种诱惑，难啊！非意志坚定者是做不到的。

廉的第一层含义是"廉洁"，那么第二层含义又是什么呢？那就是"廉明"。《周礼·天官冢宰·小宰》对"廉"作如是解:"一曰廉善,二曰廉能,三曰廉敬。""廉能"指遇事能够明察,有解决困难的能力,能为老百姓做事。廉明的品格刚好和昏官相对应。

有些官员,虽然不贪不腐,做到了清廉,但懒政怠政,不好好干活。在工作中遇到困难,能躲就躲,能推就推,能拖就拖,打官场"太极拳"。前面说到的电视剧《人民的名义》,里面还有个区长,叫孙连城,别人给他送礼,他坚决不要,真做到了"拒腐蚀,永不沾",但就是不做事。市委书记李达康要求他将区信访办的窗口改善一下,方便群众来反映问题,他却迟迟拖着不办,一副"死猪不怕开水烫"的样子。

要做到为官廉明,首先就得有一颗公心。正如先秦著名思想家荀子所说:"公生明,廉生威。"

唐朝咸通(公元860—公元874年)初年,江阴县有个著名清官叫赵和。与江阴县隔江相邻的淮阴县发生一桩案件:"东邻"农民向"西邻"农民借钱万缗,同时以"庄券"(地契)做抵押。后来,"东邻"农民先还八千缗给"西邻"农民,没有打收条。再后来,"东邻"农民归还剩下的两千缗时,"西邻"农民矢口否认已还八千缗的事实,据不归还地契。"东邻"农民到州、县打官司,都输了,无奈转而求助江阴县县令赵和。赵和说自己是江阴县县令,管不了淮阴县的案件,否则便是超越管辖权。"东邻"农民泣曰:"此不得理,无由自申。"

赵和见他冤屈难伸,便为他苦思对策。依照唐朝法律,凡在江中犯罪,江两边的县都有管辖权。江阴与淮阴隔一条江,为了受理"东邻"农民的案件,赵和给淮阴县县令去了一纸公文,说本县在江中破获一起"寇江(江洋大盗)案",同案犯供认,贵县有个"西邻"农民也参与了此案,望贵县协助缉拿,押送本县听审。淮阴县县衙旋即将"西邻"农民押送到江阴县。赵和审问"西邻"农民为何参与"寇江案","西邻"农民否认。又令其如实申报家中财产,"西邻"农民为摆脱自己与"寇江案"的干系,答曰:"稻若干斛,庄人某人者;绸绢若干匹,家机所出者;钱若干缗,东邻赎契者。"赵和见"西邻"农民说出实情,再叫出"东邻"农民对质,"西邻"农民只好承认还钱的事实,问题遂得妥善解决。[桂万荣撰:《棠阴比事》(下篇)]

赵和作为江阴县县令,本无义务为"东邻"农民伸冤,但他心里装着一颗为民做主的公心,身上具有廉明的品格,所以才会采用巧妙的方法智断此案,留下千古美名。廉明的品格对现代政治进步也有很大的帮助。老百姓都想过富裕的日子,我们就要打赢脱贫攻坚战;老百姓向往美好的精神生活,我们就要繁荣文化事业,优先发展教育事业;老百姓希望有优美的自然环境,我们就要加大生态文明建设力度。我老家在重庆市梁平区,境内有条龙溪河,是流入长江的重要支流。小的时候河水很清,玩伴经常在河里洗澡、摸鱼。后来被上游的化工厂和纸厂排放的废水污染,成了臭水,几十年都没有改变。最近几年我回家探亲,发现河水变清了,两边堤坝修得整齐漂亮。不由得感叹:"'金山银山不如绿水青山'让我的家乡变得重新美丽起来!"

廉的第三层含义是"廉正"。《广雅》曰:"廉,棱也。"意指正直、刚直、品行方正,故而常有"廉直"的说法。培养官员廉直的操守,就是要求其在面临人为压力时,要有正直、正气、刚正的品格,做到刚直不阿、公正执法。廉正的品格刚好和庸官相对应。

东汉初年,六十九岁的董宣做了洛阳县县令,在办理一桩"苍头白日杀人案"时遇到了极大的压力。(当时的"苍头"代指家奴)该案凶手是湖阳公主刘黄的苍头,而刘黄正是当朝皇帝刘秀的亲姐姐。此苍头光天化日之下杀人,引发社会舆论。但苍头躲在公主府,没人敢去抓捕。董宣不顾压力,带着十几个狱卒,在公主的车队中发现苍头,正欲缉拿,遭到湖阳公主的强力阻拦。没想到董宣竟然"以刀画地",强行拦住车队,将凶手就地正法。那场面真是大快人心!(《后汉书·董宣传》)董宣身上所展现的,正是"廉正"的品格。

比较而言,廉的这三层品格中,"廉洁"相对更容易做到,就在人的一念之间。你不想贪,别人不可能拉着你的手去贪。做到"廉明"就难一些,工作中遇到困难或棘手的事情,必须要开动脑筋,甚至要发挥集体的智慧,才搞得定。做到"廉正"最难,因为我们每个人都不是孤家寡人,而是社会意义上的人,有着纷繁复杂的社会关系。中国人办事,往往比较迂回。一个人跟你不熟悉,就会找你同学来说情。你说:"同学我不认。"他就会找你朋友来说情。你说:"朋友我也不认。"他就会找你亲人来说情。你说:"我六亲都不认。"那他还会找你"领导"(老婆)来说情。结果你说:"我是男子汉大丈夫,老婆的话也不听。"一个人真要做到这样,在社会上、在家庭里怎么过日子?难啊!诚所谓"树欲静而风不止""牵一发而动全身"。正因为这样,廉的这种品格,仅靠道德教化恐怕很难养成,还必须有法律的保障,才能成为一种普遍的社会认同。

传统法律对廉这种品德的维护,主要从两方面展开:一是正面的鼓励,二是负面的打击。

正面的鼓励就是选拔具有廉的品格的人。大家都知道古代有"举孝廉"的选官制度,但往往认为该制度就只是选拔孝顺的人来做官。这是不全面的。最早制定这个制度的是汉武帝,他在元光元年(公元前134年)就制定了这一选官制度,是一种推荐制。"孝谓善事父母者,廉谓清洁有廉隅者。"(《汉书·武帝纪》)可见孝是一个种类,指孝顺父母的人;廉是另一个种类,指清廉正直的人。"举孝廉"就是推荐这两类人出来做官，孝和廉各有各的名额，而且要把指标下达给各个郡县。

隋唐以后，科举制兴起，以前推荐官员的做法就逐渐消失了，代之以考试制度。考试时要考"四善二十七最"，"四善"是道德层面的标准，"二十七最"是能力层面的标准。其中，"四善"中的"清慎明著"就是廉的品格，对财富要廉洁、对工作要廉明、对压力要廉正。做得好的可以升官，做得不好的就会被降职。

负面打击就是对违背廉德的官员从严惩处。唐朝有"六赃"，包括"受财枉法""受财不枉法""受所监临""强盗""窃盗""坐赃"。其中有四个罪名是维护廉洁的官德的，形成了惩治贪贿犯罪的系统制度：一是"受财枉法"，指官吏收受财物并作出了枉法裁判的行为。最高可处绞刑。二是"受财不枉法"，指官吏虽然收受了财物，但未作出枉法裁判的行为。最高可处加役流，流放三千里，徒三年。三是"受所监临"，指官吏利用职权非法收受所辖范围内百姓或下属财物的行为。官吏出差，不得在所到之处接受礼物，主动索取或强要财物的，加重处罚；不得向被监临人借用财物；不得利用职权经商牟利；官吏家人不得接受被监临人的财物。违反者构成犯罪。四是"坐赃"，指官吏财产的来源不清楚，且不属于上面三个罪名所指向的财物，就按"坐赃"论。相当于今天的"巨额财产来源不明罪"。

明朝沿袭了"六赃"制度，但略有变化，用来治贪。尤其是朱元璋时期，惩治贪污力度非常大，"凡官吏贪赃满六十两者，一律处死，决不宽贷"。朱元璋甚至采用"剥皮实草"的残酷刑罚，即将贪官处死后，剥下他的皮，在皮囊内填充稻草和石灰，按照贪官的形象做成"标本"。"标本"做成后挂在贪官生前所在公堂的墙壁上，警醒下一任官员，勿重蹈覆辙。

明代宗（景泰）时，刘铉（公元1394—公元1458年）任国子监祭酒，即最高学府的校长，他的二儿子刘瀚，以进士身份出使南方。临走之前，刘铉先检查他的箱子里面装了些什么东西。等儿子回来，再度检查箱子，"箧如故"，即里面装的还是原来那些东西，就高兴地说："无忝吾门矣。"（《明史》卷五十一）

传统社会，虽然也有官场腐败，但大多数情况下，在道德与法律的双重作用下，历朝历代也涌现出不少清官。大家熟知的包拯、海瑞、于成龙，不过是其中的典型代表而已。廉作为一种官德，得到了较好的维护。明代文学家冯梦龙在《古今谭概》一书中记载了这么一个故事，嘉靖年间，一位朝廷大员去苏州检查工作，想趁机捞点"油水"，结果"征索不遂"，下面的人都不给他送钱送物，他很郁闷。一气之下，写了首打油诗：

朝廷差我到苏州，府县官员不理咱。
有朝一日朝京去，人生何处不相逢！

这首打油诗从侧面反映了当时的官员大都不敢行贿。

当前，反腐倡廉工作正在紧锣密鼓地推进。党的十九大报告指出："强化不敢腐的震慑，扎牢不能腐的笼子，增强不想腐的自觉。"❶ 让领导干部不敢腐、不能腐，就是法治建设；让领导干部不想腐，就是道德建设。法治和德治必须两手抓，才能使廉的品格得到更好地发扬。

---

❶《习近平：决胜全面建成小康社会 夺取新时代中国特色社会主义伟大胜利——在中国共产党第十九次全国代表大会上的报告》，人民政府网站，https://www.gov.cn/zhuanti/2017-10/27/content_5234876.htm，最后访问日期：2023年12月30日。

第十讲 尚廉知耻(下)

前面讲了"廉"与法的结合,接下来讲"耻"的道德价值观与法律的结合。

话说宋代文学家欧阳修出名之后,经常有人来找他谈论诗歌。时间长了,欧阳修烦了,就吩咐管家:"今后凡是有人来论诗,你先考他一下。真有诗才,就见。碰到没有诗才的,就说我不在家。"结果来了个诗人,管家就让他先吟一首诗。正好门前有两只鹅跳进河里,该诗人就说:

两只大白鹅,一齐跳下河。
白毛浮绿水,红掌拨清波。

管家一看,前两句是大白话,后两句是抄袭,典型的绣花枕头,就说:"咱家主人出门了,没回来。"没想这家伙说,那我就等他。等了好几天,管家还是说没回来,只好走了。后来有一天欧阳修出门办事,碰上了那人,只好说自己也是来找欧阳修的。两人坐在同一条船上,那位诗人诗兴大发:

二人同一舟,去找欧阳修。

欧阳修接力道：

> 修已知道你，你还不知修（羞）。

在汉语中，羞就是耻，耻就是羞。《说文解字》中说："耻，辱也。从心，耳声。"意思是，耻就是羞辱，左边一个"耳"字旁，指一个人听到别人对自己有不好的评价，而感到无地自容；右边是个"心"字，指一个人有了不当或错误的言行，会从内心感到羞辱。

懂得羞耻是做人的根本，是最低的道德底线。一个有羞耻之心的人，干了坏事、丑事，就会感到羞愧、恐慌，要么想办法掩盖，要么想办法纠正。如果没有羞耻之心，干了坏事、丑事，就不会脸红、恐慌，也不会想着去掩盖，因为一切都无所谓，当然更谈不上想办法去纠正，等于没救了。孟子说："无羞恶之心，非人也。"（《孟子·公孙丑上》）一个人如果不为自己干的丑恶行径而感到羞愧和厌恶，那他就不算是个人。

"知耻"作为一种道德品质，可以从两方面来分析：

一、对待利

对待利，不管是物质利益，还是非物质利益，本来不该你得，你懂得拒绝，这叫"廉"；本来不该你得，你却厚起脸皮要了，就叫"耻"。因此，老百姓常常把"廉"和"耻"放在一起说。比如有个人总喜欢占便宜，还要说大话：

> 我被盖你被，你毡盖我毡。
> 你若有钱我共使，我若无钱用你钱。

上山时你扶我脚，下山时我靠你肩。
我有子时做你婿，你有女时伴我眠。
你依此誓时，我死在你后。
我违此誓时，你死在我前。

这就是典型的"得了便宜还卖乖"，不知道羞耻。

据报道，某大城市一位老人去景区公园游玩，发现公园里面的杨梅熟了，于是就偷偷爬到树上去摘，没想到杨梅树的树枝干枯了，老人"扑通"一下摔了下来，送医院救治无效，去世了。结果死者家属一纸诉状告到法院，称景区没有尽到安全告知义务，要求赔偿人身损害六十多万元。最后某区法院认定景区没有尽到安全告知义务，判决景区承担百分之五的法律责任。这就是缺乏廉耻的一个典型。

之前网上疯传一个视频，一位中年妇女坐高铁，拿着二等座的车票非要坐一等座。乘务员礼貌地请她去二等座就座，没想到这位女子当场发飙，说："凭啥二等座的车票，就不能坐一等座的座位？"又吼又叫，蛮不讲理，搞得乘务员一点办法都没有。真印证了那句俗话："人不要脸，鬼都害怕。"

二、对待人

有两样东西容易让人失去廉耻，那就是美色和权力。

告子曰："食色，性也。"（《孟子·告子上》）追求美色是人的本能，但得有个度。所以古代有婚礼加以约束，现在有婚姻法进行调整。但如果一个人失去了廉耻之心，那么婚礼、婚姻法都拿他没办法。

春秋时期，齐国齐庄公喜欢美女。他去大臣崔杼家做客，看到崔杼老婆东郭姜长得很漂亮，就把持不住了。于是假借关心下属之名，经常与东郭姜沟通交流。有一次，他和东郭姜幽会之后，看到衣架上挂着崔杼的帽子，就把帽子取下来赏给随行的跟班。有个跟班对齐庄公说："这恐怕不妥哟！这不等于把问题公开化了吗？"齐庄公当时就发飙了，生气地说："没有崔杼的帽子，难道寡人就没有别的帽子赏赐人了吗？"（《春秋左传》）

可见，齐庄公做得很过分。这就是没有一点廉耻之心。中国人最恨的、最不能容忍的就是"杀父之仇、夺妻之恨"，哪怕对方位高权重。后来，崔杼把齐庄公杀死了。

在权力面前，有些人也会不顾尊严，点头哈腰、阿谀奉承，无所不用其极。有个领导生病住院了，下属结伴去看他，没想到领导放了个屁，"排量"还很大，场面一度很尴尬。中间有个特别擅长拍马屁之人，说："没关系没关系，屁虽响，但不臭。"没想到领导一听，愁眉苦脸地说："完了完了，医生说我这个病呀，如果连放屁都不臭，那就离死不远了。"马屁没拍好，咋办？另一个人用手招了招空气，再使劲一闻，说："臭味才来，才来。"

也许大家会说这个例子太极端了，世上哪有这么不要脸的人，那么我就再讲一个真实的故事。

五代时有个冯道，他先在后唐当宰相，后又在后晋做宰相。后晋被灭后，冯道又想投靠契丹王朝的耶律德光。德光责备他几易其主、品行有问题，冯道不能对答。德光又问："为什么来向我投降？"冯道说："无城无兵，怎敢不来？"德光曰："尔是何等老子？"（你是个什么样的老东西？）冯道说："无才无德痴顽老子。"意思是，我就是个无才无德、不要脸的老东西。把自己的姿态都放低到尘埃里了，还能拿他有什么办法？当然，耶律德光的虚荣心也得到了极大的满足，任命他做了太傅。契丹北撤后，他又投靠了后汉。后汉灭亡后，又投靠后周。历任五朝都是高官，人称官场"不倒翁"。北宋欧阳修在《新五代史》中骂他是"无廉耻者"。像冯道这样的人，现在还是能经常看到。在领导面前，俯首帖耳、点头哈腰、溜须拍马、阿谀奉承，无所不用其极，甚至会习惯性地说出"领导，您也亲自来上厕所啊！"这一类的话。没有人格，没有尊严。

传统社会重视廉耻教育，耻的观念深入人心，从而形成了独特的文化现象，国外学者称之为"耻感文化"。不但一般的人特别在意廉耻，就连土匪强盗这帮恶人，对有没有廉耻，也特别在乎。

明朝著名思想家王阳明主张，人人都有知耻的良知。有一天，他和一帮行人被盗匪绑架了。当盗匪知道他是王阳明先生后，就说："您不是说人人都有良知吗？那我们这群盗贼有良知吗？"王阳明回答说："有。"盗匪说："如果您真能证明我们也有良知，就把你们全放了。"王阳明说："那你们就得先按我说的做。"盗匪答应后，王阳明就叫他们脱掉外衣，盗匪二话不说就把外衣脱了。王阳明说："请把内衣也脱了。"盗匪也毫不犹豫地脱掉内衣，剩下最后一条裈裤。王阳明说："请把裈裤也脱了。"盗匪说："不能再脱了，再脱就光了。"王阳明说："你们也知道羞耻，这就是你们的良知啊！"于是盗匪就将他们放走了。

传统社会的耻感文化得以形成，除了有道德教化的功劳，法律保障更是重要的原因。

1. 在司法实践中注重对廉耻道德进行维护

东汉名士王烈，太原人，做地方官时，特别擅长教化民众。辖区有个人叫王小二，家境贫寒，本想努力改变，却苦于没有本钱，干什么都不行。左思右想，便去偷别人家的牛，被发现后，就被扭送到亭长那里等候处置。王小二说："刑戮是甘，乞不使王彦方知也。"我做了坏事，要杀要剐都情愿，唯一有个请求，就是千万不要让王烈王大人知道。那时牛是重要的生产工具，偷牛往往要被判死刑。亭长觉得奇怪，就把这件事告诉了王烈。王烈知道后，立即约见王小二，并送给他一段布作为创业的本钱，然后把他放了。

有人问王烈为什么这么做，王烈说："小偷害怕我知道他犯的罪过，说明他心里耻于做坏事。既然他还有廉耻之心，就还有救。所以用这个办法激励他，相信他一定能够改过行善。"后来有位老太爷将剑遗失在路上，一位行人见到后就守在那里，到了天黑时，老太爷回来找到了剑，就问他的姓名，那人说："做好事，哪用留名呢？"说完一脸自豪地走了。老太爷感到奇怪，就将此事告诉了王烈。王烈派人四处打听，才发现那人正是以前那位偷牛贼——王小二。(《后汉书·独行列传》)

通过这个案例可以看到，在司法实践中注重对廉耻道德进行必要的维护，可以感化误入歧途的人，从而引导他们洗心革面，改邪归正，做一个对社会有意义的人。因此朱熹就说："人须知耻，方能过而改。"(《朱子语类》卷九十四) 人只有知道羞耻，有了过错才可能改正。

2. 在立法上对缺乏廉耻的行为予以惩罚

对财富缺乏廉耻的行为，以前主要用惩贪的法律进行制裁，这在上一讲已经提到。对人缺乏廉耻的行为，法律中也有相应的惩罚规定，例如"和奸"，即今天所说的"通奸"。现在只是道德问题，在过去则是法律问题，作为犯罪处理。

最早关于通奸罪的说法，见于《尚书》："男女不以义交者，其刑宫。"意思是，男女双方没有婚姻关系而发生不正当行为的，是犯罪，要被判处宫刑。古代的宫刑，"男子去势，女子幽闭"。男性罪犯要被阉割；女性罪犯的"幽闭"，并不是关起来的意思，而是用大木锤裹上厚厚的一层布，来击打女性罪犯的胸腹。

到唐宋时期，惩治通奸罪的刑罚有所减轻，使用的是徒刑。《唐律疏议》中规定："和奸者，男女各徒一年半，有夫者二年。"通奸的男女双方当事人，各处一年半徒刑。如果女方是嫁了人的，判两年。

元明清时期，改为杖刑，元朝打八十七杖，明清打九十杖，而且还得裸衣受杖，即脱了衣服打，让当事人蒙受更大的耻辱。如果本夫捉奸在床，可当场杀死"奸夫淫妇"，不负任何法律责任。

孔子曰："道之以政，齐之以刑，民免而无耻。道之以德，齐之以礼，有耻且格。"（《论语·为政》）仅用政令刑法来治理天下，老百姓就会只在意如何逃避法律的制裁，内心对自己违法犯罪的行为不会感到羞耻，前一句的"免"字，就是逃避打击的意思；用道德礼义去引导、教化天下，老百姓对自己违法犯罪的行为就会有羞耻之心，就会自觉遵守国家法律，后一句的"格"字，就是自觉遵守的意思。传统社会，在道德与法律的双重作用下，耻感文化得到了良好的维护。

清末法制改革以后，我们在法律制度上向西方学习，采取道德与法律分而治之的治理模式，耻感的道德逐渐从法律中退出。当时改革派和保守派争议最大的焦点之一，就是"无夫奸"的行为是否构成犯罪。改革派认为"无夫奸"只是道德问题，不应该由法律调整；保守派则认为，中国法律惩治通奸行为已经有几千年传统，不能废。当然，当时就是要改革，改革派的主张自然成为强势，"和奸"也就逐渐淡出法律，不再是犯罪行为，而只是违反道德。20世纪40年代，著名社会学家费孝通先生做乡村调查时发现这样一个案例：某甲的老婆和某乙有不正当的关系。某甲知道后，气不打一处来，就把某乙打伤了。在老百姓看来，打死都活该，但按照当时的法律，这只是道德问题。某乙的行为虽然缺德，但按照当时的法律，他有权要求有关部门追究某甲的故意伤害罪。由此，合法不合理、合理不合法的问题就出来了。❶

当今社会，随着时代的进步，自由人权观念深入人心，我们不可能再用立法手段来制裁不顾廉耻的行为，但至少可以利用执法司法手段，来防止利用寡廉鲜耻的行为获得利益。康有为说："耻者，治教之大端。"（《孟子微》卷六《贵耻》）廉耻是治国理政、教育文化中最重要的环节。所以加强廉耻道德建设，正是传承中华优秀传统文化的必要手段。

---

❶ 费孝通：《乡土中国　生育制度》，北京大学出版社1998年版，第58页。

第十一讲　法治理想

前面我们讲了，中华法文化的精神就是人的常情、常理、常识，说学术一点叫"仁"，说通俗一点就是人心，即人判断是非善恶的心。法律通过与孝、悌、忠、信、礼、义、廉、耻等种种道德结合，来维护最基本的情理人心，这样的法律就有精神。那么，这样的法律传统有什么现实意义呢？

2014年10月，党的十八届四中全会作出了全面推进依法治国的决定，其中确立了"坚持依法治国和以德治国相结合"的原则。2017年，党的十九大报告又重申了这一原则。2018年两会期间，习近平总书记再度强调："要既讲法治又讲德治，重视发挥道德教化作用，把法律和道德的力量、法治和德治的功能紧密结合起来。"❶新时代推行法治与德治相结合的治理方略，是对中华法文化精神的进一步弘扬，我觉得有如下两大好处：

一、法治与德治相结合，更符合老百姓的常情常理常识

江苏昆山宝马文身男砍人被反杀案，曾经在网上引起热议，因

---

❶ 何民捷：《既讲法治又讲德治——学习习近平同志参加重庆代表团审议时关于法治与德治的重要论述》，《人民日报》2018年3月16日，第7版。

为涉及法律与道德的关系问题。一辆宝马车行驶到自行车道，撞上了一辆电动车。电动车车主叫于海明，被撞后赶紧把车移到路边。宝马车上下来几个男女。按道理这几人应该来问一下情况："你的车撞坏了没有呀？""人受伤没有呀？"因为错在宝马车，这才是正常人应该作出的举动。没想到这几个男女不由分说就对于海明进行侮辱，其中一位刺满文身的男子还不解气，回到宝马车上拿了一把砍刀，对于海明进行追砍。文身男砍了于海明几刀后，不知是用力过猛，还是天意使然，刀竟滑落在地。于海明眼疾手快，抢到了砍刀。他奋力反击，文身男身中数刀，最后因失血过多，一命呜呼。

此案一出，民众在网上纷纷发表意见，认为于海明的行为是正当防卫，只有少数法律专家认为于海明可能涉嫌防卫过当，甚至涉嫌故意伤害致人死亡。按照以前的法律实践和理论解释，正当防卫这一法律规定基本用不上，很多和于海明类似的情况最后都会以防卫过当结案。有段子说：当凶手拿着刀对准你的时候，你不能防卫，因为这时不法侵害还没有发生；当凶手的刀捅进你身体里不动的时候，你不能防卫，因为这时不法侵害已经停止；当凶手把刀抽出去后，你更不能防卫，因为这时不法侵害已经结束。按照这种理论，我们每个人在进行防卫的时候恐怕还得计算，什么时候、从什么方位、用多大的力度来进行防卫才不至于变成防卫过当。这样的理论明显违背了基本情理，很难得到民众的认同。

好在处理于海明案的公安机关反应及时，申请检察院提前介入，很快认定于海明的行为构成正当防卫，产生了良好的社会效果。

由此可见，法律施行必须考虑情理，才能得到民众的拥护，才能在实践中避免以下两种不良倾向：

1. 避免让违背道德的行为通过法律而获得不当利益

如果一个违背道德的行为反而受到了法律的支持，那么就会对相应的道德观念产生巨大冲击。当年南京"彭宇案"，双方争议的焦点是：彭宇说是去扶老太太，老太太说是彭宇撞了她。一审判决彭宇承担赔偿责任，其中的认定也许自有其理，但给人感觉就是："如果不是你撞的，你为什么去扶""既然你去扶她，说明就是你撞的"。此案一出，见危不救的现象便如瘟疫般蔓延。国人惊呼："彭宇案让中国道德水平倒退五十年！"我觉得说道德水平倒退没问题，说倒退五十年恐怕过于保守，五十年前的道德水平说不定还要高些。更有人说，"彭宇案"开启了中国某些特殊群体从事的最为畸形的"产业"：碰瓷。"彭宇案"后，父母都教小孩儿见了老人倒地扶不得，小心碰瓷。我看到一幅漫画，一老人倒地，一小孩儿正要去扶，突然想起妈妈说见了老人倒地不要去扶，一扶有可能就被讹上了，小孩儿没有扶，又舍不得走。老人说："你走吧你走吧。你走了我才好去讹下一个人噻！"

曾经热议的河南"电梯劝阻吸烟案"，为法治与德治相结合树立了良好示范。郑州市杨某因劝老人段某不要在电梯里吸烟而与其发生口角，后段某病发送医院抢救无效离世。段某家属诉至法院，要求杨某赔偿四十余万元。一审法院适用公平原则，判决杨某补偿死者家属一万五千元。二审判决认为，一审判决适用法律错误，损害了社会公共利益，"本案中杨某劝阻吸烟行为与段某死亡结果之间并无法律上的因果关系"，因此，撤销一审判决，驳回原告诉讼请求，杨某不需要承担任何法律责任。2018年全国两会期间，时任最高人民法院院长周强对此作了专门的评析，认为二审"判决得很好"，"一个小的判决大大推动了社会风气，让见义勇为者敢为，让符合法律的行为受到鼓励"。为什么最高人民法院院长会对这么一个小案子进行专门评析呢？因为它涉及是非人心问题，涉及道德导向问题。司法工作既要鼓励民众的道德义举，更要杜绝缺德行为借助法律牟利。

2.避免让符合道德的行为因为法律而承受不利后果

法律是最低限度的道德，故从逻辑上讲，符合道德的行为不可能会违反法律，更不会受到法律的追究，但在纷繁复杂的生活中却并不尽然。2016年3月21日，福建村民蓝某追偷鸡贼陈某，在此过程中，陈某摔倒，后经抢救无效死亡，侦查机关以蓝某涉嫌过失致人死亡罪移送县检察院审查起诉。依情理而论，任何人在财产被盗之时，第一反应肯定是抓小偷，追回被偷财物。至于小偷因雨天路滑，摔倒在水泥路面致颅脑损伤的后果，失主是不可能预见到的。如此天经地义之举，却可能遭受牢狱之灾。又比如，2017年1月9日，唐山朱振彪路过一车祸现场，在追赶肇事逃逸者张永焕时，张永焕进入火车道，被火车撞击身亡。后死者家属诉诸法院，向朱振彪索赔六十余万元。朱振彪的行为是典型的道德义举，却面临法律风险。

好在这两起案件最后都得到了很好的处理：蓝某追小偷致死案，被检察院退回公安局并撤案；朱振彪追交通肇事逃逸者致死案，法院一审判决驳回原告的所有诉求，认定朱振彪的追赶行为属于见义勇为。这些典型案例，应该是坚持法治与德治相结合带来的良好结果。这就是将案件审判置于天理、国法、人情之中综合考量，充分发挥司法审判惩恶扬善的功能，运用法治手段解决道德领域的突出问题，弘扬真善美、打击假恶丑。

坚持法治与德治相结合，不但在执法司法环节产生了良好的效果，对推进全民守法也非常重要。

我在央视《今日说法》栏目中看到一个案例：北京市一位老人

有五个女儿,老大、老二、老三、老四都不管他,只有小女儿精心照顾他。临终之前,老人以遗嘱的形式把自己的一套房子给了小女儿。老人去世后,小女儿住进了这套房子。结果其他四个女儿一纸诉状告到了法院,认为五个女儿对父亲的房产都有继承权,凭什么只给小女儿一个人,父亲的遗嘱不合法。后来法院发现,遗嘱果然在形式上有瑕疵。按照我国当时施行的《继承法》,遗嘱需要两个以上见证人在场见证,并由代书人、其他见证人和遗嘱人签名,或者遗嘱人亲自到公证机关办理公证,才合法有效。而这位父亲的遗嘱,既无见证人签名,又未经公证机关办理公证手续,形式不合法,遗嘱无效,于是法院判令重新分割遗产。

四个原告不赡养父亲,父亲死后还要来争夺遗产,还能得到法律的支持,我把这种现象称为"依法缺德"。类似的情况还很多:聚众闹事而追逐不当利益,有关部门却无法对其进行有效制止,以致出现"医闹""学闹""鉴闹"等现象;偷逃门票翻墙进入动物园被老虎吃掉的,其家属还能理直气壮地诉诸法院索要高额赔偿;保安擅自早退在路上遭遇车祸身亡的,家属可以大言不惭地要求认定为工伤。如此种种不可思议的行为,我估计不是当事人不懂法造成的,而是他们无视道德、不讲道理造成的。在推进全民守法的进程中,普法教育固然重要,但道德教育恐怕更为重要。

二、法治与德治相结合,更适合中国的文化土壤

美国法人类学者霍贝尔认为:"从人类学的观点看,法律仅仅是文化的一个方面。"[1] 或许可以这样比喻:文化像土壤,法律制度不过是这土壤上的一种植物而已,此外还有政治制度、经济制度、军

---

[1] E. Adamson Hoebel, *The Law of Primitive Man*, Harvard University Press, 1967, p. 4.

事制度、教育制度等，都是上面的植物。植物必须和土壤相匹配，才能茁壮成长；法律也必须和文化相适应，才能有效运行。换言之，制度安排必须和文化相适应，才具有合理性。

道德和法律分而治之的治理模式或许适应西方的文化土壤，移植到中国，难免水土不服。那么中西文化究竟有什么区别呢？

1.价值观不同

价值观指人们对宇宙、社会、人生的总体看法。中国人怎么看这个世界呢？我们认为，人类在宇宙万物中太渺小了，必须和万事万物保持统一，才能长久地生存下去。我们的祖先把这种价值观叫作"天人合一"，哲学上则称其为"统一性原则"，即人要与万事万物保持统一。西方人跟我们不同，他们认为，人是"万物之灵"，具有独立自主、能动自决的主观性，可以征服、占有、利用整个世界，是万事万物的主体。这种"天人相分"的价值观，哲学上称作"主体性原则"。

在历史长河中，中西方走的文明道路不同，根源就在这里。中国走了几千年农业文明的道路，直到19世纪中叶西方文明传来方始改变，不是我们不懂科学技术，而是我们奉行统一性的价值观，所以春种、夏耕、秋收、冬藏，明年又重来，循环往复、周而复始，如此才符合"天人合一"的要求。战国时我们就发明了指南针，但不是用来航海，而是拿来看风水；唐朝就发明了火药，但不是用来造枪炮，而是拿来造鞭炮；宋朝就有了连珠枪，但没有得到推广，因为那是杀人利器。西方奉行主体性的价值观，要征服、占有、利用整个世界。要征服自然，在技术上就产生了科学主义，在人文上就促成了自由主义；要征服其他国家民族，就产生了殖民主义。美国要跟中国打贸易战，要在叙利亚"搞事情"，根源就在于他们的价值观是征服、占有、利用。

2. 思维方式不同

价值观的不同，导致了思维方式的不同。思维方式就是遇到问题怎么思考、怎么处理。中国人奉行的是统一性的价值观，遇到任何一个问题，都会把个体放在整体背景当中综合考虑，是一种综合性的思维方式。这种思维方式有一个特点，就是对问题本身不需要进行深究，所以我们经常会使用一些模糊性概念："也许""大概""差不多"。古人说"三"，有时候是"三"，有时候又不是"三"，而是"多"的意思，故又叫模糊性思维。西方人奉行主体性价值观，要征服、占有、利用整个世界，遇到任何问题，就要打破限制，逐一进行分析研究，从而征服它、占有它、利用它，是一种分析性的思维方式。

将这种思维方式运用在治国理政上，西方人强调道德与法律要分开，法律内部也要分开，看一个行为是否构成犯罪，也要分析许多要件。中国人的思维方式是综合性的，在数千年的实践中形成了"天理、国法、人情"的法律运行机制。在这一机制中，法律不是孤立的，需要和情理相联系。近代以来，我们向西方学习，采用道德与法律分而治之的治理模式，法律内部也分得很精细。这样一来，虽然让我们的法律体系走向了现代化，但在很多情况下，并不适应国情。

比如我们学习西方的犯罪构成理论，用主体、客体、主观方面、客观方面这四要件来套，套得上便是犯罪，套不上就不是。有的行为明明是犯罪，你可能还套不上。一位公安机关的领导给我讲了一个案例：一个小偷偷了别人两千元，又把自己身上的一元零钱放回原处。公安机关查清事实、收集证据后移送检察机关提起公诉，检察机关却不予受理。公安机关说："他偷了两千元，咱们重庆市盗窃犯罪的立案标准就是两千元，应该当作刑事案件起诉。"检察院说："人家找了一元钱的呀！"过了一段时间，我问那位领导这个案件的处理结果，他说："人家依法不受理，只能当治安案件处理。最多关十五天就放人。"

像这样的现象，严重影响人们对是非、善恶的基本判断。可见，选择道德与法律相结合，更符合中国人的综合性思维，更具有文化基础。

通过上面的讲述可以看到，坚持依法治国和以德治国相结合，是对几千年治国理政经验智慧的继承与发扬，能够有效维护人们判断是非善恶的常情、常理、常识，使中国特色社会主义法治在新时代获得它应有的精神，得到广大人民群众的拥护。

下 篇

中华法文化的实践

第一讲 《诗经》中的婚姻法（上）

《诗经》记载了一则叫"氓"的人的爱情故事。透过该故事，可以看到中国最早的婚姻法有什么具体内容。中国最早的法是夏、商、周三代的"礼"，礼分吉、凶、军、宾、嘉"五礼"。那时的婚姻法在嘉礼当中，称作"婚礼"。

"氓"的故事，在《卫风·氓》这首诗中有全面的记载。《诗经》是儒家"四书五经"中的一部经典，也是我国最早的诗歌总集，现存诗311篇，大抵皆是西周初年至春秋中叶的作品，其中有很多作品是反映当时婚姻生活的。所以通过《诗经》来研究当时的婚姻法律制度，可信度是很高的。

《卫风·氓》大约是卫宣公（公元前718—公元前700年）时期的作品。男主角名叫"氓"，女主角没有名字，为便于后面的叙述，姑且叫她"卫女子"。诗中讲述了两人的爱情故事，缠缠绵绵、幽幽怨怨，极具文学色彩。从法律史的角度来看，则较为全面地反映了当时的婚姻法在各个环节的具体规定。

《卫风·氓》总共分六段，讲述了婚姻成立的条件：

一、"父母之命,媒妁之言"(包办婚、聘婚)

> 氓之蚩蚩,抱布贸丝。匪来贸丝,来即我谋。送子涉淇,至于顿丘。匪我愆期,子无良媒。将子无怒,秋以为期。

诗是以女性的口吻写的:"氓帅哥啊!你笑得牙龇龇的,憨态可爱,拿着钱就来买丝了。其实不是来买丝,是要和我商量婚姻大事。我把你送过淇水河,在顿丘那个地方分手说拜拜。不是我故意推迟婚期,实在是因你没找来媒人。请你不要生气,秋天以前找来媒人提亲就可以啦!"(这里的"布"指"布泉",是当时的一种货币。有的学者望文生义,说抱布贸丝是以物易物,这是一种误读。另外,"将子无怒"的"将",读作"qiāng",意为"请"或"愿",古诗词中多有运用,如李白的《将进酒》。)

这段诗歌的内容,反映了周代婚姻的成立要有"父母之命,媒妁之言"。不经父母同意、不找媒人说合而私定终身,不符合当时的礼制,是不合法的。这一婚姻法原则与《孟子》一书的记载可以相互印证:"不待父母之命,媒妁之言,钻穴隙相窥,逾墙相从,则父母、国人皆贱之。"(《孟子·滕文公上》)没有父母同意、媒人说合,男女双方偷偷约会,翻墙私奔,所谓"待月西厢下,迎风户半开。拂墙花影动,疑是玉人来",那是不可以的,父母和别人都会瞧不起。氓公子不把想法告诉父母,不叫他们找媒人提亲,而像当代青年或西方王子一样,自己就去求婚,哪怕他单膝下跪,高呼"I Love You",也只能是"墙上挂窗帘——没门儿",因为这不符合当时的礼法。反之,诗中的卫女子,看来早已与氓公子两情相悦,但仍不敢答应氓私下的求婚，不敢违反"父母之命，媒妁之言"的法律规定，所以才叫氓回去找媒人来提亲。

下面我们逐一分析"父母之命"和"媒妁之言"的法律约束力：

1．父母之命

《齐风·南山》："娶妻如之何？必告父母。"想娶媳妇怎么办，告诉你的父母吧！对男方来说，必须先征得父母的同意，父母对儿子有主婚权。

对女方而言，同样要征得父母的许可。《郑风·将仲子》载："将仲子兮，无逾我里，无折我树杞。岂敢爱之？畏我父母。""仲子"，指排行老二的男性。诗歌大意是："某某二哥呀二哥，不要翻院墙来找我，不要攀树折枝来找我。不是我不爱你，是害怕我的父母。"以此句推断，这门亲事，要么是没向女方父母讲明，要么是向女方父母讲明了而女方父母不同意，所以女方才害怕男方来找她。要是被父母知道了，说不定腿都要被打折，可见父母之命的威力。

假如父母双亡怎么办？则要取得兄长的同意。《郑风·将仲子》载："将仲子兮，无逾我墙，无折我树桑。岂敢爱之？畏我诸兄。"可见，兄长对弟弟妹妹也有主婚权。下面讲一个例子来说明。

《国语·周语上》记载：周共王（公元前922—公元前900年）出游泾水，密国（今甘肃省灵台县一带）诸侯康公随行。康公见到三个美女，心想我好歹也是个国君，岂能错过如此尤物，便把三个美女带回家了，史称"有三女奔之"。结果，回家后被母亲严加批评，斥责他有违礼数，指令他将三女交还周共王发落。康公身为贵族之首（公、侯、伯、子、男）也要受"父母之命"的约束，何况一般民众。

有了父母之命的法律规定，当事人要想自由恋爱，简直是障碍重重，自个儿做不了主，那真是"爱情两个字好辛苦"。这样的规定合不合理呢？我们从法文化的角度来分析：

第一，有经济文化的基础。小农经济时代，社会封闭。女子藏在深闺，不参与社会事务，逐渐形成"男主外，女主内"的文化心理，于是大门不出二门不迈，男女间缺乏见面交流的机会。自由恋爱非不愿也，实不能也。

第二，符合权利义务对等的法律逻辑。有父母之命的法律规定，婚姻嫁娶，犯愁的是父母，年轻人也就不用愁了。出现违法行为，也由父母担责，比如隐瞒健康状况（笃疾、废疾）、掉包相亲等。周时具体怎样惩处，已很难见到记载，从后来的情况看：女方毁婚约，父亲笞五十；另许亲而未嫁，杖七十，已嫁者杖八十，聘礼追还。男方惩罚一样，唯不返聘礼。这虽然是《大清律例·户婚·婚姻》的规定，但由此可以推断，周时应当是金钱、刑罚并处的。

2. 媒妁之言

有了父母之命还不行，因为法律规定"男不亲求，女不亲许"。男方不能亲自向女方求婚，像氓那种做法，是上不了台面的；男方的父母也不能亲自去女方家提亲，那样做简直丢人丢到家了，别人会说难道你儿子真的讨不着老婆乎，还要您二老赤膊上阵？女方也不能亲口答应男方的请求，不然就显得有些着急嫁人了，会招人笑话，故由女方父母出面交涉。所以男女之间就像隔了一座山，还得有媒人作为中介，从中说合。

《齐风·南山》载："娶妻如之何？匪媒不得。"娶个媳妇怎么办？没有媒人就搞不成。

"媒氏"的工作主要有两项：

（1）管户口，职掌万民之判。简单说，就是管户籍人口，每个人出生后三个月，媒氏要在"户版"上做登记，还要空下一半的篇幅，等其结婚后再把对方的名字写上，称为"判"。所以《周礼·地官·媒氏》郑玄注云："判，半也。男女各为一半，得另一半，合为一。"按照这种说法，结了婚的才是"全人"，没有结婚的年轻人就只能是"半人"。在生活中，"半人"都希望成为"全人"，有的"全人"又想退化成"半人"。人生无时无刻不在矛盾纠结之中，其间的困惑，那真是很难说清，也是钱钟书先生所说的"围城"现象。

（2）做媒，谋合两姓之好。《说文解字注》云："媒者，谋也，谋合二姓者也。"媒氏就是帮其辖区内的人做媒，为了提高成功率，说合过程中难免夸大其词。有位男子很穷，想娶妻，朋友教他说："你去找媒人帮忙。"这位男子说："媒人能治穷病吗？"答："任你再穷，经了媒人的口，就都发生奇迹了。"（游戏主人辑《笑林广记》）生活中虽不至于有如此离谱的现象，但媒氏至少有这样的心态。因为古代考核政绩时，户口排第一。户口增长政绩就好，户口减少政绩就差。所以媒氏谋合二姓之好，巴不得对对都成功，以刺激人口增长。

通过"父母之命，媒妁之言"形成的婚姻，叫作"聘婚"，就是我们常说的明媒正娶。由于在这个过程中，当事人自己的意志难以体现，所以人们又将这种婚姻称作"包办婚"。

大家可能不禁要问，那个时代是不是包办婚就一统天下了呢？有没有自由婚呢？如果俩的父母不同意，也没找来媒人，他俩非要结婚，法律禁不禁止呢？

二、"奔者不禁"（自由婚、奔婚）

在特定条件下，经自由恋爱形成的婚姻也是合法的，为婚礼所认可。

1. 自由恋爱的现象

从《诗经》的记载来看,自由恋爱的情形是比较普遍的。我将《诗经》中的相关诗歌分为两类:

(1)女思男。《郑风·褰裳》:"子惠思我,褰裳涉溱。子不我思,岂无他人?狂童之狂也且!子惠思我,褰裳涉洧。子不我思,岂无他人?狂童之狂也且!"

子,对男性的尊称;惠,真心诚意。该首诗的大意是:你要是真心爱我,就提着衣裳渡过溱河来找我。(周时男性也穿裙子,提着裙角就可过河。)你要是不想我,难道就没有别人了吗?你这傻小子呀傻小子。"狂"同"痴""傻","且"读"jū"。当今学者李敖说应这样断句:"狂童之狂也,且!""且"读作今天的发音,发出一种不屑的语气。依此理解,相当于现在的女孩儿说:"傻样儿,有什么了不起,且!"说的都是反话,怨声于外而爱心于内,对不喜欢的人反倒不会说这种话,表达了女孩急切相见的心情。

(2)男思女。《秦风·蒹葭》:"蒹葭苍苍,白露为霜。所谓伊人,在水一方。溯洄从之,道阻且长。溯游从之,宛在水中央。"

这首诗于20世纪80年代被作家琼瑶翻译成现代歌曲《在水一方》的歌词,唱遍大江南北,表达了男追女的切切之心。下面看《国风·关雎》,这首诗反映的男追女的过程更为完整,可称之"恋爱三部曲"。

第一部:"关关雎鸠,在河之洲。窈窕淑女,君子好逑。……求之不得,寤寐思服。悠哉悠哉,辗转反侧。"男子追求女子,没有成功,得了相思病,白天晚上想啊想,睡不着觉。

第二部:"参差荇菜,左右采之。窈窕淑女,琴瑟友之。"男子采取主动出击策略,展示自己的音乐才华。五弦琴、七弦琴、二十五根弦的瑟，都会弹，真是太有才咧！与20世纪80年代男大学生抱着吉他在女生宿舍楼下唱"安妮，我爱你，我不能没有你"，是一个道理。

第三部："参差荇菜，左右芼之。窈窕淑女，钟鼓乐之。"看来是第二步没得逞。钟鼓者，打击乐器也。弦乐不行，就换成打击乐，总能打动女孩儿的芳心。

诗经时代，这种男女相会的情形较多。如《郑风·溱洧》《卫风·淇奥》《邶风·静女》《卫风·木瓜》《召南·摽有梅》《周南·汝坟》等篇都有反映，尤以郑国（都城在今河南省新郑市）、卫国为盛，故古时文人常常讽刺"郑风淫""卫风淫"，其实就是较为开放。农历三月，溱河和洧河迎来了桃花汛，春水涣涣，人们按捺不住内心的兴奋，奔向河边，有道是"爱之所在，虽千万人而吾往矣！"久而久之形成习俗，称"上巳节"，俗称"女儿节"。该节日在汉代以前定为三月上旬的巳日，后来固定在阴历三月初三。唐诗中就有反映，杜甫在《丽人行》中说道："三月三日天气新，长安水边多丽人。"

2. 认可自由婚的法律规定

从《周礼》的记载来看，正常情况下，婚姻必须遵守"父母之命，媒妁之言"的法律规定；特定情况下，经自由恋爱形成的婚姻，法律也是认可的。

《周礼·地官·媒氏》记载：媒氏除了为正聘婚做媒，还要"仲春之月，令会男女。于是时也，奔者不禁。若无故而不用令者，罚之"。根据这一规定形成的自由婚，法律是不禁止的。"奔"的意思不是私奔，而是不经父母同意、不用媒氏说合而私定婚约。自由婚条件有二：第一，时间在仲春，地点在水边，所谓"在水一方"；第二，女子无夫家，也就是没嫁人的女子才能享受这种法律待遇。

自由恋爱形成的婚姻，叫作"奔婚"；明媒正娶形成的婚姻，叫作"聘婚",两者的法律地位是完全不同的。《礼记·内则》曰:"聘则为妻,奔则为妾。"通过聘婚,女方可以做大老婆,通过奔婚,女方只能做小老婆。分析到这里,就明白了卫女子为何要"愆期",为何非要氓公子去找媒人来提亲,因为她要明媒正娶做大老婆,不愿意做小老婆。至于氓回去找来媒人没有,两人的爱情又进展如何,结果又怎样,请看下一讲。

第二讲 《诗经》中的婚姻法（下）

上讲我们讲到，卫女子叫氓公子回去找媒人来提亲，事情是怎样发展的呢？请看诗歌的第二段：

  乘彼垝垣，以望复关。不见复关，泣涕涟涟。既见复关，载笑载言。尔卜尔筮，体无咎言。以尔车来，以我贿迁。

一、结婚的法律规定

这一段在很大程度上再现了婚姻缔结程序的有关法律规定，包括六个阶段——纳采、问名、纳吉、纳征、请期、亲迎，统称"六礼"。履行这六种仪式，婚姻方始有效，是典型的仪式婚。不像现在的婚姻，只要领了结婚证就合法有效，有没有仪式都一样。

1. 纳　采

卫女子与氓公子有约在先，要他请媒人来提亲，所以她在等待。诗歌中唱道：登上那破旧的围墙，遥望氓公子住的复关那方向。卫女子不见复关，泣涕涟涟，就哭鼻子啦！最后终于盼到有人从复关来,正是媒人"纳采"来也,能不高兴嘛!所以忍不住"载笑载言",有说有笑。《仪礼·士昏礼》载:"婚礼下达,纳采用雁。"媒人带大雁来提亲,表达两种含义:(1)大雁冬去春来,十分守信,表明婚姻是要守诚信的;(2)大雁为"随阳"之物,雄雁属阳、雌雁属阴,雌性追随雄性永不离弃。正如李白《蜀道难》中所咏:"但见悲鸟号古木,雄飞雌从绕林间。"据说大雁总是成双成对出入,一只死了,另一只也活不长,取其忠贞之义。

在纳采过程中,还有一种相关联的制度叫"窥观"(《易·观六二》载:"窥观,利女贞。")。就是让女孩儿在闺房里偷看随媒人而来的男青年,并暗地向父母表态。《风俗通》中记载:"齐人有女,二家同往求之。东家子丑而富,西家子好而贫。父母不能决。使其女偏袒示意。女便两袒。母问其故。答曰:'欲东家食、西家宿。'"(冯梦龙:《古今谭概》)这则故事虽是笑谈,不一定可信,但至少反映了"窥观"制度在当时确实存在,说明这种包办婚其实也要考虑当事人的意见。

当然,在氓的故事中,就用不着窥观了,两人早已两情相悦,不过要借助"媒妁之言"的合法外衣罢了。

2. 问 名

问名不是问女方的姓名,而是问其生辰八字。男方家将女方的生辰八字拿回去占卜,以预测吉凶。《卫风·氓》中虽没提到问名,但从后面说到占卜的诗句推断,肯定也少不了这一环节。

3. 纳 吉

通过占卜得到吉兆叫"纳吉",婚事将继续往下推进;若是凶兆,则终止,以避免之后发生婚姻悲剧。商周时的占卜,用蓍草在龟甲上烧六个洞,龟甲就会裂开,根据裂纹判断吉凶。纹路竖着,就是吉兆；横着，就是凶兆。汉字中"非""罪"等字，就是根据这种卦象的纹路演化而来。氓这桩婚事，通过占卜得到的是吉兆，故诗中说："尔卜尔筮，体无咎言。"

4. 纳　征

纳征又叫"纳币"。男方家得向女方家支付五两帛。《周礼·地官·媒氏》载："凡嫁子娶妻，入币纯帛无过五两。"氓这桩婚事既然纳得吉兆，接下来就该给钱了。虽然诗中没明说给没给，但绝对是少不了的。反倒是女方有些疑虑，假如我是卫女子，一看氓家才给五两丝绸布，小嘴一撇道："太小气了，我不嫁啦！"这就大错特错了。"两"在那时是长度单位而非重量单位，一两等于 40 尺。订婚用的丝绸布，每匹布中间不能断，但太长不便携带，故将两头反复对叠，最后将一匹布叠在一起，为一两，取"两两相好"之义。五两共 200 尺，在当时是一笔很大的财富，买一个奴隶还绰绰有余。

纳征之后，婚约成立，反悔者构成"擅毁婚约"罪。女方反悔，要归还五两帛，女方父母还要被处刑，就是挨板子；男方毁约，无权收回五两帛，父母也要挨板子。谁做主，板子就打在谁的屁股上。

5. 请　期

男方家仍然用占卜的方法选择成婚的吉日，由媒氏告知女方家，同样带大雁前往。故《仪礼·士婚礼》规定："请期用雁。"

6. 亲　迎

成婚这天，新郎驾车去接新娘，也要带一只大雁以表心意，新娘则带嫁妆随车出嫁。话说一位女子出嫁，头天晚上就在家里准备嫁妆，一看这样也好、那样也好，就都拿去当嫁妆。父亲在窗外偷看，心想真是"女心外向""女大不中留"！不由得暗暗笑了，胡子搭在窗台上,白花花一堆,也随之而动。女子看见了,一把抓起,说:"这个也好,拿去当抹布吧!"诗中说的"以尔车来,以我贿迁",这个"贿",就是嫁妆。意思是,你驾着马车来迎接,我带着嫁妆跟你走。以后如果离婚,女方的嫁妆是要带走的,叫作"律:弃妻,畀所赍"。

再来说卫女子出嫁的情况。她来到氓家的时间,依礼应该以黄昏为宜。有人说婚姻的"婚",是一个"女"字,加一个"昏"字,意思是"女人发了昏,她就结了婚"。这当然是误解,最早的婚姻是抢婚,男方去抢女方,时间多在黄昏。因为黄昏时去抢,能看清人,避免抢错了对象。等抢到人之后就跑,一边跑一边天也变黑了,女方家人来追,就不方便,容易成功。这是真抢婚。后来,正常结婚也采用这种形式,以增加刺激性和娱乐性。因此"婚"字中的"昏",指的是黄昏的昏。

女方到了男方家,还有三道成婚的程序:一是"共牢而食",即吃婚宴,用牛做的宴席为"太牢",用羊做的宴席叫"少牢"。二是"合卺同酥",卺是古代的酒杯,合卺就是喝交杯酒,同酥就是两人同吃一块糖,这些环节在今天的婚礼中还存在。三是"合体",也就是:"一拜天地,二拜高堂。夫妻对拜,共入洞房。"

至此,氓公子与卫女子终于喜结连理。通过这一过程,我们也详细地了解了当时婚姻法中关于结婚的种种规定。一桩婚姻依法成立了,一种幸福的、悲哀的或平淡的婚姻生活,也由此开始。

二、离婚的法律规定

那么氓和卫女子后来的生活怎样呢?请看诗歌第五段。

三岁为妇,靡室劳矣。夙兴夜寐,靡有朝矣。言既遂矣,至于暴矣。兄弟不知,咥其笑矣。静言思之,躬自悼矣。

看来两人的婚后生活不怎么样。卫女子倒是勤俭持家,多年如一日,从不因家务劳动而埋怨,每天起早贪黑,结果得到的是家庭暴力。兄弟妯娌也不理解,只能一个人独自流泪到天亮,"躬自悼矣"。最后两人还是离婚了。

最后一段即第六段说道:"及尔偕老,老使我怨。……信誓旦旦,不思其反。反是不思,亦已焉哉!"本来想和你一起慢慢变老,结果你却总是让我受气。想到之前你发誓说,一辈子也不离开我,结果呢?"反是不思",意思是没想到你竟然违反了誓言,抛弃了我。"亦已焉哉"是感叹的意思。

诗歌中说氓和卫女子离婚是因为氓违反了誓言。那么,是不是氓想离就离,想怎么离就怎么离,只凭个人喜好,不需要理由呢?不是的,在那个时候,怎么离婚、凭什么理由,也是有法律规定的。

1.离婚方式

结合相关文献来看,当时离婚叫"休妻",又叫"出妻",即男方给女方写休书,就可以解除婚姻关系。女方拿着休书,可以再嫁。那么女方可不可以给男方写休书呢?不行。主动权始终掌握在男方手中。即便女方想离婚,也得给男方做思想工作,劝他给自己写休书。古代社会,也有女方变心的,但得恳求男方写休书。汉武帝时,会籍吴县有个人叫朱买臣,家里穷,每天以卖柴为生,老婆跟他一起干这活儿。《汉书·朱买臣传》中写道:"担束薪,行且诵书。"就是一边担柴,一边背书。老婆觉得很丢人,多次劝他不要在路上背书,朱买臣不听,"妻羞之,求去"。朱买臣笑曰:"算命的说我年五十当富贵，今已四十余矣。"老婆坚持要离，朱买臣只好给她写了休书。后来，朱买臣被人推荐，得到汉武帝的赏识，做了"中大夫"的官，再后又任会稽太守。衣锦还乡、打马归来，前妻和她的丈夫"治道"迎接。故人相见，感慨万千，朱买臣叫卫士打来一盆水倒在地上，对前妻说："你能把水收起来，什么都好说。收不起来，就只有'棉花店失火——免谈（弹）'。"这就是京剧《马前泼水》的故事，成语"覆水难收"也出于此。

2. 离婚理由

根据当时的法律规定，休妻有七个理由：

（1）不顺父母；

（2）无子；

（3）淫；

（4）妒；

（5）有恶疾[《公羊传·昭公二十年》何休注："谓瘖（yin，一声，哑）、聋、盲、疠（li，四声，恶疮）、秃、跛、伛（yu，三声，驼背），不逮人伦之属也。"]；

（6）口多言；

（7）窃盗。

回到氓的故事，他和卫女子离婚，是因为自己变了心。先前他搞家庭暴力，后来又"反是不思"，违反誓言。那么氓又是以哪一条理由把卫女子休掉的呢？我觉得，氓的婚姻破裂，很可能是因为"无子"。当然这只是我的一种推测，不一定正确，仅供参考。

第一，排除其他。从诗歌中的描绘来看，如"靡室劳矣""夙兴夜寐""躬自悼矣"，可以看出，卫女子应该是很贤良的，是一个既能埋头干家务又能忍辱负重的好妻子。这样的人，怎么会有不孝、淫、妒、多言、窃盗的行为呢？再说，卫女子是个美女，自然也不会有恶疾。排除了这六种，就只剩下"无子"这个理由。整首诗有六段，描写得非常细腻，却没提到儿子，似无子嗣。而在那时，老婆不生儿子是可以休妻的，"为其绝世也"。没法传宗接代，是最大的不孝。故古人重男轻女的观念，不光是农业社会的产物，同时也是法律的产物。不生儿子要被休，所以都想生儿子。

第二，考验期满。无子休妻有一定的条件限制，不能结婚不久没生儿子就休，得有个考验期，要考验到五十岁。"律：五十无子而休妻。"要等到五十岁没生出儿子才能休。（制度真是有点不近人情啦！要休不如趁早。）《卫风·氓》中说，"三岁为妇""及尔偕老"。古人说"三年岁"，不是真正的三年，而是多年的意思。本来要一起坐着摇椅慢慢变老，说明两人一起生活了很长时间，很可能已达到了法定的考验期。

氓的爱情故事就这样画上了句号。对卫女子而言，这是一个感伤而幽怨的结局。

第三讲　战争中的礼数

今天我们通过春秋时期的一场战争——宋楚泓水之战，来讲述中国最早的法，即夏商周三代的"礼"。看一看"礼"这种法律制度有什么具体内容，对行军打仗又有什么特殊规定。

春秋时期，诸侯争霸，形成了五个超级大国，史称"春秋五霸"。关于"五霸"，一种说法是：齐桓公、宋襄公、晋文公、秦穆公和楚庄王。（《白虎通·号篇》）另一种说法是：齐桓公、晋文公、楚庄王、吴王阖闾、越王勾践。

公元前638年，宋国与楚国在泓水（今河南省柘城县西北）打了一仗。宋国位于现在河南商丘一带，楚国辖地大致为现在的湖北、湖南全部及重庆、河南、安徽、江苏、江西的部分地区。

一、战争起因

宋国国君宋襄公（？—公元前637年），子姓，名兹甫，"宋襄公"是他的谥号，即死后的封号。这个人特别守礼，还命令他的部队在战旗上绣上"仁义"二字。

宋襄公一心想称霸，多次受到楚成王的阻扰，所以对楚国一直怀恨在心。

公元前643年，东方霸主齐桓公去世，国内爆发了易牙之乱。易牙是个臭名昭著的人，有"易牙蒸子"的典故。他联合一帮奸臣废掉齐桓公立的太子公子昭，立公子无亏为君。宋襄公派兵赶跑了易牙，让公子昭回国当上了国君，是为齐孝公。

宋襄公自认为帮齐孝公复位是件惊天动地的大事，是足够树立威信、称霸诸侯的时候了，便想会盟诸侯，确定自己的盟主地位。周襄王十三年（公元前639年）秋天，宋襄公约楚、陈、蔡、许、曹、郑六国之君在盂城（今河南省睢县）开会，结果楚成王的人内穿铠甲藏兵刃，外穿普通衣服，在会场上将宋襄公拘押起来，然后指挥五百乘大军浩浩荡荡杀奔宋国。幸亏宋国大臣早有防备，团结民众，坚守城池，使楚成王灭宋的阴谋未能得逞。楚成王把宋襄公拖到楚国的车上带了回去。几个月后，在齐国和鲁国的调解下，楚成王觉得抓了宋襄公也没什么用，才把他放回去。宋襄公称霸的第一梦破灭。

楚国兵强马壮，宋襄公也没什么办法出气。过了不久，郑国（今河南省新郑县附近）郑文公去楚国拜会楚成王。宋襄公决定讨伐郑国，出一下胸中恶气，于周襄王十四年夏出兵。郑文公向楚国求救，楚成王接报后，没直接营救郑国，而是统领大队人马直接杀向宋国。

二、战争经过

宋襄公立马回兵，在泓水严阵以待。此时楚国部队正在渡河，一片混乱。司马（军事长官）建议进攻，以收以逸待劳之功。宋襄公说："不可。"等楚国部队过了河还没排好队形，司马又建议进攻，宋襄公仍然坚持不打，说："未可。"等作战双方排好阵势再开战，在古典小说中多有描绘，将对将，兵对兵，击鼓进军，鸣金收兵,一方败了,另一方才一拥而上。小时候看到这些镜头,心里就着急,替古人着急,心想他们为什么不晓得偷袭、突击呢?后来才明白,这种作战方法是"礼"的要求,叫作"成列而鼓"。所以,排好阵势再打仗是法律的硬性规定,不遵守不行。

1. 礼是最早的法

为什么说礼就是法呢?夏商周三代的礼,代代相传,一脉相承。西周初年,周公整理夏商之礼,结合周族习惯法,制定了一套完整的礼典,并用刑来作保障机制。"礼之所去,刑之所取,失礼则入刑,相为表里者也。"(《后汉书·陈宠传》)用我们现代法律的概念来衡量,礼是行为规范,刑是制裁手段,用刑来保障礼的实施,所以"礼"就是那个时代的法律制度,是中国最早的法。

"周公制礼"在古代社会那可是妇孺皆知,影响深远。宋代罗烨编的《醉翁谈录》记载了这么一个故事,有个杨郎中想纳妾,老婆又很厉害,不敢明说,只好天天拿《诗经》来读:"不嫉妒,则男女以正","不嫉妒,则子孙众多也"。意思是让老婆允许他纳妾。老婆问他:"不就是想讨小老婆吗?谁定的规矩?"杨郎中答:"这可是周公定的礼哟!"老婆怒喝:"怪不得是周公定的。换了周婆,肯定不会这么定!"

周礼内容十分丰富,上至军国大事,下至婚丧嫁娶,都可以调整。史称有"礼经三百,曲礼三千",大体可以分为五类:

(1)吉礼。祭祀鬼神之礼。

(2)凶礼。丧亡殡葬之礼。

(3)军礼。行军动众之礼。

(4)宾礼。朝聘盟会之礼。

(5)嘉礼。婚冠饮宴之礼。

各种礼的具体内容,就不一一讲述了。在此,主要通过泓水之战来讲清楚军礼对行军打仗有什么样的特殊规定。

2. 军礼的具体内容

宋襄公迟迟不进攻,后来作了解释,他说:"君子不重伤,不禽二毛。古之为军也,不以阻隘也。寡人虽亡国之余,不鼓不成列。"(《左传·僖公二十二年》)一个懂礼的君子,应该做到以下"四不":

(1)不重伤。不攻击已经受了伤的敌人。

(2)不禽二毛。不捉白发老人来当俘虏。人本为黑发,老了又生白发,故为二毛。

(3)不以阻隘。不凭借地形险要来取胜。

(4)不鼓不成列。不攻击没排成队列的敌人。击鼓进军,不鼓即不进攻。不成列,指没排成队列。"成列而鼓"是商周时"礼义之兵"的通行规则。

这"四不",应该是军礼的内容,用今天的话说就是古代的军事法律。法律规范有三种,即禁止性规范、义务性规范、授权性规范,这"四不"就是军事法律中的禁止性规范。宋襄公的行为看似迂腐,却正是遵守了这些规定。这样的规定,在其他军事行动中也有表现。

公元前1046年,周武王讨伐商纣王。他率领周族部队,召集"庸、蜀、羌、髳、微、卢、彭、濮"八大诸侯盟国军队,在牧野(今河南省淇县南、卫河以北)与商纣王决战。他发布了《牧誓》作为军纪,在《尚书》中有记载。其中就说道:"今日之事,不愆于六步、七步,乃止齐焉。勖哉夫子!不愆于四伐、五伐、六伐、七伐,乃止齐焉。勖哉夫子!……尔所弗勖,其于尔躬有戮!"翻译成今天的话就是:一旦打起来,每冲杀六步、七步,就要停下来,整顿一下队列。将士们,大家努力吧!每击刺四次、五次、六次、七次，也要停下来整顿队列。(《尚书孔传》解释："伐，谓击刺。少则四五，多则六七以为例。")你们如果不努力，就会被杀戮！打仗过程中，还要整齐队伍，现在想来简直不可思议，但在当时就是硬性规定。不听招呼，还要按军法处以死刑，实在是匪夷所思。

为什么周代军礼的这些规定，现在看起来很荒唐、很可笑呢？这是因为春秋战国时期出现了兵法家，孙武被视为兵家鼻祖，所写《孙子兵法》是我国最早的兵法。后来的人受到兵法家思想的影响，普遍认为打仗就应该讲阴谋诡计。"兵者，诡道也。"仗哪能死搬硬套地按照规矩来打呢？

礼规定不趁人之危，兵法却讲究以逸待劳。

礼规定"古之为军也，不以阻隘也"，兵法却讲究利用有利地形取胜。

礼规定"不鼓不成列"，兵法却讲究出其不意、攻其不备。

礼规定"乃止齐焉"，兵法却讲究机动灵活的战略战术。

兵家出现前，按照军礼来打仗就正常，兵家出现后看起来就不正常了。

对军礼的看法，前后差异很大。早在汉代《淮南子》这本书中就一语道破这一点："古之伐国，不杀黄口，不获二毛，于古为义，于今为笑。古之所以为荣者，今之所以为辱也。"

三、战争结果

我们再回到泓水之战的具体情境中，看看宋襄公遵循军礼来打仗，是打赢了还是打输了呢？

《左传》中记载道："既陈而后击之，宋师败绩。公伤股，门官歼焉。"

楚国部队渡过泓水，排好阵势，宋襄公才下令进攻。结果宋国部队大败。宋襄公的大腿被箭射中，受了伤。警卫官也阵亡了。

宋襄公严格遵守军礼来打仗，军旗上还绣着"仁义"二字，为什么却打输了呢？以前，周天子是天下共主，是至高无上的权威，大家都得按照礼来打仗。春秋时期，周天子的天下共主地位降低，"诸侯不听天子诏"，大家都不按照礼来打仗了，唯独宋襄公一个人要这样，死搬硬套，只能吃亏。时代大变，宋襄公依然墨守成规，机械地按照军礼来打仗，他的部队，简直称得上是中国最早的"机械化部队"！不是装备上的机械化，而是行动上的机械主义。

毛泽东在《论持久战》一书中指出，在泓水之战中，宋襄公奉行"蠢猪式的仁义"，既不注重实力建设，又缺乏必要的指挥才能，最终覆军伤股，为天下笑。❶时代变了，作战方式也要顺势而变，否则只有失败。

四、宋襄公死后被尊为霸主的原因

泓水之战的第二年，即公元前637年，宋襄公箭伤复发，不久便死去，他的称霸梦破灭。虽然宋襄公从未真正称过霸，没当过霸主，但后世史学家还是把他称为"春秋五霸"之一，原因就是他坚持礼义之战，得到了后世史学家的认可。

《春秋公羊传》对他的这一举动评价说："君子大其不鼓不成列，临大事而不忘大礼。"意思是，后世君子对宋襄公不鼓不成列的行为大加赞赏，认为他在大事面前、存亡关头也不忘记大礼。他这样的人在现在，一定能成为坚定的法治主义者。

司马迁说，他虽然在泓水之战中失败，但还是有很多君子赞扬

---

❶ 毛泽东：《论持久战》，人民出版社1952年版，第72页。

他，因为"宋襄之有礼让也"(《史记·宋微子世家》)。

所以宋襄公虽不是生活中的霸主，却成为史书中的霸主；虽不是武力上的霸主，却成为道义上的霸主。

泓水之战以宋襄公失败而告终，我们站在历史的高度来看待它，至少可以说明两点：

第一，从军事史的角度看，它标志着自商、周以来以"成列而鼓"为主的"礼义之兵"退出历史舞台，新型的以"诡诈奇谋"为主导的作战方式从此崛起。

第二，从法律史的角度看，它标志着夏商周时期的礼遭到了彻底的破坏，就是孔子所说的"礼崩乐坏"。中国古代法律从"以礼为法"的第一个时代，进入了"以律为法"的第二个时代。

第四讲　真假太子案

西汉有一个著名的卫太子案，通过此案，我们来看一看古代如何用春秋决狱的审判方式处理政治性案件。

一、案情简介

西汉始元五年（公元前82年）的一天，阳光明媚，有一个男子乘坐黄牛车，打着画有龙蛇的黄旗，穿黄袍短衣，头戴黄帽，一派帝王贵胄的打扮，来到长安皇宫的北门，自称是卫太子。"长安中吏民聚观者数万人。"（《汉书》卷七十一《隽不疑传》）

公车差役把这件事告诉了当时的皇帝——汉昭帝，皇帝立即下诏让公卿、将军、中二千石官职的人（都是一些高级干部）一起出去，夹杂在老百姓中观看辨认。"诏使公卿、将军、中二千石杂识视。"

卫太子何许人也？为什么他一出场就有这么大的气场，会引起如此大的反应？汉昭帝为何又如此紧张呢？

原来，卫太子是汉武帝立的第一位太子，名叫刘据，是卫子夫卫皇后生的儿子，生于元朔元年（公元前128年），七岁时就被立为太子，大将军卫青是他舅舅。

汉武帝晚年,"尤敬神明"(《史记索引述赞》),老是担心有人用巫蛊之术害他。"是时,上春秋高,意多所恶,以为左右皆为蛊道祝诅,穷治其事。"(《汉书·戾太子传》)嫔妃们也大搞巫蛊诅咒之术。做法是用桐木刻雕人像,作为被施术者的替身,刻上他们的名字和生辰八字,然后深埋,或用针刺,再由巫师画符念咒。据说,这个法术会使受害者神志不清,癫狂失控,最后不明不白地死去。

汉武帝委派江充担任巫蛊案的行动总指挥。江充正好与太子有过节,担心太子接班后会报复自己,想趁机搞垮他,就派人在太子宫地下暗埋桐人,然后疯狂挖掘。

很快,江充向汉武帝汇报调查成果——在太子宫中,挖到的木偶小人特别多,而且还有帛书,上面写了很多大逆不道的反动言论。

太子眼看百口难辩,先下手处死江充,后又抓捕江充余党,弄得满城风雨,都传言太子谋反。汉武帝派丞相刘屈牦率兵镇压,太子兵败逃往湖县(今河南灵宝一带),后被围攻上吊自杀,时间在公元前91年。

从此以后,国家领导的接班人一直没有确定,没有立太子。公元前87年,汉武帝立幼子刘弗陵为太子。第二天,汉武帝去世,刘弗陵即位,就是汉昭帝。

汉昭帝当皇帝才五年,没想到自己同父异母的哥哥,第一任太子刘据又回来了,所以才忙不迭地叫高干们出去辨认,又叫右将军带兵在宫门外警戒,以备非常。

对老百姓而言,太子死了快十年,又突然活过来了,这可是个爆炸性新闻,引得万人齐聚。

面对如此紧张局面,现场的高干们都不敢表态,"丞相、御史、中二千石至者并莫敢发言"。要说这个卫太子是假的,万一他是真的呢？世界之大，无奇不有。以后卫太子掌了权，自己岂不是犯了错误。要说这卫太子是真的，确实看起来挺像的，那一举手一投足，犹如当年太子的风范。然而当朝皇帝汉昭帝就在旁边，谁吃了熊心豹子胆吗？于是大家都不说话。

局势越来越紧张，似乎空气也为之凝固，辅政大臣霍光等人也无计可施。万一有人像现在的粉丝那样大喊："太子太子，我们都很支持你！"数万民众很可能倒向太子，引发民乱。

正在此时，只听一声暴喝："把这小子给我抓起来。"大家一看，原来是京兆尹隽不疑来了，正命令他的手下逮捕卫太子。京兆尹是个什么官呢？汉武帝时分置左右内史，太初元年（公元前104年）改右内史为京兆尹，管辖治理京畿地区，相当于郡太守，由于地位重要，故不称郡，相当于今日首都的市长。有的高干一看，不由得倒吸一口凉气道："是非未可知，且安之。"意思是还没弄清楚这太子是真是假，还是等会儿再看呗！

隽不疑坚定地说："管他是真太子还是假太子。如果是冒牌货，自该追究他妄冒之罪。就算是真的，按照《春秋》大义，抓起来治罪也是对的。"想当年卫灵公之子蒯聩，因谋杀灵公夫人南子不成，出奔于宋，不久逃亡晋国。卫灵公死时，立蒯聩的儿子蒯辄为君。晋国的赵简子又把蒯聩送回，新国君蒯辄和蒯聩虽是父子关系，却拒绝了蒯聩的回国，"拒而不纳"。对此，《春秋》是持肯定态度的，所谓"《春秋》是之"。卫太子得罪了先帝汉武帝，逃亡外出，即便没死，现在自己送上门来，也是罪人。于是将该男子押送诏狱，等候审理。诏狱，就是由皇帝直接掌管的监狱，意为此监狱的罪犯都是由皇帝亲自下诏书定罪，主要关押九卿、郡守一类的二千石以上的犯罪高官。

二、春秋决狱的盛行

隽不疑的这一行为堪称果断决绝，最重要的是能迅速安定人心。隽不疑用的正是春秋决狱的方法。汉昭帝与大将军霍光为之大加感叹，说："公卿大臣当用经术明于大谊。"（《汉书·隽不疑传》）意思是大臣应该熟练掌握儒家经术，懂得春秋决狱，才能正确及时地处理政治上的大是大非，稳定局面。

正是在朝廷的提倡下，《春秋》在汉代地位崇高，排在五经之首。汉儒治经首重《春秋》，作为经学核心，同时发扬春秋三传的大义，为当时的君主提供治国之道。在这种风气影响下，两汉各级官员无不以懂得《春秋》为荣。汉魏之际的作家邯郸淳所著《笑林》中讲到这么一个故事，可以说明这种社会风气：

某甲要去拜见县令，先打听县令的喜好，以便谈话时有共同语言。有人告诉他县令喜好《春秋公羊传》。见面时，县太爷问他："你读过什么书哇？"答："唯独喜读《春秋公羊传》。"县令大喜，以为碰到了知音，问："那是谁杀了陈佗啊？"在《春秋公羊传》中，陈佗事件是个常识。陈佗（公元前754—公元前706年）是春秋诸侯国陈国君主，于公元前706年为蔡人所杀，在位20个月。

某甲没读过《春秋公羊传》，哪里知道春秋时的陈佗，还以为县太爷问的是本县发生的人命案，只好说："小人我确实没有杀陈佗。"县令一看就知道他没读过《春秋公羊传》，就想戏耍他一番，接着问道："你没杀陈佗，那又是哪个杀的呢？"某甲吓得全身发抖，光着脚就跑出了县衙门。汉魏时拜访客人，进门要脱鞋，和今天串门要脱鞋是一样的。不一样的是，古人脱鞋后不再换拖鞋，只穿袜子，也不怕冷，叫作"跣足"。

别人看他这样狼狈，问他为啥。某甲又开始胡吹："刚见到县令,就问我一桩凶杀案。我哪里知道什么凶杀案呢?以后再也不来了。"

这个故事反映出,汉魏时的官员研读《春秋》是很普遍的现象。

三、政治性案件的断案原则

那么用"春秋决狱"的方法来处理政治性案件,也就是汉昭帝和霍光所说的"用经术明于大谊",又该怎样做呢?归纳起来,就是要遵循以下原则:

1.君亲无将,将而诛焉

这句话出自《春秋公羊传》。"将"指将有叛逆之意,即臣下图谋叛逆,即使没有实施叛逆行为,只产生反叛之心,也是大逆不道的犯罪行为,必须处以极刑。汉代以儒家思想为指导,三纲中第一纲就是"君为臣纲",强调臣对君尽单方的义务,绝不能有二心。

举个例子来讲。东汉明帝时,广陵王刘荆对看相的人"相工"说:"本王模样长得很像先帝刘秀。先帝三十得天下,我今亦三十,可起兵未?"相工听了很害怕,连忙到官府去告发。明帝诏令樊鯈等人审理该案。事毕,奏请诛杀刘荆。汉明帝在宣明殿召见樊鯈等人,发怒说:"诸位爱卿以为他仅仅是我的弟弟,所以要杀他。要是我的儿子,你们还敢这样吗?"樊鯈仰而对曰:"天下高帝天下,非陛下之天下也。《春秋》之义,'君亲无将,将而诛焉'。我们正是因为他是您的弟弟,为弘扬陛下的圣心恻隐,才来向您请示。如果是陛下的儿子,我们就直接将他正法了。"汉明帝听了,叹息了半天。(《后汉书》卷三十二《樊鯈传》)

在这一原则中,臣下对皇帝只要有了异心,就是"将",法律术语叫作"谋",就是图谋推翻当朝政权取而代之。怎样来判定谁有谋谁没有谋呢？

首先，"二人对议谓之谋"（《晋书·刑法志》）。一个人有图谋不轨之心，往往会和一些亲信商量谋划。二人及以上谋划，就难免有人告发。如刘荆对看相的人说，相工就将他告了。

其次，如果一个人自个儿想不轨之事，如何判断呢？这叫作"独谋于心"。一旦有所表露，为人所知，也构成犯罪。有一个人喝酒，喝大了，用手蘸水在桌子上写了"我想当皇帝"几个字。旁边有个人见了，立马背上桌子去告官，说某某人想造反。官爷问："证据呢？"该人说："写在桌子上呢？"官爷一看，桌子上并无字迹，只因水气易干，早已蒸发掉了，便把该人问了个诬告之罪。这虽是笑话，但说明，只要有造反的想法且表露出来，就要追究罪责，其渊源正是"春秋决狱"中"君亲无将，将而诛焉"的原则。

在卫太子案中，该黄衣黄帽之人，在京城自称太子，引人围观，不管他是真太子还是假太子，其反逆之心已表现得十分明显。用"君亲无将，将而诛焉"的原则来处理，是符合春秋经义的。

2. 灵活运用

政治性案件本来就很棘手，受审对象往往也非等闲之人，说不定也懂得《春秋》经义，一旦据以反驳，审判人员又不能灵活运用，就会陷于尴尬。就像练武之人，虽熟悉套路，却不知变通，死搬硬套地运用招式，与人交手时就难免败北。

汉武帝元鼎（公元前116—公元前111年）年间，博士徐偃巡行天下，放任百姓煮盐铸铁，严重扰乱了经济秩序。汉代盐铁官营，以增加国家收入，禁止民间私造私贩。依照汉律，徐博士此举构成"矫制"罪。矫的意思是"诈称"，何休注《公羊传》说："诈称曰矫。"矫制就是诈称或篡改皇帝的制令，可分为矫制不害、矫制害、矫制大害三种情形。矫制害仅处弃市，而矫制大害则处腰斩。

徐偃的行为，被当时的御史大夫张汤以"矫制大害"的罪名提起公诉，史称"张汤劾偃矫制大害，法至死"。徐偃身为博士，深明据以断狱的《春秋》经义，引以做自我辩护，道："偃以为大夫出疆，有可以安社稷，存万民，专之可也。"这句话，来自《春秋公羊传》（庄公十九年）："大夫受命不受辞，出境有可以安社稷利国家者，则专之可也。"意思是国家干部一旦离开朝廷，只要是有利于社稷国家的，可以临时随事定夺，不必事事征得君王的同意，完全可以先斩后奏，这也就是我们通常说的"将在外，君命有所不受"。张汤作为御史大夫，也是当时最负盛名的酷吏，被徐偃的一席话搞得哑口无言。因为《春秋》在当时是最高指示，谁敢反对呢？

汉武帝一看事情陷入了僵局，便下了道诏令，叫事中终军参与辩论。终军说："博士说的道理都是老黄历啦！春秋之时，诸侯国林立，信息不通，当大夫作为使者参加诸侯会议时，遇到关系国家安危、社稷存亡的情况，可以不必征得君主同意而自行决定。当今'天下为一，万里同风'，大汉江山一统天下，胶东、鲁国实属大汉领土，根据春秋'王者无外'的经义，你到胶东出个差，怎么算得上'大夫出疆'呢？实际就是'矫作威福'，即篡改皇帝制令，作威作福，应该依法严办。"这下，徐偃理屈词穷，终于服罪受诛。（《汉书·终军传》）

在卫太子案中，那么多高级官吏都束手无策，连霍光这些老臣也一筹莫展。原因在于这些人虽懂得春秋决狱，但尚不能灵活运用，以至于一时大脑一片空白，找不出相应的经义来处理。隽不疑对《春秋》应该是非常熟悉的，史称其"治《春秋》，为郡文学，进退必以礼,名闻州郡",即他把研究《春秋》当作专业,早就很有名气了。正是因为他熟读儒经,深受儒家思想影响,所以他为官能做到"严而不残",即虽然执法严格但绝不残忍,不滥及无辜。每次"录囚"或视察监狱后,母亲就会问他:"这回平反冤案,又救活了几个人呢?"回答说平反得多,母亲就高兴,如果说没能平反救人,"母怒,为之不食",母亲便要绝食几天。

四、结　局

最后,隽不疑命令手下将太子打入大牢,虽然平息了事件,那么,这个人究竟是不是太子呢?在后来的进一步审理中,是否弄清楚了呢?

经廷尉审理,验明正身后,才知道这个太子确实是假的。这人名叫成方遂,原本是夏阳人,后来居住在湖县,就是太子逃命去的地方,以算命卜卦为职业。卫太子的跟班——太子舍人曾经跟从成方遂学算卜。这位舍人对成方遂说:"您长得很像卫太子。"成方遂信了这话,后来又知道真的卫太子已经在湖县上吊自杀,于是就假冒太子,来到朝廷"几得以富贵",企图通过这种手段来谋求富贵。廷尉又找来当地认识他的人张宗禄等进行辨认,确认无误,最后以"诬罔不道"的罪名,将其押赴东市,处腰斩之刑。(《汉书·隽不疑传》)

真假太子案,到此就真相大白了。在这里,我们不仅要弄清楚这个太子是真是假,更重要的在于,通过分析此案,我们能看到,春秋决狱的审判方法在汉代的政治生活中占据着十分重要的地位。从汉朝到唐朝,春秋决狱一直盛行。儒家文化对中国古代法律建设影响之深,由此可见一斑。

第五讲　上洛盗墓案

古代有一种特殊的审判方式——春秋决狱，我们通过"上洛盗墓案"来讨论一下。

汉代上洛（今陕西省商洛市）这个地方，有位男子叫张卢，死后下葬二十七日，有盗墓贼来盗墓，挖开坟墓，撬开棺材，"卢得苏，起问盗人姓名"。这是《太平御览》卷五百五十九《汉记》中的真实记载。我们可以想象当时的画面，张卢苏醒了，坐起来用陕西话问盗墓贼："你是个谁呀？"

张卢死而复生的事情传开了，老百姓听的是热闹，而地方政府上洛县关注的是有人盗墓，于是就把这个盗墓贼抓了起来，依法审判，却发现这案子不好办。

盗墓贼主观动机是挖别人的坟，"元意奸轨"，没安什么好心，按当时的法律是要被处死刑的。"天子县官法曰，发墓者诛。"（《淮南子·氾论训》）汉代法律现在见不到原文记载，这个"诛"是不是处死刑呢？因为过去的"诛"，至少有"诛杀""追究责任""讨伐"（如口诛笔伐）三种意思。结合后世《唐律疏议》的记载来看，《唐律疏议·发冢》中规定："诸发冢者，加役流……已开棺椁者，绞。"挖坟者，判处流放三千里、徒三年的"加役流"刑罚；开棺椁的，就处绞刑（死刑的一种）。可见汉代的这个"诛"字，肯定是"诛杀"、判死刑的意思。

然而，这个盗墓贼的盗墓行为很特殊，救活了张卢，"卢复由之而生"。从结果来看，又是一件大好事，所谓"救人一命胜造七级浮屠"，说不定张卢的家人还会到县衙来为盗墓贼求情。站在法律的角度，盗墓是犯罪；站在社会的角度，这次盗墓又救人一命。上洛县衙门觉得这个案子不好办，就上报上一级政府——郡政府。郡政府也觉得不好办，又向上级州政府汇报。东汉后期，地方行政区划分为三级，县、郡、州。当时的州牧叫呼延谟，也觉得左右为难：判他死刑，可他毕竟救活了张卢；不判他死刑，那以后人人都以他为学习榜样，都去盗墓寻宝，岂不糟糕？于是，干脆把这个案子上报朝廷处理。

那么，朝廷会怎样来审理这一案件呢？

汉朝时期开始，遇到疑难案件，就用儒家经典《春秋》来审判，给予适当变通，以达到情理法的有机结合，这种审判方法叫作"春秋决狱"。春秋决狱运用得最好的是汉武帝时的大儒学家董仲舒，有人考证汉武帝以前就有春秋决狱的方法。上洛盗墓案显然也是个疑难案件，也只能用春秋决狱的方法来审。那春秋决狱究竟是怎样审案的呢？用这种方法又该怎样处理上洛盗墓案呢？

一、疑难案件

只有碰到疑难的案件，单纯用法律条文处理很可能会违背人情常理，才用春秋决狱牢判。简单的案件或用法律能够轻松解决的案件不适用，因为《春秋》毕竟是一本历史书，而不是法律。姑且先看一桩"私为人妻案"的处理情况。

甲的丈夫乙乘船遇到风浪，船翻被淹死，无法下葬。后来，甲的母亲丙就把甲嫁了出去。有关部门认为:"甲夫死未葬,法无许嫁,以私为人妻,当弃市。"

按当时的法律规定,丈夫死后,要等到尸体下葬了,妻子才能再嫁,如果丈夫还未下葬就再嫁的,要以私为人妻论处弃市之刑。本案事实是:甲的丈夫死于海难,葬身于大海,显然无法收尸安葬。所以强求甲安葬丈夫后再嫁,那是办不到的。

如果生搬硬套法律条文判甲以私为人妻罪,处弃市之刑,显然是背离人情常理的。但不追究甲的私为人妻罪,又不符合法律规定。怎么办呢?有关官员只好去请教"春秋决狱"的行家董仲舒。董就拿《春秋》来变通,他认为,依照《春秋》之义,"夫死无男,有更嫁之道也",可以改嫁,这是第一。第二,"妇人无专制之道",以"听从为顺",女性自己不能做主,"在家从父,出嫁从夫,夫死从子",即"三从"。现在是长辈把她嫁了,怎么算是"私为人妻"呢?因此,甲和丙都不构成犯罪,"皆无罪名,不当坐"(《太平御览》六百四十引)。

可见,使用春秋决狱的大前提就是遇到不好处理的案件,好处理的就不用春秋决狱了。

二、两个原则

"春秋之听狱也,必本其事而原其志。"(董仲舒:《春秋繁露·精华》)

1. 本其事

"本其事"就是要把事情原原本本搞清楚,相当于今天"事实清楚,证据确凿"的法律要求。有些案件,客观事实和法律事实是不一致的,如果不弄清楚,就可能造成冤假错案。例如乞养子杖生父案。

甲有儿子乙，自己不养，送给了丙。丙把乙养大成人。一天，甲喝了酒，趁着酒劲儿对乙说："你是我儿，你是我儿。"把乙惹怒了，乙就打了甲二十杖。甲认为乙是自己的儿子，还敢打老子，气不打一处来，就告到了县衙门。

依汉律，"殴父"当处"枭首"之刑，即把脑袋砍了挂在城墙上示众。本案中，第一，乙以杖击甲；第二，甲是乙之生父。如果依据这两个客观事实，乙打甲是典型的"殴父"行为，再套用法条，就可以判乙枭首之刑了。然而，甲虽为乙之生父，却没有养他，在这种情况下，乙杖甲是否构成殴父罪，甲乙之间的父子关系是否成立，便成了本案争议焦点。县官只好去请教董仲舒。董断之曰："甲虽为乙之生父，但他抛弃儿子交给丙养，没尽抚养的职责，双方已恩断义绝，在法律上已不存在父子关系，虽杖甲，不应坐。"（《通典》六十九）

这里的"不应坐"，可以作两种理解：一是不追究乙的法律责任；二是不按殴父罪来追究乙的法律责任。我觉得第二种理解更准确，因为即使一般人之间，打了人，也应当承担相应的法律责任。虽然对方骂人在先，也只能作为从轻量刑的考虑情节。

2. 原其志

"原其志"就是看行为人有没有犯罪故意或过失，这是当代刑法中犯罪构成理论的说法，不好懂。通俗点说，就是看一个人的主观心态，是不是想干坏事。

《盐铁论·刑德》中有言："故《春秋》之治狱，论心定罪。"在这里，志就是心，心就是志。有人解释说："志，谓本心也。"志就是主观心态，在汉代包括"故""过""误"三种。东汉律学家郭躬说："法令有故、误……误者其文则轻。"说明那时的法律是要区分"故"和"误"的。我们用实际例子来说明。

汉文帝一次出游，走在桥上，一个老百姓从桥洞下钻出来，把文帝的马给惊着了，一路狂奔，差点害文帝受伤。文帝很生气，要求处死这个老百姓。当时的廷尉张释之审办此案，问询缘由。廷尉相当于今天最高人民法院院长。那倒霉蛋说："我是长安县的乡下人，听到了清道禁止人通行的命令，就躲在桥下。过了好久，以为皇帝的队伍已经过去了，就从桥下出来，一下子看见了皇帝的车队，马上就跑起来。"张释之认为此人的行为构成"犯跸"之罪，但是属于误犯，应处罚金四两。文帝发怒说："这个人惊了我的马，幸亏我的马驯良温和，假如是别的马，说不定就摔伤了我，判他罚金也太便宜他了！"张说："犯跸之罪，如果是'故'，就该杀头；如果是'误'，就只能判罚金四两，法律就是这样规定的。"

故："知而犯之"谓之故。相当于今天刑法中的故意，包括认识因素、控制因素。

误："不意而误犯""无本心也"，叫误。此案中人，没有冲撞皇帝车驾的本心，是误犯。相当于今天刑法中疏忽大意的过失。

过："意以为然"。"过，无本意也。"古代有乡饮酒礼，众人齐聚，表演"礼乐射御书数"六艺。如果在射箭过程中伤了人，"射者中人，本意在侯，去伤害之心远"，就是"过"，应当从轻发落。相当于今天的过于自信的过失。

所以，春秋决狱就是要看行为人主观上有没有"故""过""误"，而当时的刑法理论远没有今天完善，只好借助《春秋》来变通、摸索。

三、两种方法

1.志善而违于法者免

行为人志是善的，就是主观上没有犯罪的想法，结果却作出了违反法律的事,这种行为,应该免除罪责,不予处罚。

例如,甲误殴父致死案。甲的父亲乙与丙争言相斗,丙用佩刀刺杀乙,甲即以杖击丙,误伤乙致死,甲当何论?有的认为该定"殴父罪",处枭首之刑。董仲舒认为,父子至亲,儿子看见父亲处于危险中,哪有不救的道理?甲虽然打伤了父亲,但并不是有意要害他。《春秋》之义,许止的父亲病了,许止给他吃药,结果父亲吃了药就离世了,"君子原心,赦而不诛",许止的心是好的,为父亲治病,所以不该治罪。这就是"许止进药"的典故。本案中甲打伤乙的行为,"非律所谓殴父,不当坐"(《太平御览》六百四十引)。

2. 志恶而合于法者诛

一个人的行为,表面上看起来是合法的,但他内心想的是干坏事,就是"志恶",用今天的话说就是有犯罪故意。这种情况,就要追究行为人的法律责任。这里的"诛",是追究责任的意思,要根据情况而定。上洛盗墓案就是典型的"志恶而合法"。且看当时朝廷是怎样处理的。

诏曰:"以其意恶功善,论笞三百,不齿终身。"(《太平御览》卷五百五十九《汉记》)

看来此案最后是皇帝以诏令的形式处理的。诏令中说"以其意恶功善",就是志恶而合法,相当于今天判决书中的"本院认为":认定该盗墓贼的主观方面是要挖别人的坟,有犯罪故意,即"意恶",应该定"发墓罪",但又救活了张卢,即"功善",可以作为减轻量刑的情节。后面的"论笞三百,不齿终身",相当于判决如下:用笞杖打三百下,剥夺政治权利终身。笞杖是用竹子制作的刑具,一寸宽,五尺长,用来打罪犯,叫笞刑。"不齿"现在是"鄙视"的意思,古时是一种附加刑。

被判不齿的人,一是不能和正常人即"平民"编在同一户口本

（"户版"）中，要"打入另册"，视为特殊人群，进行特殊防范。汉代经学大师郑玄解释说："不齿者，不得以年次列于平民。"二是大家不与被判不齿的人打交道。郑玄又说："不齿者，不与相长稚。"古人见面，先问年龄，叫作"序年齿，养尊卑"，通过了解年龄，来决定用什么样的礼数与对方交往，"年长以倍，则父事之；十年以长，则兄事之"，长者为尊，幼者为卑。不问年龄就是不打交道，将其孤立起来。在民不远徙的古代社会，一个被孤立的人，根本无人问津，简直是生不如死。

四、简短结语

上洛盗墓案到此就结束了。该案的审理，体现了"春秋决狱"审判方法的具体运用，即对待特殊疑难案件，不能机械地套用法律条文，而应该充分发挥人的主观能动性，利用儒家经典来变通，以做到法律与情理的统一，既要注重法律效果，又要注重社会效果。

西方法谚说："善良的心是最好的法律。"中国古代"春秋决狱"的审判方法应该是很好的例证，调动法官的良知，体现"良法美意"，董仲舒称它是"仁义法"。今天，我们对此能够批判地加以借鉴，对当代司法的进一步完善，是有一定启发意义的。

第六讲　董宣执法案

此讲介绍的是董宣执法案,通过该案我们来看一看古代清官文化有什么内容。

一、案情简介

董宣,字少平,陈留郡圉地(今河南杞县南)人。生活在东汉第一代皇帝光武帝刘秀执政时期,以"举高第"的途径出来做官。所谓高第,就是经过考核,成绩优秀,名列前茅。《史记·儒林列传》说:"一岁皆辄试,能通一艺以上,补文学掌故缺;其高第可以为郎中者。"由于董宣执法严明,经常得罪权贵,所以在仕途上几起几落。公元43年,董宣六十九岁时,皇帝以"特征"的形式任命他为洛阳县县令。

洛阳是东汉的京城,治安问题关系重大。但从西汉中期开始,出现了"武断乡曲"的豪强地主集团,相当于今天的黑恶势力。到了东汉,京城洛阳的这种势力更是日益膨胀。他们仗势横行,不遵法度,杀人越货,扰乱治安,甚至利用私人武装与官府相抗,民众的生命、财产安全难得保障。如此严峻的形势下,一个年近古稀的老人能搞好京师的治安吗?

董宣到任后，刚好碰上一件棘手的杀人案，"湖阳公主苍头白日杀人，因匿主家，吏不能得"。湖阳公主名叫刘黄，是刘秀的亲姐姐，建武二年（公元26年），就封她为湖阳公主。苍头就是她的家奴（《汉书·鲍宣传》颜师古注引孟康曰："汉名奴为苍头，非纯黑，以别于良人也。"），竟然狗仗人势，在光天化日下行凶杀害良民，然后躲在公主府中，一般的官吏都不敢进公主府中抓人。京师地区舆论哗然，人心惶惶，社会评价非常不好。

在别人看来，这件事很难办，在董宣眼里，这却是树立威信的大好机会，有道是"是挑战也是机遇"，因为他这人一向强势，铁腕。于是他带了十几名健卒，来到公主府大门外的夏门亭，一字排开。心想，咱们不敢硬闯公主府，不相信你不出来，咱等！

公主终于出门了，那杀人的苍头也混在车队中。董宣上前"驻车叩马"，拦住了公主的马车。湖阳公主坐在车上，看到这个拦路的白胡子老头如此无礼，便傲慢地问道："你是什么人？敢带人拦住我的车驾？"

董宣上前施礼，说："我是洛阳令董宣，您的仆人杀了人，正藏在您的车队里，请公主把他交给司法机关依法处理！"那个恶奴看到形势不妙，就赶紧爬进公主的车子里，躲在公主的身后。湖阳公主一听董宣向她要人，仰起脸，满不在乎地说："这是咱家的家事，你管不着。你一个小小的县令还敢拦住我的车马抓人？闪开让路！"

公主一句"闪开让路"，平时就像口令一样，走到哪儿都好使。令她万万没有料到的是，眼前这位年老的小县令竟然猛地从腰中拔出刀来，"以刀画地"，在地上画了一条线，厉声喝道："看谁敢走过这道线！"董宣双目圆睁，怒气冲天，那架势把所有在场的人都镇住了，湖阳公主不禁为之一震，只得停下车来。

二、清官文化的精神内涵

讲到这儿，朋友们就会疑问，这董老人家吃了熊心豹子胆吗，竟敢在当朝皇帝的姐姐面前如此强势！这后面有什么更深层的原因呢？

在中国古代，社会上普遍存在"清官"情结，不但老百姓期盼着清官的出现，做官的人也大都想做清官，恐怕很少有人一开始就立志做一个庸官、贪官吧。在清官文化的熏陶下，历史上产生了一批又一批不畏权贵、刚正不阿的人物，那真是可歌可泣，老百姓都赞不绝口。董宣追究杀人罪犯，在炙手可热的湖阳公主的蛮横干预下，仍然是"不抛弃、不放弃"，不抛弃刚正不阿的执法信念，不放弃追究罪犯的神圣职责。正是在清官文化的作用之下，才产生了这份坚韧和执着。

那么清官文化究竟有什么样的精神内涵呢？或者说，一个清官需要什么品格呢？

说到清官，人们通常会以为，清官就是清清白白，不搞贪污受贿的官员，所谓"两袖清风"。这固然是清官的一个必备品质，而清官文化的精神内涵却远不止这点。根据我的分析，至少可以总结为"三清"，即清廉、清明、清正，分别指对物、对事、对人的态度。

1. 清　廉

对物要清廉。就是对待物质财富，不能有贪心。人非草木，孰能无欲？即便有贪欲，也要克制，要保持高尚的品格，"有贪欲不要紧，克制就是好同志"。清廉型的清官正好与"贪官"相对。

为官清廉，嘴上说起来很容易，要真正做到，却不是一件容易的事。清代作家石成金编了一本书叫《笑得好》，书中记载了一则故事。一官新上任,发誓说:"这辈子要做清官,我左手接别人的礼左手烂,右手拿别人的钱右手残。"起初坚持得很好,无奈诱惑太多,后来实在忍不住,叫声"丫环,拿盘来"。送礼的人说:"小意思小意思,不成敬意。"该官说:"不好意思,不好意思,请放在盘子里。"让送礼的人将礼物、礼金放在盘里,然后自我庆幸地说:"幸好没沾手。"这种官场渐变现象,可以套改《三字经》来形容:"官之初,性本善。性相近,习相远。"估计大多数人在没做官时或做官之初,都认为自己肯定能做个好官、清官,因为没做官时,虽有欲望,但无人巴结,也就没有诱惑。一旦做官,就有了诱惑,金钱美色香车宝马,往往不招自来,有些人禁不住诱惑,便走上了经济犯罪的道路。文化作为一种后天教育的手段,正是要用清廉的品格去培养人们正确的财富观。所谓"君子爱财,取之以道",领导干部能记住这八个字并时常念念,恐怕对预防贪污贿赂一类的犯罪有些作用。

2. 清 明

对事要清明。就是对待工作事务要认真负责、积极主动,如果遇到困难,要迎难而上,发挥聪明才智解决问题,还老百姓以清明世界,给领导干部树清明形象。清明型清官则可与"昏官"相对。

古代把那些能明辨是非、明察秋毫的官称为"明公",而将那些遇到麻烦就打法律太极拳、得过且过的官员斥作昏官。比方说现实生活中,你去有关机关办事,有关人员微笑着对你说:"请把户口本拿来再办。"等你带着户口本去办事,又微笑着说:"请你把结婚证带来再办。"等你把结婚证拿来时,又微笑着说:"请把计划生育证拿来再办。"如此反复,等事情办妥,腿也快跑断啦!所以人们往往把办什么事叫"跑什么事"。有关机关为啥不能一开始就把有关要求交代清楚呢?如此为官,恐怕很难说是清明吧!

3. 清　正

对人要清正。就是对待工作外的人为困难，要有正直、正气、刚正的品格，这样才能顶住压力，做到公正办案，还老百姓以公平。清正型清官正好和"庸官"相对。

清明和清正讲的都是在困难面前该怎么做，区别在于，清明是指碰到工作上的困难，要迎难而上，克服困难；清正是指碰到工作外的人为困难，要坚持原则，战胜困难。一个人遇到工作中的困难，可以加班加点、克勤不懈、多动脑筋地去干，从而完成任务；如果遇到上级的压力或亲友说情，或者打电话作指示，或者发信息请你看着办，或者批文件叫你依法办，就不一定扛得住啰。所以"清正"是一种更高层次的品格要求，非常可贵，没有孟子说的那种"富贵不能淫，贫贱不能移，威武不能屈，此之谓大丈夫"（《孟子·滕文公下》）的气质，是很难做到的！

董宣在办理"苍头杀人案"中，表现出"清正型清官"的优良素质和高尚品格。在湖阳公主横加干预的情况下，他毫不畏惧，反而还要"大言数主之失，叱奴下车，因格杀之"，即大声数落湖阳公主包庇纵容犯罪的错误，同时喝令苍头下车。在他的震慑下，苍头只好乖乖下车。健卒们一拥而上，逮住之后，董宣又命令将苍头就地正法。因为他担心押回去依程序审理，恐怕会遇到更大的压力，干脆先斩后奏。那场面真是大快人心！董大人拥有的正是"清正"这种清官品格。

三、清官文化的思想成因

在中国历史上，清官文化的这些品格精神，又是受什么思想影响而形成的呢？

春秋战国时期，思想活跃，出现诸子百家。其中儒家、法家两家的思想，对后世影响最大。两家的区别，主要在于对"人与法"谁最重要持不同意见。

法家认为，治国安邦，法最重要，提倡"垂法而治""以法而治"，只要法律制定好了，只要当官的人有"中人之智"（《慎子》佚文），就能把国家治理好。这是法家代表人物慎到的观点。

儒家认为，治理国家，人最重要，提倡"为政在人"（《礼记·中庸》）；法虽然也重要，但需要靠人来运行，"徒法不足以自行"（《孟子·离娄上》）。所以要加强领导干部的个人修养和品格锤炼，搞"贤人政治"，这就是儒家经典《大学》里说的"修齐治平"理论——"修身齐家治国平天下"。一个君子应该先搞好自我修养，再搞好家庭关系，然后才有资格出来做官，治国平天下。打铁还需自身硬，只有自己做到了道德高尚、人格健全，才能更好地推行国家法律。孔子说："其身正，不令而行；其身不正，虽令不从。"（《论语·子路》）以前有人批评儒家"为政在人"是搞"人治"，搞个人说了算，搞权大于法，其实这是大大的误解。

重视官员道德修养的贤人政治思想，为汉代以后历朝统治者所接受，从而提高了选拔官吏的道德门槛，加强了对在位官吏的道德考核。想当官的人希望通过提高道德修养而进入仕途，正在做官的人又想通过道德好评来升官升职，于是，"做好官""做清官"成了众多人的共同追求，从而形成了清官文化。在汉时有清吏、清白吏、循吏等名称，大约在南北朝时期，就有了"清官"这一准确名称，宋明以后清官文化越来越盛。

其实考察一个官员的德行很简单，不要用那些大而且空的口号来考察，用处不大，就看他对财富和困难的态度。用我们上面讲的清官文化的三种品格来剖析，对待财富用"清廉"，对待工作中的困难用"清明"，对待工作外的困难用"清正"。这些文化元素，对我们今天的干部管理与教育，应当是有积极意义的。

四、结　局

分析了清官文化的精神内涵和思想成因，我们再来看看董宣这位清官，为严格执法不惜冒犯皇帝的姐姐，按照一般的看法，这样做肯定不会有好下场。究竟结果如何？且看《后汉书》的后续记载："主即还宫诉帝，帝大怒，召宣。"

湖阳公主见董宣当着自己的面把苍头给斩了，"很受伤，很没面子"，于是跑到皇宫向光武帝刘秀告状，刘秀大怒，迅速招来董宣，"欲箠杀之"，就是要把他打死。箠在汉朝是一种刑具，竹子做成，长五尺，宽一寸，竹节处要削平。没削平的叫"毛板"，用来打人屁股，又叫笞。

董宣心想这次得罪了皇帝，恐怕只有"眼睛一闭，不睁——这一辈子就过去了"，叩头说："请允许我说一句话，再死不迟。"刘秀说："你想说什么？"董宣说："陛下圣德中兴，却纵容奴仆杀害良民，将如何治理天下？老臣不用箠打，我自己死给您看。"随即以头撞击门柱，流血满面。

刘秀见董宣是个"三军可夺帅，匹夫不可夺志"的汉子，具有典型儒家知识分子的那种人格，心生怜爱之意，害怕他真给撞死了，忙令小太监拉住董宣，趁势叫董宣给湖阳公主磕几个头就算了。董宣说"士可杀不可辱"，坚决不干，于是刘秀又叫小太监按住董宣的头和脖子，强行他磕头，董宣两手撑着地，倔强地仰起头，始终不肯低头。

湖阳公主煽风点火地说："文叔啊文叔，你做白衣时，窝藏杀人犯，官吏连咱家的门都不敢进，那是何等胆色。怎么现在做了天子，反而说话没人听了呢？"文叔是刘秀的字。帝笑曰："天子不与白衣同。"这一笑，既可以缓和与姐姐的关系，又可以不杀刚正之臣。这正是刘秀作为开国明君的智慧。随后又假装严厉，对董宣喝道："你这个犟脖子县令，连个头都不会磕，还不快滚！"董宣顺势走出皇宫大门，从此得了个"强项令"的称号。所谓强项，就是不肯低头的硬脖子、犟脖子，现在还有强项之徒的说法。

这次风波平息后，刘秀赏赐董宣三十万钱，董宣将这些钱全部发给手下诸吏，自己分文未取。董宣不在乎这些钱的物质价值，而看重皇帝对自己刚正执法的支持，这远比三十万钱更值钱。

"由是搏击豪强，莫不震栗。京师号为'卧虎'。"用今天的话来说，就是他用"铁腕"手段打击黑恶势力，没有人不害怕的，因此董宣被人称作"卧虎"。卧虎在此，谁敢为非作歹？从此京师地区治安良好，犯罪减少。老百姓编歌颂扬说："枹鼓不鸣董少平。"枹是鼓槌，枹鼓是设在衙门外鸣冤用的鼓。意思是，董宣董少平做洛阳县县令后，没人敢违法犯罪，也就没有人去官府门前击鼓鸣冤了。

董宣在洛阳县做了五年县令，七十四岁死于任上，仅以白布盖体，妻子儿女相对而哭，不像有些官员的葬礼十分豪华。光武帝知道后，大为感叹，说："董宣廉洁，死乃知之！"

因为大家都知道他是个不畏权势的硬汉，是个受人尊敬的英雄，没想到他在廉政方面，做得也是同样突出。

中国古代像董宣这样的清官，何止千百。他们虽然生活在一个法制没有现在健全的落后时代，但他们能严格执法、造福一方，足以令今天的人仰慕、赞叹！正所谓：

> 清官品格热血铸就，
> 危难之处显身手！

"案"中观察：中华法文化寻踪

第七讲　李冲分家案

分家析产在今天的法律中是被允许的，但在古代却是犯罪。东汉名士李充分家案就是例证。

一、案情简介

古代分家析产，法律术语叫作"别籍异财"，别籍就是另立户籍，异财就是分割财产。父母在而别籍异财的，是不孝罪的一种。那么，别籍异财这种不孝罪是怎么形成的？违反者又该受到什么样的法律制裁？这正是我要给大家介绍的。

李充是东汉时期陈留（今河南省开封市陈留镇）人，品格高尚、饱读诗书，是个非常出名的名士，相当于现在拥有众多粉丝的公众人物。当时的大将军邓骘，权倾朝野，谁也瞧不起，唯独对李充另眼相看，"以充高节，每卑敬之"。一天，邓骘专门请李充吃饭，还请了很多陪客，"宾客满堂"，酒喝高了后，邓骘竟然给李充跪下，说："我因为妹妹邓绥当了汉和帝的皇后，得到重用，做了将军。现在'幕府初开'，缺乏人才，望先生给我推荐一些贤人志士。"李充说哪些人是"海内隐居怀道之士"，哪些人又如何如何。结果没有一个符合邓骘的标准。邓骘想打断他的话，又不好明说，"以肉啖之"，就用筷子给李充夹了一块肉。对方要是精于世故的人，就会礼貌性地回答："别客气，您先请。"自然就转到其他话题上了。没想到李充把肉扔到地下，甩了一句："说士犹甘于肉！"然后拂袖而去。意思大概是：说客也会吃了别人的嘴软，难道您想用一块肉来堵我的嘴吗？由此可见其人品。

李充在没有发达之前，家里很穷。老母亲带着兄弟六人"同食递衣"，日子过得很清苦。妻子偷偷对他说："现在家里贫穷得锅碗瓢盆叮当响，一大家子人还生活在一起不分家，长此以往也不是个办法呀！我看这样，俺过门时，从娘家带来了一些钱财。拿来大家伙儿一起用，我又不愿意，也用不了多久。不如把家给分了，咱小两口的日子要好过得多呀！"

这下子，李充犯难了，同意老婆的意见，母亲还健在就分家，是不孝，不同意恐怕日子也不好过。就说："容我考虑几天。"苦思冥想之际，他想起当时也很出名的名士缪肜的事迹。缪肜是汝南召陵（现河南省郾城县）人，李充是陈留人，算是老乡，所以知道他的事迹。缪肜老婆要求和兄弟分家，缪肜深怀愤叹，"乃掩户自挝"，即关起门来自己打自己的耳光，边打边骂自己："缪肜呀缪肜，你苦读圣贤书，要修身齐家治国平天下，结果呢，'奈何不能正其家乎'！"连个家都管不好，还有什么资格出去干大事，不如撞死算啦！妻子和兄弟妯娌听到后，无不感动，赶忙来给他叩头谢罪，自此家庭更加和睦了。

李充会不会向缪肜学习呢？现在我们经常说一句名言："性格决定成败。"为什么呢？因为性格不同，处理问题的方法也不同。这位李充先生，估计与缪肜的性格不大一样。所以他想了几天，也没有自己扇自己的嘴巴作自责状，而是对老婆说："我同意你提出的分家意见。只是分家析产是件大事，应当办一顿宴席，请呼乡里内外，共议其事。"老婆一听李充同意分家，乐得颠儿颠儿地置办酒席去了。

农村有句俗话："树大要发杈，儿大要分家。"在今天看来，分家是件很正常的事。但在古代，分家析产不但不是小事，甚至是一件违法犯罪的事。如果父母、祖父母健在，子孙强行要分家的，叫作"别籍异财"，是犯罪。所以李充才会左右为难、颇费思量。

二、法律规定

那么，别籍异财是从什么时候开始成为犯罪的呢？法律又是怎样规定的呢？

早在秦朝，别籍异财并不是犯罪。秦孝公通过商鞅变法推行分户析居的改革政策，规定"民有二男以上，不分异者倍其赋"（《史记·商君列传》）。要求儿子成年后必须和父母分家，不分的要缴纳双倍的赋税，从而把家庭划分为最小单位。父母亲还活着，儿子就分家另住，是依法分家，古人俗称"生分"。这种分户政策自商鞅变法开其端，直至秦末。汉朝初年，"生分"的习俗仍然盛行。《汉书·地理志》记载："河内好生分。"

禁止别籍异财的法律是从汉朝开始形成的，由汉经魏晋南北朝到隋朝，不断得到发展，主要表现在两个方面：

首先，汉惠帝专门下发一道诏令："今吏六百石以上，父母妻子与同居。……家唯给军赋，他无有所与。"（《汉书·惠帝纪》）

惠帝的这一诏令，就是法律，要求县令及其以上的官员不能与父母分家。六百石，指的是县令级官员。依法令而不分家的，家里只给国家缴纳军用赋税，其他税费一概免除。这就和秦朝形成鲜明的对比，秦朝是不分家的增加税收，汉朝是不分家的减免税收。

汉武帝以后，以儒家思想作为国家的指导思想，三纲五常成为最根本的国策。其中"父为子纲",强调家庭中父权是至高无上的,核心就是父亲拥有家庭财产的绝对支配权。在这样的国策下,别籍异财显然是严重违反儒家"父母在,不有私财"(《礼记·曲礼》)的精神的,法律必然会予以禁止,只是我们现在看不到当时直接的法律规定罢了。所以自西汉中期以后,同居共财的现象越来越多,到了东汉,几世同堂、数代同居共财的现象屡见不鲜。汉末律学家应劭(约公元153—公元196年)说:"凡同居,上也。"(《风俗通义·过誉》)这说明,同财共居的行为,必为道德所崇尚;别籍异财的行为,必为法律所打击。

其次,曹魏时制定《魏律》,明确规定"除异子之科,使父子无异财"(《晋书·刑法志》)。"异子之科"就是秦朝强制分家的法令,汉代虽然已经不执行了,但也没有专门以法律的形式宣布废除。曹魏时专门宣布废除"异子之科",严禁儿子与父母分家析产,否则就会受到相应的法律制裁,下面用案例来说明:

隋朝大臣郑译,是隋文帝杨坚的同学,与杨坚一起读过书,擅长出谋划策,为隋朝建立立下汗马功劳。隋朝建立后,他被封为"上柱国"。"上柱国"是从一品的官职,主要用来酬封功勋之臣。"译又与母别居,为宪司所劾,由是除名。"被开除官职时,下发的诏书中把事情说得非常严重,"若留之于世,在人为不道之臣。戮之于朝,入地为不孝之鬼"。留着你,是一个不讲规矩的人;杀了你,也是个不孝顺的鬼。简直就是一个"人不爱、鬼不收"的家伙,"无以置之",实在无法安置,只好免官回家当小老百姓了。"仍遣与母共居",强令他和母亲共同生活,同时还给他发了一本《孝经》,令他回家好好学习,以便良心发现。(《隋书·郑译传》)

到了唐朝,禁止别籍异财的法律就更加完善了。主要有三方面的规定:第一,"诸祖父母、父母在,而子孙别籍、异财者,徒三年"。"别籍"指另立户籍,"异财"指分割财产。别籍而不异财,异财而不别籍,都是一样处刑。第二,"若祖父母、父母令别籍……徒二年,子孙不坐"。长辈强令分家的,长辈处徒二年之刑,子孙不受法律制裁。第三,诸居父母丧,"兄弟别籍异财者,徒一年"。父母死后,三年守丧期间,实际只有二十七个月,兄弟之间分家的,处徒一年的刑罚。(《唐律疏议》卷十二)

唐朝禁止别籍异财,不仅在立法上很完善,在实践中也贯彻得很好,违反者予以处罚,遵守者给予奖励。

隋唐之际,瀛州饶阳(今河北省衡水市饶阳县)人刘君良,四世同居,"门内斗粟尺帛无所私",堂兄堂弟共同享用,整个大家庭十分和睦。由于战乱,人祸天灾不断,收成不好,家里慢慢变得缺吃少穿,妻子想让刘君良分家,又怕他不同意,于是偷偷捉了很多还不能飞的小鸟,放在门前大树的一个鸟窝内,让它们又是掐架又是乱叫。一家人不知内情,看到这种怪异现象都觉得不可思议。妻子趁机对刘君良说:"天下乱,禽鸟不相容,况人邪。"刘君良也以为是天意,就把兄弟分出去单过。一个多月后,妻子或许在给别人"传经送宝"时说漏了嘴,刘君良"密知其计",立马把妻子休掉,义正词严地说:"尔破吾家。"又把分出去的兄弟召回来,"更复同居"。

由于当时天下大乱,乡人难以自保,纷纷投奔刘家大院,人多力量大,共同修城堡,称作"义成堡",抵御残兵乱匪,顺利度过艰难时刻。唐朝建立后,深州别驾杨弘业到那里参观,共有六个院子连成一体,构成城堡,"子弟皆有礼节",不由得叹挹而去。唐太宗贞观六年(公元632年),"表异门闾",对其进行了专门的通报表扬,作为世人学习的榜样。(《新唐书·孝友传·刘君良传》)

唐朝以后,禁止别籍异财的法律代代相传、一以贯之,没有质的变化，只有量的变化。比如，明朝将对子孙别籍异财的量刑改为杖一百，清朝也是一样的。直到近代，才不把别籍异财视为犯罪。

三、结　局

由上面的梳理可以看到，从汉到清的两千年中，别籍异财都是犯罪。作为品德高尚的名士，李充为什么会置当时的主流道德意识和法律观念于不顾，而答应了他老婆的分家请求呢？莫非他真把家给分了吗？且看《后汉书·独行列传》的后续记载。

邻里父老、亲朋好友都来到李充家聚会，大家正坐着吃饭喝酒时，李充突然跪在母亲膝下，指着他老婆说："母亲大人在上，孩儿不孝。我这老婆不贤良，叫我离间母子兄弟关系，要求分家。今天，父老乡亲在场，咱把话说清楚，这样的婆娘，'罪合遣斥'，依照法律，应该按不孝顺父母的规定休掉。"说完，"逐令出门"，写了一纸休书，命令老婆离去。老婆无奈，带着嫁妆一边哭一边离开了李家。

讲到这儿，朋友们可能会感到不可思议：李充咋这样哩！你不想分家就不分呗，怎么把媳妇给你说的私房话告诉大家，还把媳妇给休了，也太不厚道了。但是，如果我们站在汉朝人的立场来考虑，他这样做就有着深厚的社会文化背景。

1. 制度层面

古代社会，国家制度以专制为特色，实际上国家往往只能管到县一级，县以下的地盘其实就是权力空白。如果家庭这一级还要分成无数个小家庭，就很难管理，所以要搞大家庭建设。同时制定了配套的"罪家长"制度，即家庭中有成员犯罪，先要追究家长的罪责。只有赋予家长以特权，才能把一个大家庭管好。家庭稳定了社会自然就太平。而要维系大家庭，财产是核心纽带，所以不准分家析产。

2.思想层面

自西汉"罢黜百家，独尊儒术"以来，儒家思想成为正统，"父为子纲"的纲常名教成为大经大法，谁也不敢冒犯。"父母在，不有私财。"(《礼记·曲礼》)"子妇无私货"(《礼记·内则》)，儿子和儿媳不得截留私用的财货，必须一家人共用。非但财产不能私有，子女的肉体也属于父母。《孝经》中说："身体发肤，不敢毁伤，孝之始也。"像现在有些人动不动就去拉双眼皮、割眼袋，开刀整容，文身刺青，在古时就是不孝。身体是父母赐予的，父母甚至有权收回，有"父叫子亡，子不得不亡"的说法。这样的观念深入人心，所以不准分家析产。

3.人性层面

任何人年老后，都会变得衰弱不堪，行动上难以自理，精神上害怕孤独，都希望子孙满堂。子曰："父母之年，不可不知也。一则以喜，一则以惧。"(《论语·里仁》)寿高，则表示老人健康状况较好，故喜。同时，寿高代表着离永别的日子越来越近，尽孝之时不多了，故惧。要让子孙天天围着自己转，最好的办法就是不分家，分了家就难免冷锅冷灶，晚景凄凉。所以从人性的角度来看，很多人为了照顾好老人，也不愿分家析产。

了解到这"三不"，即不准、不愿、不能分家析产，我们对古代禁止别籍异财的法律制度就能更了解，李充的举动也是自然而然的行为，合乎社会主流的道德观念，以至于"坐中惊肃"，来参加宴席的人，莫不为他牺牲小家庭利益而维护大家庭利益的举动而震惊，进而对他肃然起敬。李充由此出了名。他为母亲守丧期间，有人来偷坟墓旁的树,"充手自杀之",李充顿时就将该贼杀死,更是声名大振。守丧三年完毕,官方就请他到学校讲学,叫作"立精舍讲授"。"精舍"是汉代讲授儒学、教授儒生的地方。后来,朝廷命令各地推荐隐士大儒,"务取高行,以劝后进",李充被推荐作了博士。秦汉时的博士不是学位,而是学官,主管议政、礼制、藏书、教授等事务,相当于今天主管文化教育的官员。再后来,李充迁升为左中郎将,汉安帝经常专门接见他,"赐以几杖"。

虽然禁止别籍异财的法律制度不复存在了,但传统法律强调子女对老人尽孝的文化精神,却值得深思。当代社会,很多人为了求学、求职、求发展,往往远离父母,难以和老人住在一起,但大家能做到的是,多想想传统法律的这种精神,千万别忘了:

常回家看看,回家看看,
哪怕帮父母捶捶后背揉揉肩。

第八讲　陈元顶撞老母案

此讲介绍东汉陈元顶撞母亲的案例。我们用它来说明古代惩治子孙违反教令的法律制度。所谓子孙违反教令，即晚辈不听从长辈的教育训斥，通俗地说，就是子女不听话，这在过去是犯罪，为不孝罪的一种。

一、案情简介

东汉桓帝延熹年间（公元158—公元167年），陈留考城（今河南省兰考县）蒲亭有个人叫陈元，父亲早亡，独自与母亲同住。陈元的母亲家教甚严，陈元在外勤于耕作，在家还要干家务，里里外外一把手，是个爱劳动的人，放在今天，应该给他发个"五一劳动奖章"。一天，陈元和母亲为点儿小事发生争执，陈母教育他，他不听，训斥他，他还敢进行自我辩护，母亲要揍他，他只好跑出去躲避。陈母见儿子竟敢顶撞自己，不由得火气冲天，独自来到蒲亭"告元不孝"。亭是秦汉时的地方基层组织，方圆十里设一亭，亭有亭长，掌管治安警卫，兼管停留旅客，处理民事和轻微刑事案件，有点像现在的派出法庭，可以受理民间词讼。秦朝末年，著名的刘邦就当过亭长。此地由仇览这个人当亭长，他受理了陈母的诉讼。

今天看来，儿女不听从父母的教育训斥，和父母犯犟，哪怕把父母气得咬牙、打嗝、捶胸口，也不过是家庭琐事，没有必要闹到法院去。即便闹到法院去，法院也不会立案，因为没有相应的案由，不可能安上个"顶撞父母"的案由，也不可能安上个"不服管教"的案由。但在古代，这样的行为叫作"子孙违反教令"，违反了儒家伦理思想，"父母怒、不说，而挞之流血，不敢疾怨，起敬起孝"（《礼记·内则》第十二）。子女把父母惹急了，父母就要动手，打得头破血流，儿女也不能怨恨、不能逃跑，同时态度上还得恭恭敬敬，表现出一副我有罪的样子。不服父母管教甚至顶撞父母的行为，严重侵犯了孝道，是不孝罪的一种，要受到严厉的法律制裁。

二、法律规定

那么，子孙违反教令要给予什么样的惩罚呢？

汉朝以后到唐朝以前，惩罚的方法大致有两种：

1. 弃　市

弃市属于一般规定，对所有人都适用。西汉吕后执政第二年（公元前186）颁布一批法令，即《二年律令》，其中规定："父母告子不孝，皆弃市。"子孙违反教令，属于不孝的一种，自然也该判死刑。但这种犯罪需注意两点：第一是亲告罪，就是父母主动告发了，官府才予以追究，民不告则官不理。第二是父母强烈要求处死不孝子孙，官府才会这样判决。南朝刘宋时期大臣、著名天文学家、无神论思想家何承天（公元370—公元447年）说："法云，谓违犯教令，敬恭有亏，父母欲杀，皆许之。"反之，如果父母没有提出杀死子女的诉讼请求，官府也不可能强行将人杀掉。

2. 免官夺爵

免去现任官职、剥夺贵族爵位，是特殊规定，只能对官员贵族适用。但这并不等于说，官僚贵族就不适用不孝处死的一般规定，如果父母告他们不孝，他们同样会被处刑。比如，汉武帝时的衡山王刘赐告他儿子刘爽不孝，刘爽虽然已经被立为太子，是衡山王的政治接班人，但仍然被处以弃市之刑。当官僚贵族有违反教令的行为时，即便父母不告，有关部门也可以免去官职、剥夺爵位的方法进行惩罚。《宋书·向靖传》记载，南朝刘宋时期有一个人叫向植，继承了他父亲向靖的曲江县侯的侯爵，"食邑千户"，就是有上千户老百姓向他纳税，由于不听母亲的教令，被剥夺了侯爵爵位。

到了唐朝，子孙违反教令的法律规定得以统一。《唐律疏议·斗讼》规定："诸子孙违反教令，徒二年。"条文中的"诸"字，是古代法典中的常用语，相当于现在说子孙违反教令的种种行为，处徒二年的刑罚。但要注意罪与非罪的区分，只有"可从而违"的才算犯罪，就是父母教令的内容是可以遵从而没有遵从的，才算犯罪。比如，明朝冯梦龙《古今谭概》中说到一个南京人，叫陈公镐，特别喜欢喝酒。他在山东当督学时，父亲害怕他饮酒误事，就给他做了一只大碗，上面刻了"父命戒酒，只饮三碗"八个字，这是可以做到的。如果仍然没有节制，父亲就可以训诫责打或去告他违反了教令。如果父亲叫儿子去做坏事，不听从也不构成犯罪。儒家思想对此有论证，曾子问他的老师孔子说："敢问子从父之令，可谓孝乎？"孔子回答说："一般情况下，儿子应该服从父亲的教令；但父亲的教令是不义的，是错误的，就不能盲目服从，而要抗争。""故当不义，则子不可以不争于父。"（《孝经·谏诤章》）如果父母让你去跳楼、去无故杀人，这就是没法遵从的，违反了也不构成犯罪。

宋元明清，惩治子孙违反教令的法律制度得以被继承，只是量刑的轻重有了变化。近代以来，"子孙违反教令"这类问题，纯属道德问题，不再由法律调整，而由教育来解决。于是，子女听从父母教育，不再是法律义务，而只是一种美德；子女顶撞父母，不再是违法犯罪，而只是一种自我意识和独立精神的体现。现在很多父母感叹子女不好教育，其深层原因恐怕就在这里，那就是传统与现代的断裂。

三、实施状况

既然从汉到清的两千多年历史中，子孙违反教令都被视为不孝犯罪，陈元还敢顶撞他的老母，莫非在古代法律实践中，这条法律的实施并不严格吗？

非也非也，这条法律规定历来都执行得很严格。

早在西汉，对违反教令的人都要进行特殊打击。汉成帝永始、元延年间，长安城治安极差，少年恶子横行霸道，"城中薄暮尘起，剽劫行者，死伤横道，枹鼓不绝"。国家任命尹赏为长安县县令，整顿秩序。尹赏到任后，一方面修建了长安监狱，在地上挖出许多深洞，各深数丈，取出的土块则垒在四周，然后用大石头盖在洞口之上，称这些洞为"虎穴"。另一方面部署下属，检举"轻薄少年恶子"等人，"悉籍记之"，记在专门的户籍本上，然后逐一抓捕，"得数百人"。人抓来后，尹赏亲自审问。每审十人放走一人，其余的则都被依次投入"虎穴"之中，每穴各放一百人左右，最后用大石头盖上洞口。几天以后，人们打开石头检视，见下面的人都已横七竖八地相枕而死。其中的"恶子"，唐朝学问大家颜师古解释说："恶子，不承父母教命者。"不听父母教命的就是恶子，还要用这种方式进行严打，听起来就令人胆寒。(《汉书·酷吏传·尹赏传》)

由于国家打击很严,家庭中长辈对晚辈的管教也很严格,形成了普遍的社会风气。从实施教令的主体来看,则可分为如下几种:

1. 父 教

《后汉书·郅恽传》专门提道:"父教不可废。"教令子女,既是父亲的特权,也是父亲的义务。《三字经》就说了:"养不教,父之过。"子女在外人面前行为出格,不懂礼貌,别人往往不骂当事人本人,反而会骂道:"没家教!"看来要做一个成功的父亲很难呐!不仅自己要努力,还得子女要争气。

《说文解字》载:"父:矩也。家长率教者。从又举杖。""率教"的率,音 lü,四声。对家长来说,"率教"是实施教育发号施令的意思;对晚辈来说,"率教"是遵从教导、听话的意思。现在四川、重庆方言中,小孩听话叫"落教",不听话叫"不落教",很可能由古语"率教"演化而来。"父"这个字,就像一个人抓着一根拐杖的样子,用来责打不听话的子女。看来,举杖是父亲的"招牌"动作,严厉则是父亲的形象特征,所以古人把父亲称作"父严"。而在现代,因为计划生育,很多夫妇都只有一个小孩儿,不但母亲舍不得打,继续保持传统的"母慈"形象,很多做父亲的,也舍不得打,变得慈祥起来,不再有"父严"的概念了。

下面举个父教的典型例子。明朝文人刘铉(公元1394—公元1458年),性格独特,不苟言笑,曾经担任国子监祭酒,即最高学府的校长,教育子女十分严格。他的第二个儿子刘瀚以进士身份出使南方。临走之前,刘铉"阅其衣箧",先检查他的箱子里面装了些什么东西。等儿子回来,再度检查箱子,"箧如故",发现里面装的还是原来那些东西。不像现在有的上级官员到下级视察工作,往往是去时两手空空,回来时"重而不贵"的土特产要搬几大箱,至于"贵而不重"的东西,外人就看不见了。刘铉看到儿子如此廉洁,笑着说:"无玷吾门矣。"刘瀚当了一辈子官,"能守父训",一辈子都能遵守父亲的教育训导,看来良好的父教是有助于反腐倡廉的。

2. 母 教

家庭之中,母权是父权的延伸,母亲也有教育子女的权利和义务,所以有"相夫教子"的说法。尤其父亲亡故后,母亲更应该担此重任。历史上成功的母教例子很多,大家熟悉的有"孟母三迁",在此介绍一些鲜为人知的母教往事。

明朝的王章,是崇祯元年(公元1628年)进士,任浙江诸暨知县。从小父亲去世,"母训之严"。等到他当了诸暨县令,母亲仍然教训严格。每次王章出去应酬,稍微回来晚点儿,母亲就会让他跪下,一边呵斥,一边用杖打他,说:"朝廷以百里授酒人乎?"朝廷难道把一个百里大县交给一个酒鬼来管吗?王章只好趴在地下,不敢抬头仰视。直到有亲朋好友来劝解,王母才停下来。

因为母亲管得严,王章不敢去搞工作外的事,没多久就把诸暨县治理得很好。国家也看上了他的才能,要把他调到鄞县(今浙江省宁波市鄞州区)去主持工作。结果诸暨的老百姓与鄞县的老百姓都争着要王章留下,"至相哗",双方甚至为此吵起来。官当到这个程度,不但能让古人叩头致敬,今天的人恐怕也会不由自主地翘指赞叹:可真是好领导哇!(《明史·王章列传》)

3. 祖 教

三世同堂时,不仅父母可以教训子女,祖父母也可以直接教训孙子女,尤其是父母不管小孩儿或溺爱小孩儿的家庭,祖父母更得负起这个责任。明代作家陆灼编著的《艾子后语》一书中记载了一个祖父教孙的故事。

艾子的孙子有十几岁了,但"慵劣不学",调皮捣蛋,又不爱学习，经常教育他也不改。他的父亲因为就这么个"独苗"，舍不得打他，"恒恐儿之不胜杖而死也，责必涕泣以请"，每次教训儿子之前，先要一把鼻涕一把泪地和儿子商量，想象他恐怕会这样说："你再不改，我可要打你的屁屁了哦！你看行不行？"艾子看到这种状况就来气，怒道："像你这样教儿子，有什么用！我来替你教训他难道不好吗？"拿起大杖就打孙子，儿子在一旁看着干着急。

一天下大雪，孙子又在外面堆雪人玩儿，不去读书。艾子就把他衣服脱光，让他跪在雪中，冷得这小家伙牙齿直打颤。艾子的儿子不敢说啥，于是把自己的衣服脱了，和儿子一起跪在雪地里。艾子惊问："汝儿有罪，应受此罚，汝何与焉？"其子泣曰："汝冻吾儿，吾亦冻汝儿。"意思是：你冻我的儿子，我也冻你的儿子。

那个时代，长辈对晚辈的教育很严，约束力也很强。

东汉沛郡（今安徽省淮北市）有个人叫周郁，讨了个老婆是同郡贤达之人赵孝的女儿，名叫赵阿。周郁"骄淫轻躁，多行无礼"，赵阿"少习仪训，闲于妇道"。真是"一朵鲜花插在牛粪上"。周郁的父亲周伟对赵阿说：新媳妇是贤者的女儿，知书达理，要多帮助丈夫改邪归正。"郁之不改，新妇过也。"周郁要是不改好，可就是你的过错哟！赵阿接受这么一个"光荣"任务后，回到新房，思前想后觉得不对劲，就对左右的仆人说："我说的话，老公周郁要是不听，'君必谓我不奉教令'，公公必然会说我违反教令，我就犯罪了。我说的话，老公周郁要是听了，'是为子违父而从妇'，那就是儿子不听父亲的话而专听媳妇的话，老公就犯罪了。怎么做都不对，这样过一辈子，真是太无聊了。"于是上吊自杀了。

对这件事，周围的人都很感伤，"莫不伤之"。同时也说明一个问题，即"子孙违反教令"的法律，在那个时代，一是规定很严，二是执行很严，才会给赵阿造成如此巨大的心理压力，以致走上轻

生的道路。如果这条法律规定不严,执行也不严,那么赵阿就不可能自杀了。(《后汉书·列女传·周郁妻传》)

四、结　局

既然"子孙违反教令"的法律,不但规定得很严,执行也很到位,那么陈元顶撞他那孤苦的老母,又被老母告到了蒲亭长官那里,后果肯定会十分严重。然而,本案的结局究竟是怎样的呢?

接受该案的亭长仇览,是个读书人,淳朴厚道又沉默寡言,对陈元母亲来告状感到十分震惊,说:"我曾经路过你们家,我看你家'庐落整顿,耕耘以时',想来您儿子不会是恶人,老人家怎么要来告他不孝呢?"

"我儿不听我的话,还和我顶嘴!"

"真要告他呀?"

"他还敢躲在外面不理我。我等于没这个儿子,就是要告他!"

此时,仇览郑重地说:"您知不知道父母告子不孝,可是要处死刑的哟!看您守寡养孤,到时候依靠谁呀!'奈何肆忿于一朝,欲致子以不义乎?'何必为一时之气,把儿子逼上绝路呢?"

说到这儿,陈老太才晓得问题的严重性,幡然悔悟,哭着就回家去了。按现在的术语来讲,那就是撤诉了。她要不撤诉,后果将不堪设想啊!

随后,仇览来到陈元家,和母子俩一边喝酒一边谈心。"因为陈人伦孝行,譬以祸福之言",仇览趁机给陈元讲解人伦孝道,打了一些尽孝得福、不孝遭祸的比方,母子俩也就尽释前嫌。后来,陈元成了远近闻名的孝子。(《后汉书·循吏列传·仇览》)

陈元由一个顶撞母亲的逆子转变为名垂青史的孝子,这固然是一件大好事。然而,陈元为什么会发生这样的转变,却值得深思。

假如当时没有提倡孝道的文化环境，没有惩治"子孙违反教令"的法律制度，陈元还会发生这样的转变吗？现代社会子女教育成为一种社会问题，仅仅是教育的责任吗？是不是还有法律制度缺失的原因呢？由于本人学识有限，只能给大家提供上述历史事实，至于答案，还是留给各位读者朋友自己去思考吧！

第九讲　吉翂代父受刑案

怪事年年有，古代特别多！南北朝时有位叫吉翂的人，越级上访，居然不是要求申冤平反，而是请求代替父亲接受刑罚制裁。这个案例反映了传统孝道文化对古代司法的影响。

一、案情简介

梁武帝天监二年（公元503年），吉翂的父亲任吴兴原乡（今浙江省湖州市吴兴区）县令，由于他执法严格，得罪了不少人，结果被这些人罗织罪名进行诬告，然后被押送到官府进行审判。此时的吉翂，刚刚十五岁，为了救父亲，独自来到当时的京城建康（今江苏省南京市）。

在熙熙攘攘的人群中，不时会听到一个孩子悲惨的哭泣声，正是上京救父的吉翂在向官员打扮的人哭诉冤情，路人无不动容。然而，事态却并没有向好的方向发展。虽然吉翂的父亲是清白的，但由于他无法忍受这样的审判，"耻为吏讯，乃虚自引咎"，就胡乱承认了被诬告的罪状，很快被判了死刑。吉翂听到这一消息，差点昏死过去。待清醒过来后，他鼓足勇气敲响了登闻鼓。所谓登闻鼓，取"登时上闻"之意，源自西周的路鼓。登闻鼓设在朝廷门外，老百姓有冤情无处伸张，可以"挝登闻鼓"，即击打该鼓，有关部门会派人接待，问明情况后再做调查。没有冤情胡乱击打者，就是乱告、缠诉，则要给予相应的惩罚。自从有了登闻鼓，"击鼓鸣冤"便成为老百姓告御状的一种重要形式，学界称之为"直诉制度"。

朝廷派人接待了吉翂。吉翂说明情况后，向朝廷郑重提出申请，"乞代父命"，就是请求允许自己代替父亲接受死刑。

二、代刑与司法

咦！这倒奇怪了，你犯罪我受刑，就像大家经常开玩笑说的"你请客我买单"，世上哪有这样的事儿呢？所谓一人做事一人当，谁犯罪谁承担责任，并接受相应的刑罚制裁。用刑法理论中的术语来讲，就叫"罪责自负"原则。哪有自己犯罪，由别人来代替受刑的道理呢？

但这种现象，在古代社会却很普遍，早在春秋战国时期就有实际例子。《列女传》中记载：春秋末年，赵简子任晋国的卿大夫，执掌大权，是个实权派，准备南渡大河去攻打楚国，向河津吏（负责渡河工作的小官）安排了具体渡河时间。等到赵简子的部队来到河边时，河津吏在船里烂醉如泥，没法过河。赵简子正要将其就地正法，来了个美女，手里拿着划船用的楫，对他说："我是河津吏的女儿，名叫娟，我爹因为知道您要过这条深不可测的大河，害怕突起风波坏了大事，预先祭拜九江三淮之神。哪晓得酒量太小，祭祀完各路神仙后，自己就喝醉了。您要杀他，'妾愿以鄙躯易父之死'。"赵简子曰："非汝之罪也。"又不是你犯的罪，怎能杀你呢？娟美女说："我爹现在不省人事，杀了他，他的肉体也不会感到痛，心里也不知道犯了罪。'若不知罪而杀之，是杀不辜也。'"赵简子听了这一番话，连连说好，决定不杀河津吏。不但不杀河津吏，还把

他的女儿带回去做了自己的夫人。[《永乐大典（残卷）》卷一万〇三百一十］

汉朝以后，受儒家孝道思想的影响，这样的现象更是层出不穷。或代替父母受刑，或代替父母去死。学者们把这种现象称作"代刑"。

"代刑"的思想和举动，对古代司法影响非常深远，从汉朝到清朝，只要遇到代刑的情况，司法机关大都会给予相当的重视，很少有置之不问、视而不见的，也就不能按正常程序来办案了，从而体现了孝道思想对法律的冲击。从处理结果来看，大致有以下几种情况：

1. 允　许

司法中最早允许代刑的，从现有史料来看，恐怕是在东汉。汉明帝时期，将一些死刑罪犯迁移到朔方、五原等边境地区屯田开荒，并把户口也迁到边县，"父母同产欲相代者，恣听之"（《后汉书·明帝纪》）。这是代替一般的刑罚。汉安帝时，出现了代替死刑的现象。著名的律学家陈忠建议，"母子兄弟相代死，听，赦所代者"（《后汉书·陈忠传》）。意思是，父母子女之间、兄弟之间，要求相互代替执行死刑的，国家可以听从，同时赦免被代替者。他这一建议得到了朝廷的采纳，史称"事皆施行"。律学家就是法学家，看来法学家的一句话，有时会改变一个国家的法治进程，所以法学家说话，还是要慎重为好啊！

汉朝以后，当事人申请代替亲人接受刑罚，且国家也准许的情况，时有所见，在此举一个例子来说明。

清朝雍正五年（公元1727年）仲冬的一天，浙江上虞新宅村农民陈某正在田里劳动，发现有窃贼偷东西，他举起锄头就追，误中窃贼要害，把窃贼给打死了。再仔细一看，窃贼竟然是本村的小孩儿。陈某不由得魂飞九霄,他自知闯下弥天大祸,就草草地将死者掩埋,隐瞒事实。神不知鬼不觉地过了一年,真是"头上三尺有神灵",人不看天在看呐!第二年,掩埋死者的田里的水稻长得格外茂盛,陈某的儿子陈福德,刚刚十三岁,觉得奇怪,问父亲为什么哩!陈某干了伤天害理的事,内心很煎熬,也没地方倾诉,现在儿子一问,不由得打开了情感的闸门,如实告知。福德听到情况后,大义报官,官府将陈某缉拿归案,判令斩首示众。福德痛恨其父害命缺德之余,又极度担忧老祖母和亲娘的余生,再加上是自己告的父亲,十分不孝啊!福德来到官府,跪求县令允许自己代父受刑,县令感其孝心,同意替刑。当然这种代刑的决定,必须上报中央,得到批准后才能执行。

该案的代刑申请,得到了朝廷的认可,陈某被释放,陈福德被处死。陈氏族人在他墓前刻立了"代父身死陈孝子福德墓"的碑文,后来保留在陈氏宗祠内。为表纪念,村民把村内的桥改名为"孝子桥",河改名为"孝子河"。尽管孝子代父身死不一定可取,但不可否认的是,这样幼小的孩童能怀有如此纯粹而博大的孝心和爱心,已足够让我们感动和深思。每年清明,附近的祈山学堂都会有师生手执柏树丫、花圈来祭奠。

2. 赦　免

实践中,司法官对代父受刑的请求不管不行,会受到社会舆论的谴责;要管又会内心煎熬,眼看无辜的子女却要到阎王爷那里报道,搁谁心里也不是滋味儿。于是上报朝廷,给罪犯免刑。既然当事人已被免除刑罚,子女也就无须代受刑罚了。因子女代刑而赦免罪责的情况,比真正同意代刑的要普遍。

著名的案例如三国时期的吴国,孙权执政的赤乌元年(公元238年),廷尉史伟在办案时,对某罪犯判刑过轻,孙权一气之下,下令说，既然史伟你不让罪犯死，那你就代替罪犯去死。史伟长子史从，年十六岁，次子史敦，年十四岁，兄弟俩联名上书，请求代父受死。朝廷恩准了他们的请求，按法只要一个儿子以身代刑就行了。在刑场上，一个要代父死，一个要为兄死，兄弟两人争执不已。孙权闻报后派人核实情况，得知兄弟俩以身代刑均出自真心后，感叹说："两稚子顾能若此！"得啦！赦免他们爹史伟算啦，恢复官职，二子赐姓斯氏，意为孝敬父母者当如斯，旌表门闾，家庭所在地赐名为斯孝乡。后世"斯"这一姓氏，就是由此而来的。历代文人对斯孝子赞誉颇多，一代大儒宋濂赋诗赞道："父罪当诛，儿心奈何？……泣血上书，愿易以身。"（《文宪集》卷三十）

3. 减　　刑

前面说到因亲人代刑而感动司法官和皇帝，最后免刑的情况，但不是所有请求代刑的都会有这么好的运气。更多的情况是，司法官通过一系列的程序操作，最后经皇帝认可，使得被代刑的当事人得以减轻刑罚，死罪可免，活罪难逃。比较而言，真正允许代刑的情况较少，因代刑而赦免罪犯的要多一些，因代刑而减刑的最多，这方面的例子不胜枚举。还是用案例来加以说明。

北魏时期，一人名叫长孙虑，其父亲叫长孙真。一天，长孙虑的母亲在喝酒，长孙真看老婆喝酒，心想女人喝什么酒，就一顿臭骂。骂得不解气，顺手把手里的拐杖扔向老婆，没想到命中要害，一命呜呼了。长孙真被县衙门抓起来，处以死刑。长孙虑一级一级地请愿，要求代父受死。他说的理由很感人："我家兄弟姐妹共五人，本人为长兄，现年十五岁，下面还有小妹，还没满四岁。现在母亲还没下葬，父亲又要处死。父亲死了，大家就无人抚养，只有死路一条。乞求代替父亲去死，让他回家照顾年幼的弟弟妹妹们。"朝廷认为，长孙虑"于父为孝子，于弟为仁兄"，情况确实很特殊。

于是皇帝下诏,免除长孙真死刑,改为流刑。(《魏书》卷八十七)

三、文化分析

综合上面三种情况来看,代父受刑在古代社会是比较普遍的,也能得到司法机关的重视,或者允许子女代替父母去死,或者为犯罪的父母减免刑罚。正是有了这样的社会风气和司法环境,吉翂才坚决要求自己替父亲去死,而且主动住进监狱,等待执行。有些人喜欢自嘲说自己老啦,"坐吃等死",我看这位吉翂小朋友才是真正的等死哩,连什么时候死,事先都知道。

对于儿子而言,主动要求代父受死,是一种道义表现,是孝的举动,从道德上无可厚非。但从法律的角度来看,这种做法是不可取的,因为它会改变原来的判决,破坏法律的严肃性。对此,古人早有批判。《后汉书》作者范晔在"论曰"中评价说:"开父子兄弟得相代死,斯大谬矣。是则不善人多幸,而善人常代其祸,进退无所措也。"(《后汉书·郭陈列传》)代死的做法,是从陈忠这里开的头,正是大错特错。它使得"不善人"(坏人,就是那些犯了罪的父母)得到了好处,逃避了法律制裁;而"善人"(代受刑罚的子女,他们是道义上的孝子)反而会遭殃受祸。长此以往,国家司法就不知道该怎样取舍了。

既然早就有人质疑和反对,那么为什么在古代代刑却会这么普遍呢?我觉得主要还是受儒家孝道文化的影响。

首先,父母犯了罪,尤其是犯了死罪,子女往往挺身而出,要求代替父母受刑,正是受了孝道观念的影响。因为依照孝的理念,"身体发肤,受之父母"。人们普遍认为,生命是由父母赐予的,当父母到了危亡关头,儿女愿意也有义务把自己的生命或身体健康还给父母。因此之故,历史上请求为父代刑的才会层出不穷。

其次，司法官员面对代刑的请求，不好表达反对意见。子女代父受刑，甚至受死，是孝道最强烈的表现，谁要是反对，反倒有了自己不孝的嫌疑。于是大都愿意向上级报告，或允许代刑，或建议给犯罪的父母减免刑罚。司法官员之所以这样做，还是孝道观念在起作用。

最后，做决定的是皇帝，汉以来的历代统治者，莫不标榜自己是以孝治天下，既然如此，这些请求代刑的人可都是孝子呀，岂能不管？必须作出相应的处理，以弘扬孝道。明朝朱元璋的做法和说法，最能说明这一点。有个人叫周琬，父亲被判了死刑，他要求代死。朱元璋觉得这周琬只有十六岁，哪有这种主意和胆色，中间可能有猫腻，说不定是受人唆使，于是吩咐下属把周琬拉出去搞一场假执行。如果他是受人指使，在刑场上就有可能反悔。没想到，到了刑场上，"琬色甚喜"，周琬反而变得挺高兴，因为他知道，只要自己死了，父亲就能得救。朱元璋一看周琬真是发自内心要代父去死，就赦免了周父，还给周琬亲笔题写一块牌匾"孝子周琬"。（《明史·孝义列传一·周琬列传》）

朱元璋在位时，因代刑而赦免了不少人，每次都公开宣称"朕为孝子屈法，以劝励天下"（《明通鉴》卷五）。这种做法，又叫"屈法以伸伦理"，之所以屈法，是因为伦理，说白了就是讲孝道的伦理。

总体来说，古代社会代刑的流行，正是孝道的作用。

四、结　局

介绍了代刑的司法状况和社会基础后，再来关心一下本讲中的主人翁吉跐，他要求代父受死，命运究竟怎样了呢？是真让他代替受刑，还是对他父亲进行了减免呢？

有关部门将他的请求上报给最高统治者梁武帝,"高祖异之",梁武帝对此感到很诧异,这世界上还真有不怕死的人?就命令蔡法度说:"吉翂请死赎父,孝行可嘉,但其幼童,未必自能造意。"意思是,他不过是个未成年人,不一定是他自己的主意,或许有人教唆他这样做,你要对他加以威逼利诱,把背后的真相搞清楚。

蔡法度回去布置法庭、摆好架势,将吉翂带到堂上,郑重地说:"你申请代父去死,上面已经答应了,你马上就可以死,不过不要着急,我看你还是个娃娃,这主意肯定是别人教你的。快告诉我是谁,现在反悔,还来得及。"吉翂说:"我虽然是个小孩,也怕死,但确实是不愿看到父亲被处死,弟弟妹妹无人照管,自愿这样做的,哪里会有人教我这样做呢?"

蔡法度一看这招不灵,又骗他说:"小朋友,主上知道你父亲是无罪的,马上就要放人了。我看你是个好孩子,如果能改变以前的说法,就可以和你爹一起回家了。"吉翂说:"父亲已经被弹劾,必定依法处死。我已经做好了死的准备,不想再跟你说啥了。"

蔡法度看第二招也不灵,就叫衙役把吉翂身上的桎梏取下来,换上一副小的。桎是戴在脚上的刑具,梏是戴在手上的刑具,相当于今天人们常说的脚镣手铐。没想到吉翂也坚决不干,说:"死刑犯的刑具,应当加重,我是代父求死的,怎能减轻刑具呢?"

经过这几番考察,蔡法度相信吉翂是真心要代父受死,就把这些情况向梁武帝做了汇报。梁武帝下诏,赦免了吉翂父亲。(《梁书·孝行传·吉翂传》)

吉翂上访要求代父身死,就这样结案了,真是皆大欢喜。站在当代人的立场,代父受刑的做法,在法律上是不能被认可的,更是有害法治建设的。但是,古人能把孝道看得比自己的生命还重要,这样的情操,这样的担当,确实令人敬佩!

第十讲　景慈证母获流刑案

南朝景慈出庭作证，证明他母亲犯了买卖人口罪。通过这一案例，我们来分析一下孝道文化对古代法律的影响，看一看古代法律是如何禁止子女控告父母，以及如何禁止子女为父母作有罪证明的。

一、案情简介

梁武帝天监三年（公元504年），京城建康（今江苏省南京市）有一个女人叫任提，因犯"诱口"罪，被官府依法审判。"诱口"是古代一个特殊的罪名，后来又叫"和诱人口"，相当于今天的拐卖人口，在那时是常赦所不原的重罪，依法要判死刑，即使遇到国家大赦也不能予以赦免。任提女一案，估计在证据方面出了些问题，尚不能形成完整的证据链，不能完全证实她犯了该罪，属于疑案。按照古代的刑法原则，"疑罪从赎"，这样的案子，不能严格按法律条文来判，只能责令当事人拿钱来赎罪。依照稍晚一点的隋朝法律，"二死皆赎铜百二十斤"（《隋书·志》卷二十），即判绞刑和斩刑这两种死罪，都要出一百二十斤铜来赎。以此推断，任提只要能拿出等价于一百二十斤铜的钱来赎罪，就可以走人啦！

没想到的是,在这生死两隔的重大关头,任提的儿子竟然出庭作证,"其子景慈对鞫辞云,母实行此"(《隋书·志》卷二十)。"鞫"是审理的意思,"对鞫"就是在审理时当场对质,"辞"就是证词。景慈在法庭上当场作证说"母实行此",即他母亲任提确实干了拐卖人口的事。知母莫若子,景慈对母亲的勾当肯定了如指掌,所说的细节十分详细。这一来,任提的罪行就坐实了,她再也无法走出"高墙",等待她的不再是高墙外自由的空气,而是法场上锋利的大刀。

讲到这儿,大家会联想到现在的一些情形,例如儿女证明父母犯罪、妻子证明丈夫犯罪,似乎也没什么奇怪的。用当代法律知识来分析,这样的举动是完全合法的。

首先,现行《刑事诉讼法》第 62 条第 1 款规定:"凡是知道案件情况的人,都有作证的义务。"作证是每个公民的法定义务,不管对方是自己什么人,即便是自己的父母或爱人,也应该作证,不能推卸应当承担的法律责任。

其次,大家可能会想,要叫我去证明父母或爱人有罪,那我要么不说,要么不说实话,为他们开脱罪责。当然,这只是感情用事的想法啦!站在法律的角度就不能这样,因为《刑事诉讼法》第 125 条规定:"询问证人,应当告知他应当如实地提供证据、证言和有意作伪证或者隐匿罪证要负的法律责任。"看来,不说是不行的,乱说也是不行的,要负法律责任。这个责任就是《刑法》第 310 条规定的包庇罪的责任,明知是犯罪的人而为其"作假证明包庇的",处三年以下有期徒刑、拘役或管制;情节严重的,处三年以上十年以下有期徒刑。

用这两点来衡量,景慈简直就是一个典型的守法公民。可惜,他不是生活在现代,而是生活在古代。那时的法律,禁止子女"告言父母"。所谓"告",就是子女控告父母的行为。父母有罪,子女应该帮他们隐瞒。所谓"言",就是子女为父母作有罪证明。父母犯罪,你本应包庇,结果却去官府作证说爹娘确实犯了某某罪,并说出种种细节。子女告言父母,违反了人之常情,从道义上讲是不孝,从法律上讲则是犯罪。所以景慈的举动,在那时是冒天下之大不韪,是犯罪。

二、法律规定

那么,"告言父母"的犯罪是怎么形成的呢?

早在秦朝,国家是鼓励告奸的,即告发犯罪。"不告奸者腰斩,告奸者与斩敌首同赏,匿奸者与降敌同罚。"(《史记·商君列传》)不但一般人之间要相互告发,亲人朋友之间,也不例外,"夫妻、交友不能相为弃恶盖非","民人不能相为隐"。(《商君书·禁使》)就是说,最亲密的夫妻和朋友,也不能互相包庇,而要向官府检举揭发,使得任何"恶""非"都不能被隐匿。《法律答问》中有"夫有罪,妻先告,不收"的规定:丈夫犯法,妻子若告发他,妻子的财产可以不予没收;反之,若是妻子有罪,丈夫告发,则妻子的财产可用于奖励丈夫。由于有了这些政策和法令,秦朝告发犯罪之风盛行,子女告发父母也是合法的。

汉朝初年,统治者思考秦朝迅速灭亡的原因,认为不分亲疏、不顾伦理鼓励告奸的做法,使得父子反目、夫妻成仇,"亲亲之恩绝"(《史记·太史公自序》),家庭和社会完全乱了套。所以自汉朝以来,逐渐形成了亲属容隐的法律原则,即亲属之间相互包庇隐瞒犯罪而不追究法律责任。汉宣帝地节四年(公元前66年)颁布"亲亲得相首匿"的诏令:"自今,子首匿父母、妻匿夫、孙匿大父母,皆勿坐。其父母匿子、夫匿妻、大父母匿孙,罪殊死,皆上请廷尉

以闻。"(《汉书·宣帝纪》)

亲属之间应当相互包庇，在这一原则的要求之下，就有相应的禁止性规定：

1. 不能告发

父母犯罪，子女不能告发，告发者有罪。吕后执政第二年公布的《二年律令》中规定："子告父母，妇告威公。"意思是，儿子告父母、儿媳告公婆，"勿听而弃告者市"，官府不予受理，反而要将告状的人处弃市之刑。

2. 不能作证

父母犯罪，子女也不能出庭作证，作证者有罪。东晋元帝司马睿执政时，大理官（审判官）卫展上书说："今施行诏书，有考子正父死刑，或鞭父母问子所在。"(《晋书·志》)意思是，司法实践中，依照现行诏书办案，可以刑讯的方法强迫子女证明父母犯罪，这是违背孝道的，应予废除。司马睿接受了他的建议，命大臣在朝堂会议上讨论，"蠲除诏书不可用者"(《晋书·志》)。

接下来的刘宋王朝，也有大臣建议："鞫狱不宜令子孙下辞明言父祖之罪，亏教伤情，莫此为大。"(《宋书·蔡廓传》)在审判案件时，不应该强令子孙去证明父祖犯罪，这样做严重危害了纲常礼教和情理。经朝堂会议讨论，大家都认为这一建议是很有道理的，随后这样的做法就被禁止了。

到了唐朝，相关立法都规定不孝罪进行打击。《唐律疏议·名例》规定，告发父母犯罪、证明父母犯罪，都构成不孝罪，将遭到严厉的法律制裁。《唐律疏议·斗讼》规定："诸告祖父母、父母者，绞。"可见告、言父母犯罪，是要处死刑的。以后宋元明清各朝代，基本沿袭这一法律制度，把告发父母犯罪、证明父母有罪的行为视为"干名犯义"，国家要给予严厉的打击。

三、文化分析

既然法律要制裁告发或证实父母有罪的子女，而且刑罚很重，景慈却敢出庭证明母亲犯了拐卖人口之罪，莫非这一法律制度在实践中没有得到严格执行？

不是，这一法律的执行是很严格的，汉武帝时期的一个案例就可以说明。衡山王刘赐因听信小老婆徐来的谗言，对太子刘爽不满。太子刘爽是衡山王大老婆生的大儿子，和继母王后徐来多次闹矛盾。衡山王枕头风听多了，终于决定把太子刘爽给废啦！"乃使人上书请废太子爽，立孝为太子"，就是要废除刘爽的太子之位，立刘孝为太子。这位刘孝，是衡山王的大老婆生的二儿子，就是刘爽的亲弟弟，他深得衡山王信任，打造兵器，准备配合淮南王刘安造反。

刘爽知道父亲要废自己的太子之位，也要反戈一击，派和自己关系好的白嬴前往长安上书，"言衡山王与子谋逆，言孝作兵车锻矢"，声称衡山王要和刘孝造反，已经准备了很多战备物资。因事情败露，衡山王畏罪自杀。"太子爽坐告王父不孝，皆弃市。"（《汉书·淮南衡山济北王传》）刘爽则因为告发父亲，是不孝，被处以死刑。

汉以后到清朝，历朝历代莫不标榜以孝治天下，对"亲属容隐"这一法律原则都是认真贯彻落实，就算是受儒家思想影响相对较小的元朝，也不容许告发父母犯罪。元英宗时，斡鲁思告发其父母，事发后，帝曰："人子事亲，有隐无犯，今有过不谏，复讦于官，岂人子之所为！"（《新元史·志·刑法下·刑律下》）命斩之。由此可见，国家惩治告言父母的犯罪，力度是很大的。

父母犯罪，儿女去告发，或者父母有罪，儿女去作证，从现在的法律观念来看，这样做是对的。但从古代的法律观念来看，这样做不但不对，而且是不孝重罪。按照我们这些常人的看法，过去的东西都是落后的，现在的东西都是先进的。那么，我们从法律文化的角度来分析，惩治告言父母的法律制度，究竟有没有合理性呢？我认为，是有一定合理性的，主要体现为如下三点：

1. 个人亲情

这样的规定，满足了个人亲情的需要。人都是感情动物而不是冷血动物，《孝经》中说："父子之道，天性也。"儿女对父母的爱，出自天性，与生俱来。追究犯罪是国家权力机关的职能所在，其完全可以发挥"国家机器"的巨大作用，通过其他种种途径将犯罪分子绳之以法，不必借助儿女的告发和作证来破案。强求儿女告发父母犯罪，或者强求他们证明父母有罪，是违背人的本性的。试想，要叫一个儿子去证明其父亲有罪，他肯定不愿意，但法律偏要强迫他这样做，"父子之亲"的人性就会遭到压制，孝道也就荡然无存了。这样的法律是与情理道德相违背的，怎能为广大人民群众所信服呢？《慎子·逸文》说："法非从天下，非从地出，发于人间，合乎人心而已。"亲属容隐的法律原则，正是考虑到这种基本的人性，所以是合理的。

2. 家庭伦理

这样的规定，满足了家庭伦理的需要。从大处而言，家庭是社会最基本的"细胞"；就小处着眼，家是每一个人精神和肉体的归宿。要稳定家庭秩序，就得有相应的规矩，这种规矩就是家庭伦理。虽然传统的父慈子孝、夫义妇节的伦理现在不再提倡，但父母子女之间、夫妻之间的爱还是要讲的。要是破坏了这种伦理，和谐的家庭关系就难以维持。子女告发父亲犯罪，母亲情何以堪？

子女证明母亲有罪,父亲又该如何承受?一个连父母都敢出卖的人,能得到其他家庭成员的接受吗?还能期望有社会上的朋友吗?还会得到他人的信任吗?对这些因素全然不顾的法律,恐怕很难被称为良法。传统法律正是维系了这些家庭中的基本伦理道德,所以合理。

3. 社会秩序

这样的规定,满足了社会秩序的需要。一个社会是需要秩序的,但需要的是良性的秩序,而不是恶性的秩序。法律强迫子女告发父母或者证明父母有罪,假如一个人真的这样做,则社会在多一个守法公民的同时,也多了一个不孝的逆子;假如一个人不这样做,甚至隐瞒真相、编造谎言为犯罪的父母开脱罪责,则社会在多一个孝子的同时,也多了一个触犯包庇罪的罪犯。在这样的社会中,法律和道德简直水火不能相容,由此形成的秩序,就像纸包火一样,又怎能长治久安呢?

在这方面,日本的做法堪称前车之鉴。二战后,日本经济经历了一个迅速发展的时期,其间,日本家族企业出现偷税、漏税的现象。为了打击经济犯罪,日本曾出台政策,以重奖鼓励经济举报。重奖之下,儿子举报爸爸偷税、老婆举报老公漏税的案例不断出现。这一现象引起了日本社会学家和法律学家的高度重视,他们讨论后认为,必须制止亲人之间相互举报的行为。如果任凭这种现象发生,那么国家在经济上所得到的收益远远不能弥补道德沦丧所造成的社会损失。最后,鼓励亲人之间举报的做法被叫停了。

现在,许多国家的法律都规定近亲属有"免证特权",又叫"拒证权制度",这和我国古代的"亲属容隐"原则是相通的。仅从表面来看,难免会给人以"法律面前人人不平等"之嫌,但是,这些规定却保护了人类最天然的血缘亲情,关闭了亲属之间相互出卖的通道。只有用这样的法律制度才能建立起良性的社会秩序。

四、结　局

上文我们对古代禁止告言父母的法律进行了介绍和分析，从而明白了惩治告言父母的行为，从制度上讲是必须的，从文化上看是应该的。那么，景慈出庭证明他母亲任提犯拐卖人口罪，最后又是怎样结案的呢？

当时审理此案的法官叫虞僧虬，他对任提依法判了死刑，对景慈的行为颇费思量，反复思考后，上报朝廷说："案子之事亲，有隐无犯，直躬证父，仲尼为非。"（《隋书·志》卷二十）根据儿女孝敬父母双亲的道德礼仪，父母有罪儿女应当尽量包庇隐瞒，怎能去揭他们的老底呢？"直躬证父，仲尼为非"是一个典故。有个叫叶公的人对孔子说："吾党有直躬者，其父攘羊，而子证之。"（《论语·子路》）俺们那块儿有个人叫直躬，品德正直，他父亲偷了别人的羊，他就去检举揭发，还证明父亲是如何偷羊的，真是正直啊！孔子听了很不以为然地说："父为子隐，子为父隐，直在其中矣。"（《论语·子路》）俺们这块儿对正直品德的理解与你们不同，父亲应该为儿子隐瞒罪行，儿子也应该为父亲隐瞒罪行，这样做才能叫正直。虞法官引用这一典故，意在说明景慈的做法并没有得到儒家理论的认可。

接着论述景慈这人平时也不是什么善辈，"陷亲极刑，伤和损俗"，把母亲置于死地，严重败坏了孝顺父母的和睦风俗，"景慈宜加罪辟"，应该对他予以刑罚制裁。皇帝接报后，"诏流于交州，至是复有流徒之罪"，将景慈流放到交州。交州是西汉到唐朝初期的行政区名（西汉时称交趾，东汉初改为交州），包括今天越南北部、中部和中国广西的一部分。这一案例在刑罚史上也具有重要意义。

汉朝开始废除肉刑，但由于改革后的刑罚体制不完备，死刑之下就是徒刑，而徒刑最重只有五年，致使有的人敢轻易犯法，只要不犯死罪，最多也就被判五年徒刑。汉魏以来，一直有人主张恢复肉刑，以填补中间的空档，但都没有恢复。直到景慈案，确定流刑为法定刑，才填补了死刑和徒刑之间的空档，为笞、杖、徒、流、死五刑制度奠定了基础。

景慈证母获流刑案就此结束，其中所反映的孝道对诉讼法制的影响等深层次问题，对今天在诉讼法中建立和完善拒证权制度，是有所借鉴的，对推动当代法治与情理的进一步融合，也是有所助力的。

第十一讲　张江陵骂母案

此讲我给大家介绍张江陵骂母案,通过它,我们继续分析古代孝道与法律的关系。

一、案情简介

南朝刘宋时期,孝武帝刘骏大明年间,发生一起家庭悲剧。县民张江陵和妻子吴氏,共同辱骂自己的母亲黄氏,"令死,黄忿恨自经死"。意思是:你这老不死的,去死吧。其中肯定说了很多恶毒的语言。所谓"恶语如刀",来自别人的辱骂,也就罢了,自己的儿子和儿媳这样骂自己,搁谁也受不了,老人家非常伤心,就上吊自杀了。

这样的事情,大家听了一定会很气愤,但对张江陵这两口子该怎样处理呢?依照现代法律,似乎可以用虐待罪来惩治这两个不孝之徒。但仔细一分析,却不行。

虐待是指对共同生活的家庭成员,经常以打骂、冻饿、强迫过度劳动或者有病不给医治等方法,从肉体上、精神上进行折磨、摧残,情节恶劣的行为。但虐待是一种持续犯,其特点是犯罪行为和犯罪行为所造成的不法状态都处于持续状态。简单地说,就是在一定时间内经常采用虐待手段，虐待家庭成员。如果构成虐待罪，造成了人员死亡，应判两年以上七年以下有期徒刑。本案没有说张江陵两口子平时是否也骂他母亲，所以要追究他们的虐待罪，就很困难。有两种情况：第一，很可能张江陵两口子平时确实没有骂他母亲，偶尔骂了，母亲想不开就上吊了；第二，即便张江陵两口子平时骂他母亲就像家常便饭，但都是家中发生的事，外人也不知情，现在人死了，很难取证，也很难定虐待罪。

看来，要用刑罚惩治他们，确实是和尚的脑袋——没法（发），只能从道义上进行谴责。虽然张江陵夫妇的行为缺德，但法律拿他们没有办法。这就是我们经常见到的依法缺德。

二、法律规定

但是，张江陵夫妇不是生活在现代，而是生活在一千五百多年前的南朝刘宋时期。按照当时的法律，作出这样的行为是要被处死刑的。《宋书·孔渊之传》记载："律文，子贼杀、殴伤及父母，枭首；骂詈，弃市。"

对骂詈父母的行为处刑如此之重，这样的法律规定是从什么时候开始形成的呢？

将历史镜头往前推至战国末期和秦朝，根据史料记载，没有关于惩治骂詈父母的法律规定，我们来看一下汉初贾谊在《治安策》中的说法：

> 商君遗礼义，弃仁恩，并心于进取。行之二岁，秦俗日败。故秦人家富子壮则出分，家贫子壮则出赘。借父耰锄，虑有德色；母取箕帚，立而谇语。抱哺其子，与公并倨；妇姑不相说，则反唇而相稽。其慈子耆利，不同禽兽

者亡几耳。……曩之为秦者，今转而为汉矣。然其遗风余俗，犹尚未改。

商君指商鞅，他两次辅佐秦孝公进行变法，抛弃礼义、主张法治，史称"弃礼任法"，秦国强大了，但风俗日益败坏。所以秦国的人，家中富有的，儿子长大成人后就与父母分家；家庭贫穷的，儿子长大成人后就到富人家中当上门女婿。儿子借农具给父亲，脸上就显出向父亲施舍恩德的表情；婆婆前来拿簸箕扫帚，儿媳就站在门口骂；儿媳抱着婴儿喂奶，两腿一叉，大大咧咧地和公公并排坐在地下，一点都不回避，全无害羞之心；儿媳和婆婆关系不好，你说她一句，她顶你十句，公开争吵。他们只知道慈爱儿子，贪求财利，这与禽兽已经没有多少差别了。过去还属于秦的东西，今日已转归汉朝所有了。然而，秦朝遗留的风俗并未改变。

贾谊的话表明，从战国末期的秦国到统一后的秦朝，经常出现父母与儿子和儿媳相处不好，甚至婆媳对骂的情况。说明当时的法律对儿子和儿媳骂詈父母的行为是没有进行规定的。如果有，谁还敢如此大胆呢？

秦以重视法制著称，为什么反而对这个问题没作法律规定呢？我分析，恐怕有如下两个原因：

第一，家庭生活。秦自商鞅变法以来，推行《分户令》，"民有二男以上不分异者，倍其赋"。要求父母与儿子、儿媳分家单过，就是贾谊所说的"家富子壮则出分"。父子不分家，儿子就有可能偷懒，一旦独立自主，就必须勤俭节约，这样既提高了家庭生产力，又增加了国家的户税收入。从法律的角度考虑，父母与儿子、儿媳不住在一起，发生冲突和矛盾的机会就少，没有必要制定相应的法律。

第二,思想指导。秦国奉行法家思想,以此作为国家法制建设的指导。著名史学家司马迁对法家之法的评价是"刻薄少恩"。所谓"刻薄",指它对天下人都以重刑进行镇压,如发明株连三族、车裂(五马分尸)等刑罚,指望用这种方法来惩治罪犯,恐吓民众,说白了就是一种刑罚恐怖主义。所谓"少恩",指对家庭关系中的问题没有进行特殊立法,而是"不别亲疏,不殊贵贱,一断于法",用调整一般行为的法律来调整家庭中的问题,比如夫妻之间要揭发举报对方的犯罪行为,子女打骂父母和打骂其他人也没什么两样,均由统一的法律进行调整,不需要单独为之专门立法。

总之,秦国法律制度的主要目的在于富国强兵,缺乏对人性情感的关注,致使"亲亲之恩绝","可以行一时之计,而不可长用也"(《史记·太史公自序》)。在这种法制之中,没有惩治子女骂詈父母的法律规定,正是自然而然的事了。

汉朝奉行儒家思想,推行"以孝治天下"的政策,调整家庭伦理关系的特殊法律规定纷纷出台。骂詈父母的行为,不但是犯罪,而且是重罪。《二年律令·贼律》中记载:

儿子对父母:子殴詈父母,弃市。
儿媳对公婆:妇贼伤、殴詈夫之父母,弃市。

分析这一法律规定要注意两个问题:

第一,殴打父母和骂詈父母,是同一种犯罪,量刑相同,都是处死刑。

第二,儿子殴打、骂詈父母,处弃市;儿媳无故殴打、骂詈公婆的,才处弃市之刑。"妇贼伤"中的"贼"很关键,这个"贼"字,跟今天我们的理解是不同的,唐代以前,"贼"没有"偷盗"的意思，宋元以后，"贼"才有盗窃、小偷的含义。晋代张斐为《晋律》作法律解释说："无变斩击谓之贼。"在没有变故的正常情况下杀伤他人就叫贼。

汉朝立法对打骂父母的行为作出严格规定，但在实践中是否得到贯彻了呢？下面讲一个案例来说明。

东汉明帝永平年间（公元58—公元75年），在南郡有个女子叫何侍，嫁给许远为妻。何侍的父亲何阳"素酗酒"，是个酒鬼，经常向许远借钱。一旦不如他的意，何阳就破口大骂，说女婿不是个东西。许远气愤地对老婆何侍说："你参要是再骂我，我就要打他了。"何侍说："你打我爹就是侮辱我。你我夫妻一场，你怎么忍心侮辱我呢？你要敢打我爹，我就扇你娘耳光。"后来何阳又骂了许远，许远真的就动手了，"遂揣之"，揍了老丈人一顿。何侍因此就打了婆婆无数记耳光。

儿媳打骂公婆在当时都是犯罪，叫"妇贼伤、殴詈夫之父母"，"殴"和"詈"的量刑是一样的。此案交到司徒衙门处理，由司徒鲍昱受理此案。东汉初年设三公，即太尉、司徒、司空。司徒为三公之一，可以自己开府设置官属，主管刑狱案件。鲍昱判决道："夫妻，所以养姑者也。今婿自辱其父，非姑所使。君子之于凡庸，不迁怒，况所尊重乎，当减死论。"（《太平御览》卷六百四十引《风俗通义》佚文）

"姑"，古代指丈夫的母亲，也就是婆婆，与儿媳妇的"妇"相对，常有"妇姑"之说，即指婆媳关系。判文的意思是："丈夫、妻子的义务就是赡养老人。而今丈夫许远辱打了妻子的父亲何阳，但并非许远的母亲所指使。一个懂道理的君子，对一般人都不能迁怒，何况对自己的长辈呢？你怎么能打婆婆耳光呢？死罪可免，活罪难逃，改处其他刑罚。"

明明汉代殴詈公婆都要处死刑，为啥改为"减死"呢？汉律中所说儿媳殴詈公婆要处弃市，指的是"贼殴""贼詈"，即无故打骂公婆。本案何侍搏姑，事出有因，并非"贼殴""贼詈"，所以免除死罪，改处其他刑罚。改处什么刑罚呢？

汉代刑罚制度可分为四大类：死刑第一、肉刑第二、徒刑第三、其他刑种第四。汉文帝时废除了肉刑，"减死"的刑罚，就应当是免去死刑，转而判徒刑的最高一等，即髡钳城旦舂。《汉书·刑法志》应劭注文说："城旦者，旦起行治城；舂者，妇人不豫外徭，但舂作米；皆四岁刑也。"一般的城旦舂是四年徒刑，髡钳城旦舂则是五年，是徒刑中最重的刑罚。服役方式为剃掉头发，脖子上戴铁制刑具，舂米五年。

从两汉经魏晋到南北朝的刘宋，打骂父母的行为都是重罪，立法精神一以贯之，但略有变化。比较一下：

汉代殴詈为一科，子殴詈父母，都处弃市之刑。

刘宋殴詈各属一科，律文，子贼杀伤殴父母，枭首；骂詈，弃市。殴打父母与杀伤父母归为一科，叫"杀科"，处枭首之刑；骂詈父母归为"詈科"，处弃市之刑。

对张江陵夫妇，显然要用"詈科"来治罪，要杀头。

三、法文化分析

骂詈父母的行为，要判死刑，这样的规定在唐朝得到全面的继承，诅詈父母者，绞。宋元明清历代，基本沿袭。对父母仅仅是语言上的咒骂，在今天看来不过是缺德的行为，在古代却是死罪。这样的法律规定是不是太过分，太残酷了点儿呢？它的文化奥秘又在哪里呢？

我认为，这主要还是受到儒家孝的伦理道德思想的影响。汉朝以来，儒家的纲常伦理思想深入人心。儒家认为世界上所有的关系可归纳为父子、君臣、夫妇、长幼、朋友这五伦。什么叫"伦"呢？段玉裁在《说文解字注》中说，"伦"训为"类"，"类"又可训为"辈"。比如父母与子女之间，父这一辈是一伦，子这一辈又是一伦，每伦各有其需要遵守的规则，这就是伦理，父子间的伦理就是"父慈子孝"。五伦之中，父子是核心，其他四伦，都是由此推出来的。社会五伦的伦理都得到很好的遵守，世界自然就太平。"父慈子孝"进一步发展，就成了"三纲"中的"父为子纲"。在这样的伦理纲常的教育指导下，孝道文化十分盛行。

1. 父　慈

在这种伦理道德的影响下，父母对子女的抚养，不仅仅是一种义务，更是一种无边的大爱。《诗经·蓼莪》载道："父兮生我，母兮鞠我。拊我畜我，长我育我，顾我复我，出入腹我。欲报之德。昊天罔极！"父母啊，你们生下了我，又养育了我。你们护我疼爱我，养我长大培育我，想我不愿离开我，出入家门怀抱我。想报父母大恩德，老天降祸难预测！中国式的父母，对子女总是付出，就像无期徒刑，直到闭眼才能彻底放下，那真是"生命不息，关爱不止"。从十月怀胎到呱呱坠地，从牙牙学语到上学生孩子，每一个阶段都由父母竭尽全力照顾、关心、帮助，一旦儿女对自己有所不敬，感情上就无法接受，成为"父母不能承受之重"。假如从小父母就不怎么管孩子，长到十八岁就各顾各，自食其力，要读书还得向家里借钱，工作后再还，回家吃顿饭也得付钱再走人，那么在这种文化背景下，父母可以不在意子女对自己的态度，对冒犯父母的子女动不动就处以死刑，恐怕显得缺乏人权。但在中国传统文化背景下，要想父母不在意子女的态度，则很难做到，因为他们真是付出太多太多。文化不同，法律也应该不同。照搬外国的法律来衡量中国，是不对的；照搬今天的法律去衡量古人，同样是不对的。

2. 子 孝

在这种伦理道德的影响下，子女赡养父母，不仅仅是一种义务，更是一种报恩。子女对父母尽孝，不仅在物质上要做到"利亲"，更要在精神上做到"善事"。仅仅让父母不挨饥受冻，那只是"能养"之孝。"子游问孝。子曰：'今之孝者，是谓能养。至于犬马，皆能有养；不敬，何以别乎？'"（《论语·为政》）对父母不恭敬，与养阿猫阿狗有什么区别？比如现在的人养宠物，又是喂食，又是洗澡，又是找宠物医生看病，那是对它的"亲"，但可以呵斥它，可以不敬它，我把这归纳为"亲而不敬"。但对老人就不仅得亲，还得敬，这叫作"亲而且敬"。谁敢骂父母一声"老东西"，肯定就是大不敬了，自然应该受到严惩。

为了维护父慈子孝的伦理道德，法律必然要打击各种冒犯父母的行为，骂詈父母自然也在打击之列。在这样的社会文化环境中，骂詈父母的行为，被视为忤逆不孝，得诛之。国家对此行为处以极刑，至少在那时的人们看来，不但不过分，而且简直是大快人心。

四、本案处理

张江陵夫妇骂母致死一案，属于"詈科"调整范围，当处弃市之刑。本案正要处理，却发生了戏剧性的变化。刚好遇到全国性的大赦，这两口子简直是走了"狗屎运"，"会赦，免刑"（《南史》卷二十七）。就是要免除这两人的刑罚。

那么，案子就这样结了吗？

按大赦的程序，需要对案件事实进行重新审核，称"补治"。参与补治的人认为，依当时的制度，打母的罪犯，遇到大赦仍然要执行枭首之刑，不得赦免，但没有骂母致死遇到大赦应该怎么办，法律无明确规定。比较而言，张江陵骂母，致人死亡，比殴打父母的后果更为严重，自然不在赦免之列。但又该如何治罪呢？适用"杀科"，担心太重；适用"詈科"，又害怕太轻。

尚书比部郎孔渊之认为，就应适用"杀科"的规定。虽然法律有"罚有从轻，盖疑失善"的原则，即处罚要从轻，但那只是对疑难案件要从轻，以免错杀好人，违背法律的善良本意。张江陵案事实清楚、证据确凿，并不是这种情况，不得以疑案从轻。因此，"江陵虽值赦恩，故合枭首"，即张江陵虽然遇到赦恩，但应该处以枭首之刑。而对其妻吴氏而言，"妇本以义，爱非天属，黄之所恨，情不在吴"，妻子与婆婆没有血缘关系，只是遵照"义"来行事，其对公婆的关爱之心并非天性。死者黄氏所恨的，并不是儿媳吴氏，而是自己的儿子。所以对吴氏"原死补冶"，免除其死罪，改判徒刑。

通过讨论，形成了张江陵枭首、吴氏改处徒刑的补冶意见，上报皇帝裁决。"诏如渊之议，吴免弃市。"（《宋书·孔渊之传》）

皇帝以诏令形式作出决定，按孔渊之的意见办理，将张江陵枭首，其妻吴氏免予弃市之刑，改处徒刑。汉代徒刑罪犯，男的修长城，女的舂米；南北朝则多让囚徒从事冶炼锻铸工作，当钢铁工人，都是重体力的活儿。

张江陵骂母案至此尘埃落定，但留给了人们更多的思考：传统的孝道文化以其巨大的力量，正在改变既有的法律制度，同时又在创造新的法律制度。骂詈父母处死的法律规定正是受孝道文化的影响而形成的。

第十二讲　乙龙虎守丧案

通过北魏时期乙龙虎将军守丧的案例，我们可以进一步分析孝道对古代职官法（相当于今天的公务员法）的影响，看一看在"冒哀求仕"的法律规定下，官员应当如何给父母守丧。

510年12月，即北魏宣武帝执政时期，有位偏将军叫乙龙虎，其父亲去世，国家给了他二十七个月丧假，他就回老家守丧去了。

按现行法律规定，国家工作人员请丧假，只有一至三天。如死者在外地，"可以根据路程远近，另给予路程假"（《国家劳动总局、财政部关于国营企业职工请婚丧假和路程假问题的通知》）。那么，为什么古人为父母守丧的假期会这么长呢？有没有相关的法律依据呢？

为父母守丧三年的习俗，叫作"丁忧"，大概起源于商周时期。《尔雅·释诂》载："丁，当也。"是遭逢、遇到的意思。《尚书·说命上》载："忧，居丧也。"所以，古代的"丁忧"，就是遭逢居丧的意思。"遭逢居丧"时，儿女们会忧伤，会居丧，会遵循一定的民俗和规定"守制"，就叫"丁忧守制"，俗话叫"守丧"。殷高宗武丁就曾为其父小乙"谅暗三年"（《礼记·丧服四制》引《书》曰："高宗谅暗，三年不言。"），即为父守了三年丧。周代记载更多。但那时守丧是不是法律的硬性规定，不太清楚。孔子正是根据商周的习俗，设计出一套完整的丧服学说，他指出："三年之丧，天下之通丧也。"（《论语·阳货》）

但在春秋战国时期，普遍实行的是"既葬除服"的短丧，和今天的情况差不多，"三年之丧"的学说并没有得到运用。秦朝统一之后，奉行法家思想，为父母守丧三年的规定也未有记载。到汉初，奉行黄老道家思想，提倡清静无为、节俭少欲，丧事从简，为父母守丧三十六天。

一、社会风气

汉武帝时期，儒家思想取得了统治地位，丧服学说也就流行起来，自此，为父母守三年丧的传统就流传了下来。元光年间（公元前134—公元前129年），公孙弘"养后母孝谨，后母卒，服丧三年"（《汉书·公孙弘传》）。这是文献所见汉代最早守三年丧的记载。此后，为父母守三年丧的情形越来越多，相关的事例层出不穷，形成一种普遍的社会风气，得到社会的强烈好评。《汉书》《后汉书》中有很多记载。仅举一例来说明这种风气。

东汉汉章帝初年，有一男子名叫黄香，是古代著名孝子。《三字经》有一句："香九龄，能温席。孝于亲，所当执。"说的就是他。黄香九岁时，母亲不幸去世，家境十分贫寒，他对母亲十分怀念。安葬母亲后，黄香在母亲坟前盖了一间草庐。他白天帮父亲劳作，夜晚在草庐里一边守墓，一边挑灯夜读。那真是"孝行与学问齐飞"。

他为母守丧，"思慕憔悴，殆不免丧，乡人称其至孝"（《后汉书·黄香传》）。这一守就是三年。不仅如此，他对父亲格外孝敬。夏日炎炎，他为父亲摇扇驱蚊解暑，直到父亲入睡，方才回草庐学习；严寒冬日，黄香总是先用自己的体温把被子焐热，再请父亲入睡，唯恐父亲受凉。长期积累，孝行与学问都很出名，名播京师，号称"天下无双，江夏黄香"。

黄香因孝道被推荐做官，官至尚书郎（东汉官名，取孝廉中之有才能者入尚书台，在皇帝左右处理政务，初入台称守尚书郎中，满一年称尚书郎，三年称侍郎）。汉章帝曾特许他到宫中藏书之所东观（国家图书馆）读书。东汉元和元年（公元84年），汉章帝在中山宫邸为千乘王刘伉举行弱冠大礼，特邀孝子、尚书郎黄香参加。在典礼过程中，汉章帝把黄香介绍给王子皇孙时说："此'天下无双，江夏黄香'者也。"顿时，与会的王子皇孙无不改颜、肃然起敬。

在我国古代第一部孝子故事集《二十四孝》中，黄香名列其中，有一首诗赞道："冬月温衾暖，炎天扇枕凉。儿童知子职，千古一黄香。"

二、法律规定

在国家和社会的普遍重视下，为父母守丧形成社会风气。对于官员，国家通过法律要求他们必须为父母守丧，即丁忧守制，具体有哪些规定呢？

第一，不为父母守丧的，不能被选拔、推荐做官。应劭曰："汉律，不为亲行三年服，不得选举。"（《汉书·扬雄传》）

第二，干部后备队伍成员，必须为父母守丧，否则不能任官。《汉书·哀帝纪》载绥和二年六月诏曰："博士弟子父母死，予宁三年。"这是规定博士弟子可以请假回家为父母守三年丧。博士弟子是官僚集团的后备力量，相当于今天的后备干部队伍，如果不为父母守丧，会被取消做官的资格。这是西汉的有关规定。

第三，在任官员，必须为父母守丧，否则撤销职务。东汉元初三年（公元 116 年），安帝诏令，"大臣得行三年丧，服阕（终了、停止的意思）还职"（《后汉书·陈宠传》）。如果是在职官员，须守丧三年后再回来任职，不为父母守丧三年，就会被开除。

为父母守丧期间出来做官的，叫"冒哀求仕"。因为有了这些法律规定，不为父母守丧的官员，会受到相应的制裁。

东汉有个县令叫甄邵，人品不好，巴结权贵，就像大家在现实生活中看到的那种趋炎附势之徒，眼睛只知道往上看。一个朋友因得罪当时的大将军梁冀，跑到他那里去躲。甄邵假装同情收容了他，背地却立即向梁冀告密，梁冀当即捕杀了此人。不久，甄邵迁任太守之职，皇帝的任命诏书还没下发，恰逢其母亲去世，甄邵便把母亲临时埋在马房里，先接受任命，然后才发丧。所谓读史使人明智，说到这儿，我想告诉大家一个秘诀，要想知道自己的朋友会不会出卖自己，肉眼看不出来，只须看他孝不孝顺父母。一个连父母都不孝顺的人，难保他不在关键时刻捅你一刀哟！甄邵就是例子，切记切记！

甄邵升了官，要先去洛阳报到，在路上碰到了李燮。李燮，"廉方自守，所交皆舍短取长，好成人之美"，对甄邵这种卑鄙小人很看不惯，于是命令小卒将甄邵的车掀翻，鞭杖乱下，又抽又捶，还大书布帛挂在甄邵的背上，内容是"谄贵卖友，贪官埋母"，谄媚贵人出卖朋友，贪图做官私埋其母。再上表列举甄邵的无耻情形，使其永远不能再做官。（《后汉书·李燮传》）

汉代以后，官员冒哀求仕，都要受到法律的惩罚。北魏时规定，处五年徒刑。唐代又细分为三种情况：

第一，诈言余丧。"诸父母死应解官，诈言余丧不解者，徒二年半。"（《唐律疏议·诈伪》）官员遇父母丧，要解除现任官职，回家守丧。如果在父母死后，诈称其他人死而不解官回家守丧，构成犯罪，处徒二年半。

第二，释服求仕。守丧不满二十五个月，释服从吉，出来任官的，为释服求仕，处徒三年。

第三，冒哀求仕。守丧已满二十五个月，未满二十七个月，禫制未除，出来任官的，为冒哀求仕，处徒一年。（《唐律疏议·职制》）以后的宋元明清各朝，沿用不改。

三、守丧时间问题

从上面的情况来看，乙龙虎回家为父亲守丧，是法律的硬性要求，否则要受到法律制裁。当时，为父母守丧，时间是三年，所谓"三年之丧"。为什么乙龙虎将军回家为父亲守丧，只请了二十七个月的假呢？

丁忧守丧名为三年，实际不是真正的三年。

孔子设计这一学说时是三年，后来，西汉经学大师戴德、东汉经学大师郑玄，将丁忧守制的时间由三年缩短为二十七个月。三国时的经学大师王肃又提出丧期为二十五个月。此后，经两晋、南北朝到隋朝，两种说法争论不已，国家法律也时有变动。有时按二十五个月，有时按二十七个月。比如两晋，礼制规定就是二十五个月。因为王肃身为司马昭岳父，而晋朝又是司马氏建立的，所以王肃注释的经学，在魏晋时期被称作"王学"，成为官学，其提出丧期为二十五个月的主张，也就成为两晋守丧的通制。常言道："朝中有人好做官。"对于学术而言，似乎也是相同的，那就是"朝中有人好做学问"，官大学问就大。到唐朝，经百官学者集体讨论，最后决定"二十七月终而吉，吉而除"（《通典》卷八十七）。守丧二十七个月成为定制，一直沿袭到清朝。

三年也好，二十七个月也罢，古人为父母守丧的时间，在今天看来，确实太长。那么在古代，法律之所以这样规定，有什么样的文化奥秘呢？可以从孔子与宰予对三年丧的辩论中看出一些道理。

　　宰予是孔子的弟子，"利口辩辞"（《史记·仲尼弟子列传》），能言善辩，口才不在子贡之下，孔子开始很欣赏他。一次宰予对孔子说："君子三年不为礼，礼必坏；三年不为乐，乐必崩。"（《论语·阳货》）意思是，君子如果三年不关注国家礼法，礼法必被破坏；不注重讲乐，乐制也一定被败坏。他提出"三年之丧，期已久矣"的观点，即守丧三年时间太长，守一年就够啦！摆出一副"吾爱吾师，吾更爱真理"的样子。

　　孔子听了很郁闷，说："父母刚死一年，你就穿好吃好，于汝安乎？"宰予说："安。"孔子说："君子在三年的丧期中，即使吃到好吃的，也食之无味；听到音乐，也不觉得快乐；住在华宅，也不安适。所以不忍心守一年。你要觉得心安，那就这样去做吧！"宰予走后，孔子感叹说："予之不仁也！"（《论语·阳货》）宰予真是一个不能将心比心的人。从此对宰予的印象极差。一次，宰予"昼寝"，即上课时打瞌睡，一向温柔敦厚的夫子，居然发飙大骂："朽木不可雕也，粪土之墙不可圬也！"（《论语·公冶长》）

　　孔子骂宰予，主要是他认为宰予不"仁"。所谓"仁"，按《说文解字》的说法："仁，亲也。从人，从二。"郑玄则说"仁"是"相人偶之道"，就是人与人相处的原则。简单地说，就是要将心比心，别人用什么心对待自己，自己就应该用什么心对待别人。"我爱人人，人人爱我。我害人人，人人必将害我。"父母对子女，无私奉献，孔子说："子生三年，然后免于父母之怀。夫三年之丧，天下之通丧也。"（《太平御览》卷二十四）孩子出生三年后，才能离开父母的怀抱，父母在这三年中尽心竭力无微不至地照顾孩子，在孔子看来，为父母守丧三年的做法是"天下之通丧"，是出于对父母的真挚感情，其基础就是"仁"。

四、乙龙虎的命运

丁忧守丧名为三年，实为二十七个月，所以乙龙虎的丧假就是二十七个月。在这段时间内，他应该怎样为父亲守丧呢？

守丧期间，孝子吃、住在父母坟前，要住草庐，睡草垫，枕土块，穿丧服，吃粗食。不喝酒、不吃肉、不洗澡、不剃头、不更衣，不能脱掉丧服，不能娶妻生子，不能从事娱乐活动。如果身上有伤或长了疮，可以洗澡；得了病，也可以适当吃点肉，以利于恢复身体，继续承担守丧义务。万一彻底垮掉，不能坚持到底，反而成了不孝。期满之后才能除服。

现代社会，有关守丧的风俗习惯还隐约可见。比如在农村，父母死后三年，为了表示家人的悲痛，不能贴喜庆的春联，而要改成悼念死者的对联。颜色也跟一般的春联不同。第一年用白纸，第二年用绿纸，第三年用黄纸，第四年丧服满才恢复用红纸，故白、绿、黄三色的对联俗称"孝联"。

乙龙虎为父亲守了二十七个月的丧，在延昌二年（公元513年）二月就回去上班了。按照上面讲到的经验，严格丁忧守丧的，能够升官，或得到社会好评。乙龙虎实实在在地守了二十七个月丧，说不定有好运在等着他哩！那么乙龙虎是否如愿了呢？

万万没想到的是，领军元珍当即上言指控他："案《违制律》，居三年之丧而冒哀求仕，五岁刑。龙虎未尽二十七月而请宿卫，依律结刑五岁。"（《魏书》卷十三）他不是守满了吗？为啥要告他呢？原来513年那一年刚好闰二月，乙龙虎就实打实算了两个月。然而礼制是闰月不能重复算，两个二月也只能算一个月。"自闻丧日起,不计闰,守制二十七月,期满起复。"这样算来,遇到闰月要守二十八个月,他应该在三月回去上班。你说冤不冤枉?

好在当时的三公郎中(相当于宰相秘书)崔鸿极力为他辩护,其辩护理由有二:

第一,乙龙虎不是贪图官位。冒哀求仕的立法原意,是用来惩治那些贪图官位而不尽孝道的人。"案三年之丧,没闰之义,儒生学士,犹或病诸。龙虎生自戎马之乡,不蒙稽古之训,数月成年,便惧违缓。原其本非贪荣求位。"(《魏书》卷十三)意思是,三年之丧,不算闰月,连好多儒生学士都搞不清楚。乙龙虎是个粗人,没读过啥书,加上经月累年,又害怕耽误了上班时间,也就赶忙回来了。其本意不是贪图官位,而是认识不足,相当于今天刑法理论中的疏忽大意的过失,对这样的行为,不应该严惩。

第二,守丧期间可以夺情起复。崔鸿说:"正如郑义,龙虎罪亦不合刑。"(《魏书》卷十三)意思是,按照郑玄解释的经义,乙龙虎不应被判刑。那郑玄解释的经义是什么呢?

郑玄解释的丧制是二十七个月,但是"禫中复可以从御职事"(《通典》卷一百)。"禫"是守丧期满时举行的祭祀典礼,祭祀完毕就脱去丧服,恢复正常生活。"禫中"即指守丧期内,也可以为国家做事。这条经义后来也演化为一项法律制度,叫作"夺情"。夺情又称"夺情起复",是中国古代丁忧制度的延伸,意思是为国家夺去了孝亲之情,可不必去职,以素服办公,不参加吉礼,尤其是武将,因职责特殊,战备紧要,多要夺情。唐代已经建立起较为完备的夺情起复制度,明代大学士张居正夺情案,颇为典型。

万历五年(1577年)九月二十六日,张居正父亲病死。当时张居正任首辅之职,事业如日中天,生怕一旦离去,他人谋其位,因此不想回家奔丧守孝。但他表面不便明说,暗中指使大宦官冯保出面挽留。十月二日，也就是张居正接到父亲死讯的一周以后，明神宗朱翊钧就明确地表示了自己的态度，在下发吏部的圣旨中写道："允许张居正夺情。"

张居正知道皇帝的态度后，就故作姿态上了一首《乞恩守制疏》，在叙述了一通父子人伦当守制的道理后，又说自己年纪只有五十三岁，"丁忧"的时间也不过是二十七个月，到那时，身体尚还康健，只要皇上不嫌弃，还可以为国家发挥余热，再召回任用。

朱翊钧再下圣旨："请强抑哀情，勉遵前旨，以不负我皇考委托之重，勿得固辞。"

张居正通过连日来的几辞几留，"夺情"心愿如愿以偿。后来翰林院编修吴中行等人反对张居正夺情。吴中行等人上了一道《因变陈言明大义以植纲常疏》，以为"夺情"既不近人伦情理，也不合义理法度。但是，反对派都被处以廷仗，斗争终于被镇压了下去。张居正"夺情"成功，自此，他也就变成了一个反面人物。《明史》载："居正自夺情后，益偏恣。其所黜陟，多由爱憎。左右用事之人多通贿赂。"

现在回到乙龙虎案，崔鸿说："正如郑义，龙虎罪亦不合刑。"按照"郑义"，乙龙虎是武将，也是可以夺情的，不应受到刑罚制裁。但其"匆匆之失，宜科鞭五十"，即守丧期间，太急于回来做官，改为鞭打五十下结案。(《魏书》卷十三)

五、文化分析

现代社会节奏快，为父母守三年丧已经没有社会基础了，相应的法律制度自然也不复存在。但这种制度背后所潜藏的文化理念——"仁"，仍值得人们深思。

幼小的时候，父母会为我们把暴风骤雨遮挡。

生病的时候，父母会为我们痛断肝肠。

当他们年老衰弱时，我们又能不能时时守候在旁？

当他们撒手人寰后，我们又能否时时想起他们的模样？

用他们对待我们的心去对待他们吧！这就是报恩。无论在封闭的农耕时代，还是在瞬息万变的信息时代，报恩永远是人类情感传承的主题，直到地老天荒。

第十三讲　宋江哭父案

今天我们以宋江哭父为例,来讲一讲古代的孝道法文化。

《水浒传》第三十五回说道:宋江叫清风寨一干人马去投梁山,自己和燕顺先行。来到一家酒店,遇着好汉石勇。石勇给宋江带来家书。

宋江接来看时,封皮逆封着,又没"平安"二字。宋江心里很是疑惑,连忙扯开封皮,信中写道:"父亲于今年正月初头因病身故,现今停丧在家,专等哥哥来家迁葬。千万,千万,切不可误!宋清泣血奉书。"

宋江读罢,叫声苦,不知高低,自把胸脯捶将起来,自骂道:"不孝逆子,做下非为,老父身亡,不能尽人子之道,畜生何异!"自把头去壁上磕撞,大哭起来。燕顺、石勇拘住。宋江哭得昏迷,半晌方才苏醒。

醒来后,就说要写封"备细书札",推荐大家先上梁山,自己要回去奔丧。书中写道:"宋江问酒保借笔砚,讨了一幅纸,一头哭着,一面写书。"

宋江哭父,确实有惊天地泣鬼神的势头。但宋江这个人本来就爱哭,《明容与堂刻水浒传》中评价说:"若夫宋江者,逢人便拜,见人就哭，自称曰'小吏小吏'，或招曰'罪人罪人'，的是假道学真强盗也，然能以此收拾人心，亦非无用人也。"❶就像"狼来啦狼来啦"的道理一样，人们就难以弄清他每次哭鼻子，是真哭还是假哭。

那么，宋江这一哭，是真是假呢？从感情的角度，我没有研究，也不敢做回答。但从法律的角度，可以说他这一哭是真的，是有法律依据的，是依法哭鼻子。因为中国古代讲究孝道，法律也充分加以维护。为父母哭丧，是孝的表现；不哭丧就是不孝，是一种犯罪，要受到法律的严厉制裁。下面我们来看一看古代的法律是怎样维护孝道的，对不哭丧的行为又是怎样进行处罚的。

一、何为"孝"

今天，恐怕很多人已经说不清"孝"的概念了，哪怕我们正在精心地照顾老人，也没想到这就是尽孝。因为现代法律告诉大家，那个叫作"尽赡养义务"。现实法律中的"责任""义务"等概念，冲淡了传统"孝道"的概念。"孝道"包含两方面，一是善事，二是利亲。

1. 善　事

这是精神层面的要求。《说文解字》写道："孝，善事父母者也。从老省，从子，子承老也。"《唐律疏议》写道："善事父母曰孝。"如何善事，可分两点：态度和行为。

态度上要做到恭敬。子夏问孔子，尽孝什么最难。子曰："色难。有事，弟子服其劳；有酒食，先生馔，曾是以为孝乎？"(《论语·为政》)什么叫色难？就是长期保持好脸色很难。这是一个态

---

❶ 施耐庵:《明容与堂刻水浒传》，上海人民出版社1973年版，第26页。

度问题。父母有事，帮他们干；有好吃好喝的，让他们先享用。你以为这样就能做到孝了吗？这还差得远啦，关键是态度要好。假如做儿女的下班回家，累得要命，父母卧病在床，说："我要喝水。"做儿女的把水端来，但沉着脸，把茶杯在老人面前狠狠地一搁，声色俱厉地说："喝吧！"这还能叫尽孝吗？恐怕只能叫尽义务。俗话说："久病床前无孝子。"所以尽孝最难的是"色难"，就是态度问题。态度上必须要恭敬，脸色要好看。

行为上要做到顺从。"孟懿子问孝，子曰：无违。"就是不要违背父母的意志，无违就是顺从的意思。就算父母有不对，也不要当面对着干。看到父亲抽烟，你一把抓过来就扔："医生说不能抽，抽烟伤肺，要得癌的！"看到父亲喝酒，又一把抢过来："医生说不能喝酒，伤肝！"这样，父亲虽然不伤肺伤肝，但恐怕要伤心啦！我不是说让他抽烟喝酒就好，而是说这样的方法欠妥。今天的人恐怕很难接受孝而且顺的观念。但想想《弟子规》中的教导："亲有过，谏使更。怡吾色，柔吾声。"这样做，效果肯定会更好。俗话说："天下没有不是的父母。"因此，中国的"孝"后面总跟一个"顺"字，就是要顺从父母。

有个不孝子，总是不听父亲的话，叫他向东偏向西，叫他向西偏向东。父亲临死前心想："这个不孝子，做事从来都跟我反起整，我要是叫他把我埋了，他肯定会把我扔进河里不管；我要是叫他把我丢进河里，说不定他倒会把我埋了。"就留下遗嘱说把自己扔进河里。儿子心想，我这一辈子都没听过父亲的话，现在他死了，我还是听一回吧，就把他父亲扔河里了。这是典型的不孝子，严重违背孝道。

2. 利　亲

这是物质层面的要求。《墨子·经上》说："孝，利亲也。"就是要让父母吃饱穿暖,在物质上给予最大限度的满足。

"孝有三:大孝不匮,中孝用劳,小孝用力。"(《大戴礼记·曾子大孝》)大孝就是啥都不缺,"博施备物";中孝为国家做贡献;小孝是出劳动力。

《二十四孝》中"行佣供母"的故事,就是这方面的典型。

江革,东汉时齐国临淄人,少年丧父,侍奉母亲极为孝顺。战乱中,江革背着母亲逃难,几次遇到盗匪,贼人欲杀死他,江革哭告:"老母年迈,无人奉养。"贼人见他孝顺,不忍杀他。后来,他迁居下邳(今江苏省徐州市睢宁县古邳镇),做雇工供养母亲,自己贫穷赤脚,而母亲所需甚丰。明帝时被推举为"孝廉",章帝时被推举为"贤良方正",任"五官中郎将"。

概括起来,孝道用四个字就讲清楚了:善事利亲。善事是高层次的孝,是精神层面的孝;利亲是低层次的孝,是物质层面的孝。孔子说利亲属于能养之孝,"至于犬马,皆能有养;不敬,何以别乎?"不恭敬与养阿猫阿狗无异。

二、违反孝道的犯罪

常言道:"不孝有三,无后为大。"除了不生儿子为不孝,还有两样是什么呢?一是"阿意曲从,陷亲不义",违背了上面讲到的"善事"的要求;二是"家贫亲老,不为禄仕",违背了上面讲到的"利亲"的要求。(《孟子·离娄上》《十三经注疏》注文)

违反孝道,构成犯罪。早在夏朝,就有不孝罪。《孝经》记载道:"五刑之属三千,而罪莫大于不孝。"

到了汉朝,关于不孝的法律规定,我们现在还能看到。《二年律令·贼律》记载道:"父母告子不孝,皆弃市。"

《二年律令》是吕后二年(公元前186年)颁行的法令。按照

这一律令，不孝罪是要判死刑的。所谓弃市，是死刑的一种执行方法。"刑人于市，与众弃之。"(《礼记·王制》)

汉武帝时，衡山王刘赐告他的太子刘爽不孝。刘爽与继母王后徐来闹矛盾。徐来想立自己的儿子为太子，经常在衡山王面前吹枕头风，说刘爽坏话。刘爽听说自己的生母是被徐来用巫蛊之术害死的，就对徐来做了三件不孝的事：一是酒后刺伤了徐来的哥哥；二是徐来的继母被人打伤，也怀疑是太子刘爽指使人干的；三是刘爽在一次饮酒过程中，想占徐来便宜。后来衡山王派人上告朝廷，"即上书反告太子爽所为不道弃市罪事"。公元前122年冬，刘爽"坐王告不孝"，被处弃市之刑。

汉代不孝罪的规定很笼统，只要是不孝，就要判死刑，没有具体的情节区分。后来，立法越来越完善。违背孝道的行为，根据情节轻重，定的罪名不同，量刑也不同。可分两大类：

1. 生前不孝的行为

第一，"恶逆"。殴打、谋杀祖父母、父母的行为，叫"恶逆"，处斩刑。

第二，"不孝"。控告、诅咒、骂詈祖父母、父母的行为，叫"不孝"，处绞刑。

斩、绞都是死刑，只是执行方法不同，轻重也不同。古人认为斩刑最重，绞刑次之。

第三，其他。祖父母、父母在世，子孙要分家单过的，叫"别籍异财"；不听长辈教育命令的，叫"子孙违犯教令"；不尽赡养义务的，叫"供养有阙"。

比如，宋神宗年间，王震对母不孝，隐瞒俸禄，"凡俸禄之入尽归其妻室，母不得而有之。饮食衣服，皆限量以给其母，母常有不足之恨"(《续资治通鉴长编·神宗元丰八年》)。就像今天，有些人的工资，在口袋里都过不了夜，全都交给老婆，至于给不给父母，给父母多少，坚决服从老婆大人的安排。但在那个年代，王震就被人上书弹劾，罪名就是"不孝"，情节就是"供养有阙"，应该处"徒两年"的刑罚，王震后来被开除公职。

2. 死后不孝的行为

死后不孝的行为主要有四种，量刑从杖一百到流二千里不等：第一种是听到父母死讯不哭的，叫"匿不举哀"。第二种是父母死后，在守三年（按法律计算，实际只有二十七个月）丧期间，儿子讨老婆、女儿嫁人的叫"居丧嫁娶"。第三种是为父母守丧期间出来做官，叫"冒哀求仕"。第四种是从事娱乐活动，叫"居丧作乐"。

死后不孝的四种行为中，处罚最轻的是"居丧作乐"，杖一百，最重的是"匿不举哀"，即听到父母死讯而不哭的。至此我们就明白了，宋江哭父不仅是感情之哭，更是法律之哭也，有着丰富的内涵：

首先是依法而哭。《唐律疏议》中规定："父母之丧，创巨尤切，闻即崩殒，擗踊号天。"宋代法律基本沿袭唐律。所以捶胸顿足地哭、呼天抢地地哭，是法律的要求，是必须的。宋江也是这样做的。这一法律规定，直接来源于儒家经典——礼。"奔丧之礼：始闻亲丧，以哭答使者，尽哀；问故，又哭尽哀。"（《礼记·奔丧》）奔丧的礼是这样的：刚听到父母的死讯，就要用哭来回答放信的人；哭得差不多了，再问父母是为什么、怎么样去世的；问完又哭，哭得差不多了，就赶紧去奔丧。所以《水浒传》中说，宋江是"飞也似独自一个去了"。回到家里才知道，父亲并没死，是故意写信骗他回家的。

其次是不哭犯罪。匿不举哀，要判处流放两千里的刑罚，这是唐宋法律中的通行规定。"诸闻父母若夫之丧，匿不举哀者，流二千里。"(《唐律疏议·职制》)封建刑罚共有五种，即死、流、徒、杖、笞，分二十个等级，斩刑第一，绞刑第二，第三就是流放两千里。

最后是矫枉过正。为什么听说父母死讯不哭是犯罪呢？为什么父母死后，还要遵守这么多苛刻的法律规定呢？因为人类的感情始终是下倾的，父母念子女的多，而子女念父母的少。子女下午不回家，父母就会"倚门而望"；傍晚不回家，父母就会"倚闾而望"。(《战国策·齐策六》)古往今来，都是儿行千里母担忧。为了唤起子女对父母的感恩之心，必须使用法律手段。孔子曰："由也事亲，可谓生事尽力，死事尽思者也。"(《太平御览》卷五十三）就是这个道理。常说"永垂不朽"，就是人死了有后人哀悼思念，后人死了还有后人哀悼思念。"亦使后人而复哀后人也。"(《阿房宫赋》)

后来，明朝开国皇帝朱元璋觉得这条规定太过分，改为杖六十，徒一年。

三、孝道法文化对当代的启示

对待孝道，当代法律和古代法律相比，主要有两点不同：

第一，调整范围不同。今天法律似乎只调整"利亲"层面，要求子女对父母尽赡养义务。至于态度好不好，给没给父母气受，骂没骂父母，这属于道德范畴，法律不管。古代法律既要调整"利亲"层面，更要调整"善事"层面，管得宽些。

第二，调整手段不同。今天法律多用民事手段来调整父母子女关系，不尽赡养义务，可以通过民事诉讼追索赡养费。只有在这种行为发展到"情节恶劣"时，才能追究行为人的遗弃罪，才能用刑罚来调整。《刑法》第261条规定："对于年老、年幼、患病或者其他没有独立生活能力的人，负有扶养义务而拒绝扶养，情节恶劣的，处五年以下有期徒刑、拘役或者管制。""情节恶劣"主要是指由于遗弃造成被害人重伤、死亡等严重后果。古代法律对违反孝道的行为，都用刑罚来调整，上至死刑，下至杖一百。而且违反孝道的犯罪，从隋唐开始进入"十恶"罪，犯这些罪的人在大赦时是不能被赦免的。所谓"十恶不赦"，今天看来只是成语，但在那个时候是法律原则。可见古代法律管得严些。

　　古代法律管得宽、管得严，所以孝道能在几千年历史中得到很好的维护。当代法律管得窄、管得松些，主要是缩小法律的打击面，以利于保障自由、人权。为了让更多的人把孝当作一种法律义务，把孝当作一种感恩之心，应该从传统的孝道法文化中汲取优良成分，取其精华，为建设和谐家庭与和谐社会服务。

第十四讲　郭立桢枪杀堂兄案

这一讲介绍清朝郭立桢枪杀堂兄的案例，通过它来分析受孝道思想影响而形成的存留养亲制度。

一、案情简介

清朝道光二年（公元 1822 年），直隶省的乡民郭立桢与堂兄郭立陇因收购棉花发生争吵，闹了矛盾。一天晚上，郭立陇喝醉酒后，路过郭立桢家，站在门口大肆辱骂郭立桢的母亲薛氏。薛氏一看是同族的侄子，竟敢辱骂长辈，便大声斥责。没想到郭立陇竟然动手要打婶婶薛氏，吓得薛氏落荒而逃。郭立陇还不罢休，拿起砖块继续追打薛氏。

正在危急之时，恰好郭立桢巡夜回来，看到母亲被人追打，便扬起手中巡夜用的铁手铳（就是火枪）对郭立陇说："你再敢追打，我就开枪。"郭立陇此时酒劲儿正浓，哪里停得下来，就继续追打，还将薛氏额头打伤，血流如注。打架斗殴，不见血倒还罢了，一旦见血，受害方就会忿急。郭立桢开了枪，打在郭立陇的肚子上，致其身亡。

一桩杀人案件就这样发生了。郭立桢与郭立陇系小功序列的堂兄弟。按照清朝的法律，杀死小功兄长是以下犯上，违反了家庭伦理，比一般人之间的杀伤行为要严重得多，量刑从重。所谓小功，就是"五服"这一亲属范围中的第四等，五服分别为斩衰、齐衰、大功、小功、缌麻，小功兄长就是排在第四序列的堂兄。这样说恐怕大家还是难以弄明白，再换个角度来说，小功兄长就是由同一曾祖父母生的堂兄。小功堂弟杀死小功兄长，应判"斩立决"，相当于现在的死刑立即执行。

二、存留养亲

直隶总督觉得，本案中，判处郭立桢斩立决，于情于理都说不过去，法官的良心也会受到谴责，于是以"亲老丁单"的理由上报刑部，即父母年在七十岁以上，家里就这么一个独子，请求对郭立桢适用"留养"，免除死罪。那么什么是留养呢？为什么适用留养就不必判死刑了呢？

"留养"全称为"存留养亲"，即罪犯父母年老，一般规定是七十岁以上，罪犯本人是独子，一旦处死刑或处流刑，则年老的父母没人赡养，在这种情况下，可以暂时不执行死罪或不流放，让他在家赡养老人，父母去世后，再执行原来的刑罚。在不同时代，法律的具体规定也有不同。

存留养亲最早成为固定的法律制度，是在南北朝时的北魏。太和十二年（公元488年），孝文帝下诏："犯死罪，若父母、祖父母年老，更无成人子孙，又无期亲者，仰案后列奏以待报，著之令格。"（《魏书》卷十六）所谓"著之以格"，就是将存留养亲用"格"的形式确立为一种固定的制度。格在当时是一种法律形式，相当于今天的单行条例。

为了便于记忆，我们分解一下这一制度：

1. 适用条件

（1）祖父母、父母年老。老到什么程度呢？一般是在七十岁以上。

（2）罪犯是独子。

（3）祖父母、父母没有"期亲"，即没有同辈的兄弟可以依靠。

同时具备这三个条件，才能适用存留养亲。

2. 适用方法

（1）罪犯所犯是死罪，"具状上请"。上请就是通过层层上报，请示皇帝，最后看是否给罪犯减刑。对此，皇帝有两种处理方式：一是不减刑，仍然判死刑，等罪犯回家赡养老人百年归世后，再执行死刑；二是减刑，免去罪犯死刑，改为流刑。

（2）罪犯所犯是流罪，"流者鞭笞，留养其亲，终则从流"。被判处流刑的，或者由死刑减为流刑的罪犯，先鞭打一顿，然后允许其回家为父母养老送终，之后再执行流刑。流刑之所以也要留养，是因为古代交通不便，信息闭塞，一旦流放，罪犯便如泥牛入海无消息，无法承担起为父母养老的义务。

存留养亲制度从北魏开始形成，到唐朝得到了进一步完善。从此以后，宋元明清历代法律中都有这一制度。需要特别注意的是，清朝以前的存留养亲，是一种刑罚延期执行制度，罪犯为老人养老守丧后，还得继续执行原刑罚，该杀的就杀，该流放的就流放，不能彻底免除刑罚。到了清朝，则变成了一种永久性减刑制度——"留养承祀"（《大清律例·名例·犯罪存留养亲》）。

被判留养承祀的，老人死后，原来判死刑的，也不再执行死刑了；原来判流刑的，也不再流放了。只是判死刑的，要改处枷号两个月、责四十板、罚交银两（十两至五十两不等）；所犯为流罪或充军，改为"止杖一百，余罪收赎"，就是打一百杖，再缴些银子即可。为什么不再执行原来的刑罚呢？其目的就是要把罪犯留下来以便承担起传宗接代的任务，所以叫作"留养承祀"。通俗地讲，就是不要让父母没了后嗣、断了祖宗的香火，维护"不孝有三，无后为大"的思想观念。

3. 存留养亲与留养承祀的比较

存留养亲正是因调和忠与孝的价值冲突而产生的。汉代以来，儒家思想占据主导，忠孝等道德观念逐渐深入人心。但在司法实践中，忠孝难两全的事儿也经常碰到。一旦出现父母年老、罪犯是独子的案件，如果严格执法，罪犯该杀就杀、该流放就流放，那么虽然体现了对法律的忠诚，体现了对君主的忠诚，但必然会导致老无所养的残酷现实，孝就得不到体现。如果不严格执法，罪犯该杀的不杀，该流放的不流放，让他回家赡养老人，那么虽然体现了孝，但法律的权威性和严肃性又遭到了破坏，忠又得不到体现。

存留养亲的出现，调和了忠孝之间的矛盾。对罪犯暂不执行死刑或暂不流放，让他们回去为父母养老，体现了"孝"；同时，等罪犯为父母养老送终后，没有被皇帝赦免死罪的还得执行死刑，改判流刑的或者本身就被判处流刑的，仍然要流放，又维护了"忠"。正是这种特点使它有了顽强的生命力。所以著名法学家瞿同祖先生就说，存留养亲是"为养亲老而非为姑息犯人"的，是"以孝为出发点"的。❶

存留养亲到清朝演变为留养承祀，由以前的刑罚缓期执行制度发展成永久性减刑制度，弊端就显现出来了。一是打击力下降。有的人仗着自己是独子，法律难以治他死罪，就为非作歹。二是诱惑

---

❶ 瞿同祖：《中国法律与中国社会》，中华书局1981年版，第64页。

力增强。有的人犯了死罪,虽不是独子,却篡改户籍,层层作假,以蒙骗手段获取留养。清朝道光八年(1828年),广东归善县林一溃犯罪,被判绞刑,为了活命,他暗中示意他的弟弟林亚正贿赂邻居和地方保甲"捏报单丁",即在户口本上造假。林家本有兄弟四五人,捏造作假后,把林一溃说成是独子,申请留养承祀,竟然获得了批准。幸好后来被查出实情,林一溃仍然被按照原来的判决定罪,处以绞刑。(《宣宗道光实录》)

如果说存留养亲是调和忠孝冲突的产物,尚有一定的合理性,那么,留养承祀则是孝的观念无限膨胀的结果,体现了"不孝有三,无后为大"的传统观念对法律的冲击,实属弊大于利。因此,在清末法制改革的浪潮中,留养承祀被彻底废除。

三、实施状况

郭立桢用火枪打死堂兄郭立陇,直隶总督为他申请存留养亲。那么,这一申请能否得到上级的认可,能否得到朝廷的批准呢?我们还是先来看一下存留养亲制度在历史上的执行情况。一般来说,符合存留养亲条件的罪犯,是可以被批准留养的,但这绝不等于所有符合条件的罪犯都可以留养。实践中一般会从以下三个方面来把握。

1. 犯罪的性质

性质、情节恶劣,即便合乎程序条件,也不准留养。就在北魏确立存留养亲制度约三十年后,河东郡(今山西省永济市东南)发生了一桩投毒案,罪犯李怜生被判死刑。他母亲诉称:"一身年老,更无期亲,例合上请。"在地方州府审理过程中,李怜生的母亲就死了。于是"州断三年服终后乃行决",即等李怜生为母亲守完三年丧再执行死刑。案子上报朝廷后,遭到了主簿李玚的强烈反对,认为投毒是重罪,"毒杀人者斩,妻子流",这种犯罪,手段十分恶劣。"计其母在,犹宜阖门投畀",即便他母亲在世,也应当流放他的家人,何况他母亲现已去世,怎能给他三年守丧的时间,让其苟活于人世呢?"可依法处斩,流其妻子。"李玚的意见得到了朝廷采纳,皇帝下诏将李怜生即时正法,不予留养。(《魏书》卷十六)

这个案例说明,并不是所有符合条件的罪犯都可以留养,还得看他犯的什么罪。唐宋时期规定十恶犯罪不准留养。十恶是严重违反纲常伦理的十种重罪,不能存留养亲。明清时期规定更为严格,除了十恶犯罪,杀人、强盗、窃盗、犯奸等二十几种犯罪,都不得申请留养。

2. 罪犯的品行

存留养亲的目的是弘扬孝道,所以罪犯本身如果是个不孝顺的人,也不能留养。

金朝世宗时,邓州人范三因与人发生争斗而杀人,应当判处死刑,因"亲老无侍",即父母双亲年老,没有其他儿子可以依靠,尚书省奏请存留养亲。皇上下诏批示说:"在丑不争谓之孝。"这是《金史》中的一句话。"丑"是"众"的意思,在众人面前不要争斗,才是孝。如果逞凶斗狠、不计后果,不考虑老人有没有人养的问题,就是不孝。范三"以一朝之愤忘其身,而有事亲之心乎?"这种以一时之愤而杀人的人,没有孝养父母之心,既使存留,也与没有儿子差不多。"可论为法",不能留养。(《金史·金世宗纪》)

清代条例特别规定,属以下情况的犯人不能留养:第一,"凡留养之犯在他省获罪,审系游荡他乡远离父母者,即属忘亲不孝之人,虽与例相符,但不准留养"。这种游荡他乡的人,既不是来经商、求学,又不是来考公务员,根本没有孝心,因为"父母在,不远游"。第二,"凡曾经忤逆犯案及素习匪类,为父母所摈逐者,虽遇亲老丁单，概不准留养"。这两条规定把平时不孝的人群排除在留养的范围之外。

3. 被害人的状况

《大清律例》"犯罪存留养亲"条规定，如果被害人有父母、又是独子，则加害人不准留养。你杀害了别人的独子，哪怕你也是独子，也得死！以体现法律的公平精神及对受害者一方的精神安慰。

如果罪犯与被害人是五服以内的亲属，属于亲属相犯，一般不准留养。例如，《刑案汇览》中记载了这样一个案例：李安置与李安定是缌麻服兄弟，李安置为堂弟，李安定为堂兄。李安定的弟弟是个惯偷，李安定又管不住他，有一天，李安置就向李安定抱怨，指责他没尽到一个长兄的责任，两人发生争吵抓扯，李安置被李安定抱住右腿，挣不脱身，举足就踢，致伤胸膛殒命。李安置的祖母石氏及父亲李景尧均双目失明，"仅该犯一子，家无次丁"，申请留养。而此案的处理结果是"李安置依议应斩，着监候秋后处决"。从这里可以看出，家族中发生以下犯上的命案，罪犯是不准留养的。

四、结　局

综合上面的情况来看，郭立桢用火枪打死小功堂兄郭立陇，虽然母亲年在七十以上，自己又是独子，符合申请存留养亲的条件，但在实践中却有着极大的障碍，很可能小命不保，因为上面第三种情形讲到，五服内亲属以下犯上、以卑犯尊的，不一定能批准留养，李安置打死了缌麻辈堂兄李安定，就没有被允许留养。在五服中，缌麻辈是隔得最远的亲属了，郭立桢与郭立陇是小功辈堂兄弟，比缌麻辈还要近，可以推想，要获得批准是相当难的。那么，对于他的留养申请，中央刑部究竟同意了没？且看刑部的态度。

刑部官员一致认为，郭立桢救亲情切，对其处罚不应"拘泥服制"。如将该犯判处斩立决,"是竟置救亲情切于不议,似未允协",应照"情可矜悯之例"判决,请皇帝对其从轻发落。本案郭立桢打死郭立陇,是因为要救他的母亲。如果眼看母亲处于危险之中而不救,是不孝。机械地按照《大清律例》中"斩立决"的规定下判,不合情理,应该依照"情可矜悯之例"来下判,如此才能做到合情合法。这种思路,用现代刑法的防卫理论也能解释通。正当防卫明显超过必要限度,造成重大损害,是防卫过当。按照《刑法》第20条第2款的规定,对防卫过当,"应当减轻或者免除处罚"。之所以对防卫过当的行为要减轻刑罚,考虑的正是情理因素。客观来讲,正当防卫是在面临不法侵害的直接攻击之下而作出的举动,形势危急,行为人情绪紧张,很难做到恰如其分,确属"情有可原"的情况。古代社会,没有像今天这样完整的刑法防卫理论,只能运用"情可矜悯"的情理因素来具体案件具体分析。

最后,道光帝批示:郭立桢由斩立决改处斩监候,并因其母年迈,准予存留养亲。

郭立桢打死堂兄一案,以存留养亲的方式结案,这意味着郭立桢只需要枷号两个月、打四十大板,最多再给郭立陇家出五十两银子,就可以保住性命了。

存留养亲制度在中国历史上延续了一千四百多年,可见儒家提倡的孝道文化对法制的影响是巨大而深远的,这种影响,既有积极的,也有消极的。这一制度虽然已不复存在,但它给我们的启示却很多,那就是法制建设绝不能闭门造车,也不能按图索骥,而必须关注中华传统法律文化。只有建立在民族文化基石上的法制,才具有鲜活的生命力和良好的社会效果。

附 录

附录一　新时代"德法合治"方略的哲理思考

　　法学问题归根结底是一个哲学问题。通常情况下,法学解决的是"是什么"的问题,哲学解决的则是"为什么"的问题。任何法律制度的出台,法学都有责任对其"是什么"的命题作出回应。然而,为什么会有这样的规定,这样的规定合不合理,有没有可行性,如此等等的问题,则需要通过哲理分析来解答。中共十八届四中全会作出全面推进依法治国的决定,并确立了"坚持依法治国和以德治国相结合"的原则,党的十九大报告再度重申了这一原则。2018年两会期间,习近平总书记参加十三届全国人大一次会议重庆代表团审议时,又专门强调"要既讲法治又讲德治,重视发挥道德教化作用,把法律和道德的力量、法治和德治的功能紧密结合起来"❶。

　　从学术史的意义上考察,法治与德治的关系,是法学理论研究不可回避的重大命题。主张二者的结合,乃是一种法律思想,是

---

❶ 何民捷:《既讲法治又讲德治——学习习近平同志参加重庆代表团审议时关于法治与德治的重要论述》,《人民日报》2018年3月16日,第7版。

习近平新时代中国特色社会主义思想的重要组成部分，更是一种治国理政的策略。为了讨论的集中和深入，可称之为新时代"德法合治"❶方略。正如著名法学家张文显先生所说："法律与道德、法治与德治的关系是中外法学史上的恒久话题。"❷自2013年以来，习近平总书记对此进行反复和深刻论述，"突破了法治、德治水火不容的传统思维定式，阐明了一种现代法治和新型德治相结合的治国新思路。按照这种新思路，法治和德治相结合就是治国的必然之道"❸。那么，在新时代推进全面依法治国的进程中，法治与德治为什么要结合？怎么样结合？二者的结合有什么样的文化基础？正是亟待回答的时代话题。笔者不揣深浅，谈几点见解，以就教于方家。

---

❶ 学界对此有多种提法，如"德法合治""德法共治""德法并举""德法并治""德法兼济""德法兼治""法德结合""法德并济""法德一体"等，可谓灼见纷呈、各有其理。参见张晋藩：《论中国古代的德法共治》，《中国法学》2018 年第 2 期；周永坤："德法并举"析评——基于概念史的知识社会学视角》，《法学》2017 年第 9 期；孙伟：《法治中国建设与"德法合治"的思想渊源》，《重庆社会科学》2017 年第 12 期；王伟：《法德并济：社会治理的最优选择》，《齐鲁学刊》2015 年第 6 期。为了让更多学者在同一层面讨论此问题，以利于研究的纵深，统一使用同一种提法，或许效果更佳。2014 年 10 月 13 日，习近平总书记在中共中央政治局第十八次集体学习时指出："礼法合治、德主刑辅，……这些都能给人们以重要启示。"且十八届四中全会决定和党的十九大报告对此的表述是"坚持依法治国和以德治国相结合"，强调的是一个"合"字。故笔者以为，"德法合治"的提法更能反映其历史脉络和时代特征。
❷ 张文显：《治国理政的法治理念和法治思维》，《中国社会科学》2017 年第 4 期，第 64 页。
❸ 张文显：《治国理政的法治理念和法治思维》，《中国社会科学》2017 年第 4 期，第 65 页。

一、新时代"德法合治"的必然性

任何民族都无法割裂自身的历史。以"守正出新"的哲学思维观之,一个民族只有坚守住自己的历史传统和文化正根,才能在时光延续中获得历久弥新的生命力。正如习近平总书记2014年在中共中央政治局第十八次集体学习时所指出的那样:"要治理好今天的中国,需要对我国历史和传统文化有深入了解,也需要对我国古代治国理政的探索和智慧进行积极总结。"❶梳理中国数千年治国理政的实践状况可以看出,道德与法律、德治与法治的关系,诚如《三国演义》开篇所言:"话说天下大势,分久必合,合久必分。"德与法在历史上也经历了两次大的合与分(表1)。

表1 历史上德与法的合分情况

序　次	时　间	治理模式	特　征	状　态
第一次	夏商周	礼乐之治	德法混同	合
	春秋战国秦	法·律之治	德法分离	分
第二次	汉—清	礼法之治	德法合治	合
	清末以来	法治	依法而治	分

总结其中的经验教训,可以发现一个规律:德法合的时候,治理效果相对较好,有利于国家的长治久安;德法分的时候,治理效果相对较差,会引发道德情理与法律规定相冲突的问题。两害相权取其轻,两利相权取其重,比较可知,只有选择德治与法治相结合,才符合中国历史发展的规律。故当下的"德法合治"方略,具有历史必然性。兹次第论证之:

---

❶《习近平:牢记历史经验历史教训历史警示 为国家治理能力现代化提供有益借鉴》,人民网,http://jhsjk.people.cn/article/25827156,最后访问日期:2023年3月27日。

（一）第一次德法合分及其得失

1. 夏商周：礼乐之治——合

早在夏商周时期，国家推行"礼乐之治"，是一种道德与法律相混同的治理模式，此为德法之间第一次合。这种合的状态，是自发形成的。

礼作为当时的行为规范，其内容包括吉、凶、军、宾、嘉五类，又有"经礼三百，曲礼三千"的说法。礼的运行往往与乐相配，故合称"礼乐"，用以调整国家政治军事和个人言行举止。违反礼的行为，则用刑来惩治，"礼之所去，刑之所取，失礼则入刑，相为表里"❶。礼的性质，既不是我们今天所说的单纯的法律，也不是单纯的道德。所谓"道德仁义，非礼不成。教训正俗，非礼不备。分争辨讼，非礼不决。君臣上下，父子兄弟，非礼不定。宦学事师，非礼不亲。班朝治军，莅官行法，非礼威严不行。祷祠祭祀，供给鬼神，非礼不诚不庄"❷。可见当时的礼，涉及法制、道德、教育、军事、祭祀等多方面，既用来解决纠纷，具有法律的性质，又可以拿来教化民众，具有道德的特征。近代著名学者严复在翻译西方启蒙思想家孟德斯鸠的《法意》时说："西人所谓法者，实兼中国之礼典。"❸又可知礼兼具西学意义上的道德与法律双重含义。

礼乐之治作为中国早期的治国理政模式，其主要特征表现为道德和法律相混同。其与今日之情形迥然不同：有些领域归法律调

---

❶〔宋〕范晔撰：《后汉书·陈宠传》，〔唐〕李贤等注，中华书局1965年版，第1554页。

❷〔清〕孙希旦撰：《礼记集解》，沈啸寰、王星贤点校，中华书局1989年版，第8—9页。

❸〔法〕孟德斯鸠：《孟德斯鸠法意》（上册），严复译，商务印书馆1981年版，第7页。

整，有些领域归道德约束，二者各自为阵，道德和法律是分开的。考诸世界其他民族，第一个阶段的治理模式都具有相同的特征。如希腊、罗马，最开始的社会控制手段，就是道德、宗教和法律的混同物，日本著名法学家穗积陈重将其命名为"礼"，道德和法律也是合二为一的。❶发展到一定阶段，法律才从这一混同物中独立出来，出现道德与法律分离的现象。

2. 春秋战国秦：法·律之治——分

及至春秋战国时期，社会动荡、秩序大乱。"弑君三十六，亡国五十二，诸侯奔走不得保其社稷者不可胜数。"❷以前的礼遭到了全面的破坏，出现"礼崩乐坏"之局面，礼失去其应有的秩序构建功能。如何治理国家和社会，诸子百家，各异其说。儒家主张德治。孔子曰："为政以德，譬如北辰，居其所而众星共之。"❸法家主张法治，提倡"以法而治""垂法而治""缘法而治"。❹值此群雄"争于气力"❺的乱世，战火频仍，儒家思想不受青睐，法家理论得其时运，大多数诸侯国都依循其思路进行法制改革，将以前用来保障礼施行的刑罚，从礼当中抽出来，做成专门的刑书、刑鼎，用以治国。

公元前536年，法家先驱郑国子产将国家的法律条文铸刻在彝器（青铜做的礼器）上，并向老百姓公布，史称"铸刑书"。公元前513年，晋国进行了改革，赵鞅向民众征收一鼓（480斤）铁，铸了一个铁鼎，将刑书的文字刻在鼎上，公之于众，史称"铸刑鼎"。其他诸侯国也进行了类似的改革。到战国时期，法家鼻祖李

---

❶〔日〕穗积陈重：《祭祀及礼与法律》，岩波书店1928年版，第199—200页。
❷〔汉〕司马迁撰：《史记·太史公自序》，中华书局1982年版，第3297页。
❸〔清〕刘宝楠撰：《论语正义》，高流水点校，中华书局1990年版，第37页。
❹蒋礼鸿撰：《商君书锥指》，中华书局1986年版，第61、130、137页。
❺〔清〕王先慎撰：《韩非子集解》，钟哲点校，中华书局1998年版，第445页。

悝（公元前455—公元前395年）在魏国主持变法，他在搜集、整理各诸侯国公布的刑书、刑鼎的基础上，编纂了《法经》，包括《盗法》《贼法》《囚法》《捕法》《杂法》《具法》六篇，于是一种崭新的行为规范——"法"登上了历史舞台。约在公元前4世纪中叶，商鞅以李悝《法经》为蓝本，根据秦国的实际国情进行法制改革。《唐六典》称："商鞅传《法经》，改法为律。"之所以改法为律，要义有二：其一是强调法律的稳定性，法律一旦制定，不能轻易改变；二是强调统一适用性，"所谓一刑者，刑无等级，自卿相、将军以至大夫、庶人，有不以王令、犯国禁、乱上制者，罪死不赦"❶。

当法或律出现以后，以前的礼被抛弃，不再用国家强制力来保障实施，转由社会舆论、良心自律进行约束，礼遂变成了道德。道德与法律由此分开。

综而论之，德法之合与分，其利弊自明。夏商周推行礼乐之治，礼作为社会行为规范，既有道德属性，又有法律特质，虽然存在着道德法律混同不清、礼制等级森严等缺陷，但与华夏先民的生活生产有着天然的契合，在早期的国家治理中发挥了良好的功用。在其调整之下，夏朝维系了近500年（约公元前2070—约公元前1600年），商朝维系了500多年（约公元前1600—公元前1046年），西周维系了近300年（公元前1046—公元前771年）。所以孔子就说："殷因于夏礼，所损益可知也；周因于殷礼，所损益可知也。"（《论语·为政》）

春秋战国，以礼为统帅的道德与法或律分离，法治成为时代的最强音。及至秦灭六国，"海内为郡县，法令由一统"❷，奉行"专任

---

❶ 蒋礼鸿撰：《商君书锥指》，中华书局1986年版，第100页。

❷〔汉〕司马迁撰：《史记·秦始皇本纪》，中华书局1982年版，第236页。

刑法""纯任法治""弃礼任法"的治国策略。换言之，就是只讲法律，实行不顾道德的单纯法治，与今日之法治自不可同日而语。由于缺乏道德的指导、引领，秦法无视孝道伦理，父子之间不讲亲情，"借父耰锄，虑有德色；母取箕帚，立而谇语。抱哺其子，与公并倨；妇姑不相说，则反唇而相稽"❶，践踏夫妻义，强制夫妻之间相互告发犯罪。云梦秦简《法律答问》中记载："夫有罪，妻先告，不收。"秦朝奉行法家之法，与道德情理相违背，失去了民心基础，推行得越彻底失败得越快，故秦朝统治前后仅15年。

（二）第二次德法合分及其得失

1. 汉—清：礼法之治——合

汉初统治者总结前朝得失，发现韩赵魏三国信奉儒家德治理论，结果是"夫慕仁义而弱乱者，三晋也"❷。秦朝推行法家的法治理论，导致"仁义不施而攻守之势异也"❸，诚如司马谈在《论六家要旨》中所言："法家不别亲疏，不殊贵贱，一断于法，则亲亲尊尊之恩绝矣。可以行一时之计，而不可长用也。"❹最后也落得个二世而亡。可见单纯的法治或单纯的德治，皆有其弊端。通过汉初60余年"无为而治"的实践摸索，汉武帝采纳一代大儒董仲舒的"礼法并用、德主刑辅"主张，实行"罢黜百家，独尊儒术"。所谓礼

---

❶〔汉〕贾谊：《治安策》，载〔清〕吴楚材、吴调侯选：《古文观止》（上），中华书局1959年版，第238页。秦始皇采纳法家代表人物韩非的思想，"君之直臣，父之暴子也……父之孝子，君之背臣也"。将忠孝观念对立起来，不惜用法律来压制孝道伦理，导致家庭亲情淡薄。

❷〔清〕王先慎撰：《韩非子集解》，钟哲点校，中华书局1998年版，第273页。

❸〔汉〕贾谊：《过秦论》，载〔清〕吴楚材、吴调侯选：《古文观止》（上），中华书局1959年版，第233页。

❹〔汉〕司马迁撰：《史记·秦始皇本纪》，中华书局1982年版，第3291页。

法并用就是遵循以儒家德治思想为本、以法家的法治理论为用的思路，将以前被法律抛弃的礼重新引入到法律中来，实现二者的结合。故汉朝开始了"引礼入法"运动，魏晋南北朝时期礼法结合得到了进一步发展。到唐朝，形成了礼法合一的格局，一如《唐律疏议》所说："德礼为政教之本，刑罚为政教之用。"❶宋元明清基本沿袭这一治理模式，直到清末向西方学习，才有了质的变化。

在这一模式的治理下，中国形成了一以贯之的礼法社会，历史上出现了一个又一个的盛世，如汉武帝的文治武功，魏晋时的太康之治，南北朝的元嘉之治、太和之治，隋朝的开皇之治，唐朝的贞观之治、开元之治，宋朝的建隆之治、乾淳之治，明朝的永宣之治，清朝的康乾之治，如此等等。诚然，由汉到清这一历史阶段中也有战争和动荡，然而和平的时间和战乱时间相比，前者远远长于后者。尤其值得注意的是，即便是改朝换代，任何一个新的政权建立之后，无不立即回到以前固有的德主刑辅、明刑弼教的路子上，两千年来没有改变。正因如此，在长期的养育积淀中，形成了一系列优秀的文化传统，如以关羽忠烈千秋形象为代表的忠义文化，以《二十四孝》为典型的孝慈文化，以"人无信不立"为安身立业之道的诚信文化，以"礼之用，和为贵"为为人处世准则的礼让文化，以包拯、海瑞、于成龙等为榜样的清官文化，凡此种种，无论在过去还是现在，乃至将来，都是优秀的文化元素，都是值得提倡和发扬的。故清末大理院正卿张仁黼说："数千年来礼陶乐淑，人人皆知尊君亲上，人伦道德之观念，最为发达，是乃我国之国粹，中国法系即以此。"❷

---

❶〔唐〕长孙无忌等撰：《唐律疏议》，刘俊文点校，中华书局1983年版，第3页。
❷ 故宫博物院明清档案部编：《清末筹备立宪档案史料》，中华书局1979年版，第843页。

2.清末以来：法治——分

清末以来，我们向西方学习，走上了道德法律分而治之的道路，道德的问题由道德约束，法律的问题由法律调整。这种模式能够缩小法律打击面，有利于人权、自由的保障，亦利于立法技术的专精，推动了法律制度建设的进步。自1902年成立修订法律馆仿照西方修订新法至今，中国特色社会主义法律体系已经形成，使得我们的法制具有了现代化的格局，可以和世界接轨，此为学习他国先进法制经验带来的福祉。然则，之前的法律体系是移植而来的，有些领域不能与中国文化相适应，久而久之，难免会出现法律规定与道德情理相冲突的现象。

早在20世纪40年代，著名社会学家费孝通就意识到这一问题。一个男子因妻子偷人而打伤了奸夫，奸夫反而到县衙门控告本夫构成故意伤害罪。因为自近代以来，采用德法分治模式，通奸属于违反道德的行为，不再是法律问题。奸夫的行为虽然缺德，但不构成犯罪；本夫打伤奸夫，虽符合国人的常情常理，但侵犯了他人的人身权，为新法所禁止。"这些凭借一点法律知识的败类，却会在乡间为非作恶起来，法律还要去保护他。"❶合法不合理、合理又不合法，法律与道德的冲突已逐渐显现。

及至21世纪，道德与法律的冲突并没有随时间的流逝而消解，反而是愈演愈烈。大致可分两个层级：其一，有的行为明明违反了道德，却因为在法律上没有相应的规定，就有人干；其二，有的行为法律上虽有规定，但受到的惩罚很轻，而获取的利益更大，也会有人去干。道德与法律的分离导致出现了游走于二者边缘的投机主

---

❶ 费孝通：《乡土中国　生育制度》，北京大学出版社1998年版，第58页。

义现象,笔者曾痛斥其为"依法缺德"。❶

在家庭层面,由于孝道观念没有得到法律的有力维护,赡养费纠纷逐年增加,有的子女往往以"父母经济状况良好""父母在财产分配上不公""自己没有工作"等为由,拒绝对父母尽赡养义务。❷传统道德以"义"来调整夫妻关系,所谓"夫妇有义"。❸《礼记·中庸》记载的"义者,宜也",即行为之宜,就是看一个人的行为是否合宜,提倡夫妻之间既要重情,更要重义。近代以来的新法,以感情作为婚姻的基础,以感情破裂作为离婚的法定标准,这固然有其合理性,但由于其与传统"义"与"不义"的道德观念不相融合,很难被国人接受,以致有的人动辄以感情破裂、性格不合为由提出离婚,毫不顾及自己在家庭中的角色义务。民政部统计数据显示,离婚率自2003年以来连续14年递增,到2016年,民政部登记离婚和法院判决离婚的数据相加,一年有400多万对夫妻离婚。❹

在社会层面,"欠债还钱"乃中华民族数千年不变之道德,以前主要靠刑罚手段进行调整,打击力度大,诚信观念得到了较好的维护,近代向西方学习以后,奉行"民事行为不科刑"的法律观念,转由民事法律进行调整,这在很多国人看来根本不具备惩罚的性质,违法成本太低,以致违法失信行为越来越多,出现诚信危机。管子曰:"礼义廉耻,国之四维。"❺这些本属于公德层面的德行要

---

❶ 龙大轩:《法象万千:睡龙醒语录》,中国民主法制出版社2011年版,第6—11页。

❷ 参见《最高人民法院12月4日公布婚姻家庭纠纷典型案例》,最高人民法院网,http://www.court.gov.cn/zixun-xiangqing-16211.html,最后访问日期:2018年5月22日。

❸〔清〕孙希旦撰:《礼记集解》,沈啸寰、王星贤点校,中华书局1989年版。

❹ 杜万华:《弘扬核心价值观 促进家风家庭建设》,《西南政法大学学报》2018年第1期,第17页。

❺ 黎翔凤撰:《管子校注》,梁运华整理,中华书局2004年版,第11页。

求，在传统社会得到了较好的发展，时至今日却变得如雨后残红。据报道，广州一位六旬老人吴某在某景区游玩时，爬树偷摘杨梅不幸跌落，经送医院抢救无效身亡。吴某亲属认为某景区未采取安全防范措施，向景区索赔 60 多万元。法院判决被告某景区未履行告知危险的义务，承担 5% 的责任，赔偿 45096.17 元。❶ 如此无视社会公德的行为造成了危害后果，当事人家属还诉诸法院，最后居然还得到了法律的支持。以致有人在网上以"我死我有理"为题发文呼吁："如果这个赔偿判决没有纠正，社会道德将被法制拖向无底的深渊！"❷ 这正是近代以来德法分治带来的弊端。

（三）新时代"德法合治"方略的推出

总结历史上道德、法律两次合与分的经验教训，可以看到这样的规律：合则治理效果较好，分则治理效果较差。尤其是道德法律分而治之会导致德法冲突甚至"依法缺德"的现象，破坏人们对法律的信仰，致使法律制度因偏离普罗大众的常情常理而变得举步维艰。故坚持法律与道德、法治与德治相结合，是历史发展的必然选择。早在 2013 年 2 月，习近平总书记在中共中央政治局第四次集体学习时就指出："要坚持依法治国和以德治国相结合，把法治建设和道德建设紧密结合起来，把他律和自律紧密结合起来，做到法治和德治相辅相成、相互促进。"❸ 这无疑是总结几千年治国理政智慧

---

❶《老人景区摘杨梅坠亡 法院判景区担责 5%》，新浪网，http://news.sina.com.cn/s/2018-05-30/doc-ihcffhsv3348536.shtml，最后访问日期：2018 年 6 月 10 日。

❷《人民日报怒批：再不整治，会让整个社会道德倒退 50 年》，搜狐网，https://www.sohu.com/a/438959046_99906645，最后访问日期：2018 年 6 月 20 日。

❸《习近平在中共中央政治局第四次集体学习时强调 依法治国依法执政依法行政共同推进 法治国家法治政府法治社会一体建设》，人民网，http://jhsjk.people.cn/article/20583750，最后访问日期：2023 年 3 月 27 日。

而提出的具有承前启后意义的思想主张。2014年10月,党的十八届四中全会通过《中共中央关于全面推进依法治国若干重大问题的决定》,将法治与德治相结合由理论层面的思想主张落实为实践层面的治理方略。

纵观古今,如果说夏商周礼乐之治中道德法律相混同的治理模式是自发形成的,那么汉以后的礼法之治中道德法律相结合的治理模式,则是人为选择而成的。如果说清末以来学习西方道德法律分而治之的模式,是缺乏文化自信作出的不得已的选择,那么中共十八大以来作出的法治与德治相结合的重大决定,则是在文化自信基础上的自觉选择。它既是对悠久的历史文化传统的回归,又在新的历史时期有了新的含义,和传统的礼法之治治理模式相比较,有了新的发展,主要有两点值得注意。

第一,指导思想不同。传统的礼法之治以儒家思想为指导,而当代的法治与德治相结合的治国方略,则是以习近平新时代中国特色社会主义思想为指导。

第二,主次关系不同。传统的礼法之治提倡德主刑辅、明刑弼教,以道德教化为主,以刑法调控为辅。而在当代法治与德治相结合的治理方略中,法律与道德不存在主次之分,都是全面推进依法治国的两个方面。正如习近平总书记于2018年参加十三届全国人大一次会议重庆代表团审议时所强调的那样,法治和德治在国家治理中是一个问题的两个方面。

二、新时代"德法合治"的操作性

前述回答了法治与德治为什么要结合,这是个必然性的问题。那么,这两者该怎么样结合,则是操作性的问题。今日"结合"一词，在中国传统哲学中常表达为"和合"。❶《说文解字》曰："和，和调也。""和合"即以调和的手段达到结合的目的，主要包含两层含义：其一，世间万物、人间万象虽然各有不同，却可以调和起来；其二，这种调和不会使各物象改变其内在实质，在保留其自身特质的前提下与对象交织融合，从而获得更强的力量。相同事物的简单相加，则不能产生新事物，也不能发展，故孔子提出"君子和而不同，小人同而不和"❷。

道德、法律虽属不同事物，却可以和而不同。古人大都依循这一思路进行论证设计并付诸实践。董仲舒甚至还借用了阴阳五行理论来加以充实，"天道之大者在阴阳。阳为德，阴为刑"❸，既然自然界的阴与阳不能分离，人世间的德与刑也不应当分离，进而提出"礼法并用，德主刑辅"的法制原则，得到了当朝统治者的采纳和后世的沿袭。《唐律疏议》则将二者论证为"犹昏晓阳秋相须而成者也"❹，意思是，道德与法律就像白天和晚上构成一天、春夏和秋

---

❶ 始见于《墨子·尚同》篇。（吴毓江撰：《墨子校注》，孙启治点校，中华书局 1993 年版，第 109 页。）此后典籍，时有所论。《礼记正义·中庸》曰："情虽欲发，而能和合道理，可通达流行。"（《礼记正义》，〔汉〕郑玄注，〔唐〕孔颖达正义，吕友仁整理，上海古籍出版社 2008 年版，第 2037 页。）《汉书·公孙弘传》曰："百姓和合于下。"（〔汉〕班固撰：《汉书》，〔唐〕颜师古注，中华书局 1962 年版，第 2616 页。）21 世纪以来，学界常用"和合"概念来提炼中国传统文化之特质，既强调事物的普遍性，又承认事物的特殊性，反对以普遍性抹杀特殊性。

❷〔清〕刘宝楠撰：《论语正义》，高流水点校，中华书局 1990 年版。

❸〔汉〕班固撰：《汉书·董仲舒传》，〔唐〕颜师古注，中华书局 1962 年版，第 2502 页。

❹〔唐〕长孙无忌等撰：《唐律疏议》，刘俊文点校，中华书局 1983 年版，第 3 页。

冬构成一年那样不可分离。到明清时，推行"明刑弼教"❶的治理策略，虽然更加偏重刑法的作用，但依然将道德与法律相结合。

如果说传统的礼法合治是在阴阳和合的哲理支撑下完成的，那么，新时代的德法合治则应该在继承传统哲理的基础上，运用马克思主义唯物辩证法来展开，在法律与道德之间，既承认其各自的独立性，又重视二者的有机统一。可以说，2016年12月9日，习近平总书记在中共中央政治局第三十七次集体学习时的讲话，已经从哲理层面完成了德与法结合而治的论证与设计。

第一，承认不同点。习近平总书记说："法律是成文的道德，道德是内心的法律。"❷从哲学角度观察，法律与道德，本来就是两种不同的事物。法律是国家制定或认可的并以国家强制力保障实施的行为规范，具有刚性特征；道德则是人内心的良知，依靠社会舆论和内心评价来调整，具有柔性特征。正如马克思在《评普鲁士最近的书报检查令》一文中所说："道德的基础是人类精神的自律。"❸

第二，指出相同点。习近平总书记说："法律和道德都具有规范社会行为、调节社会关系、维护社会秩序的作用，在国家治理中都

---

❶ 朱元璋称："吾治乱世，刑不得不重。"（〔清〕张廷玉等撰：《明史·刑法志》，中华书局1974年版，第2283页。）在《明大诰》中不再提德主刑辅，转而强调"明刑弼教"，到清代亦大谈"以刑弼教"〔《清实录·康熙朝实录》卷九十〕，中华书局1985年版，第1133页〕，即用申明刑法的方法达到弼助道德教化的目的，所谓"刑罚立而教化行"。参见龙大轩：《关于"德主刑辅"法律思想的再思考》，《宁夏社会科学》1993年第4期。

❷ 《习近平：坚持依法治国和以德治国相结合 推进国家治理体系和治理能力现代化》，人民网，http://jhsjk.people.cn/article/28940092，最后访问日期：2023年3月27日。

❸ 《马克思恩格斯全集》（第1卷），人民出版社2006年版，第15页。

有其地位和功能。"❶二者都具有秩序构建功能。正如汉初贾谊所说："礼者禁于将然之前,而法者禁于已然之后。"❷道德通过事先教化的方式引人从善向善,自觉遵守社会秩序;法律通过事后惩戒的方式督促人不得不依规则行事,进而将自身行为纳入秩序的轨道中。两者作用的时间有先后,却共同服务于社会秩序的构建。

第三,论证结合点。习近平总书记说:"法律有效实施有赖于道德支持,道德践行也离不开法律约束。法治和德治不可分离、不可偏废,国家治理需要法律和道德协同发力。"❸一方面,法律离不开道德。只有用道德来指导引领,法律制度才能体达民众常情常理,从而成为良法。故新时代的法治,绝不是单纯的依法治国,而是用道德来滋养的法治。另一方面,道德也离不开法律。没有法律的保障和维护,再好的道德也难以得到提倡和发扬。故新时代的德治也不是单纯的以德治国,而是用法律来保障的德治。如果只关注到二者的不同,使其保持特殊性且各自为阵,法律的问题由法律调整,道德的问题由道德约束,其效果可能就是"1+1=2";如果关注到二者的共同性,使之协同发力,其效果可能是"1+1>2"。所以要重视德法合治。

习近平总书记的这一理论设计,为实践中法治与德治结合提供了有力的指导。细究"依法治国"和"以德治国"的提法,还能得

---

❶《习近平:坚持依法治国和以德治国相结合 推进国家治理体系和治理能力现代化》,人民网,http://jhsjk.people.cn/article/28940092,最后访问日期:2023年3月27日。

❷〔汉〕班固撰:《汉书·贾谊传》,〔唐〕颜师古注,中华书局1962年版,第2252页。

❸《习近平:坚持依法治国和以德治国相结合 推进国家治理体系和治理能力现代化》,人民网,http://jhsjk.people.cn/article/28940092,最后访问日期:2023年3月27日。

到更多的启示。说到法治则用"依",提及德治则用"以"。之所以使用不同的介词,背后蕴含着深意。法律作为一种行为规范,既有实体性的规范,又有程序性的规范,完全可以拿来照章办事,用一个"依"字足矣。而道德是一种内在良知,正如习近平总书记所说:"道德是内心的法律。"❶中国传统道德,有三德说、四德说、五德说、八德说等多种说法,❷不一而足,其中以"孝悌忠信礼义廉耻"的八德最具代表性。今日之道德,则以社会主义核心价值观为主要内容:富强、民主、文明、和谐、自由、平等、公正、法治、爱国、敬业、诚信、友善。古往今来之德,都是人内心的善良的认知,不像法律那样有成文的条条款款,不可能直接拿来照章办事,只有将其所蕴含的精神理念引入法治建设中,才能发挥治国理政的功能,所以需用"以"字。

党的十八大确立了法治建设的"新十六字方针":科学立法、严格执法、公正司法、全民守法。用道德滋养法治,就是将其运用到立法、执法、司法、守法这四个环节中,从而保证法治建设健康发展;用法律保障道德,就是在法治建设的各个环节都要体现中华传统美德、弘扬社会主义核心价值观,从而促使道德建设落到实处。

(一)法律制定层面的德法合治

古人云:"律设大法,礼顺人情。"❸这里的人情,非人之私情,

---

❶《习近平:坚持依法治国和以德治国相结合 推进国家治理体系和治理能力现代化》,人民网,http://jhsjk.people.cn/article/28940092,最后访问日期:2023年3月27日。

❷ 三德说:刚克、柔克、正直。参见〔清〕孙星衍撰:《尚书今古文注疏》,陈抗、盛冬铃点校,中华书局1986年版,第307页。四德说:礼义廉耻。五德说:仁义礼智信。

❸〔宋〕范晔撰,《后汉书·卓茂传》,〔唐〕李贤等注,中华书局1965年版,第870页。

乃人之常理常情，即对是非善恶最基本的心理判断。法律作为人为制定的规则，应当体现这种情理。在是非之间，保护正确的行为，反对错误的行为；在善恶之间，褒奖善的行为，惩治恶的行为。这样的法律，才能得到芸芸众生的信奉，形成法律信仰。故法律的立、改、废皆需要道德的指导引领，这一层面的德法合治主要可以从三个方面展开。

1. 重要领域的道德规范直接上升为法律

将道德领域中的重要内容直接上升为法律，学界称之为"道德法律化"。美国现代著名法哲学家博登海默亦有类似论述："那些被视为是社会交往的基本而必要的道德正当原则，在所有的社会中都被赋予了具有强大力量的强制性质。这些道德原则的约束力的增强，当然是通过将它们转化为法律原则而实现的。"[1] 当下社会，在法律制定层面推行德法合治，第一个环节就是将重要的道德规范转化为法律制度。譬如诚信道德，既是中华传统美德之一，又是社会主义核心价值观的重要内容，急需用法律对其进行支持维护。2015年11月1日开始施行的《刑法修正案（九）》，将组织考试作弊行为规定为犯罪，维护了公平诚信的道德底线。传统道德提倡"讲信修睦"，睦不但包括家庭内部的和睦，也包括社会意义上人际关系的和睦，与"和谐"这一社会主义核心价值观可以对接。2016年3月1日开始施行的《反家庭暴力法》，为防止家庭暴力，弘扬家庭和睦的传统美德与和谐的价值观，构建平等文明的家庭关系，提供了日臻完善的法律保障。凡此之类，皆为道德转化为法律之代表。

再譬如，传统道德中的忠义观念，强调民众对国家、民族尽忠诚义务，所谓"国家兴亡，匹夫有责"。这方面的道德与"爱国"

---

[1] ［美］E.博登海默：《法理学：法律哲学和法律方法》，邓正来译，中国政法大学出版社1999年版，第374页。

"敬业""富强""民主"的社会主义核心价值观可以互为诠释、互为补充。近年来，在西方价值多元理论的影响下，历史虚无主义错误思潮不断涌现，有些人以"学术自由""还原历史""探究细节"等为名，通过各种媒体歪曲历史，丑化、诋毁、贬损、质疑英雄烈士，使传统忠义观念受到质疑，亦使社会主义核心价值观受到冲击。2017年10月1日施行的《民法总则》，将"侵害英雄烈士等的姓名、肖像、名誉、荣誉，损害社会公共利益"的行为纳入法律调整范畴，并通过民事责任进行制裁。2018年4月27日通过的《英雄烈士保护法》，将歪曲、丑化、亵渎、否定英雄烈士的事迹和精神的行为，宣扬、美化侵略战争的行为，上升到刑罚制裁的高度。这对在全社会形成"家国天下"的民族大义，发扬惩恶扬善、见义勇为的道德风尚大有裨益。

2016年12月，中共中央办公厅、国务院办公厅印发《关于进一步把社会主义核心价值观融入法治建设的指导意见》，指出要"把社会主义核心价值观的要求体现到宪法法律、法规规章和公共政策之中，转化为具有刚性约束力的法律规定"。任何美好的道德，只有从"软性要求"转化为"刚性规范"，才能得到更好的提倡和发扬。在此意见指导下，一些重要的道德规范正逐渐转化为法律规范。

2.用道德改革逆情悖理的法律

当法律规定与道德情理发生冲突，则需要用道德来指导法律进行改革。习近平总书记曾说："没有道德滋养，法治文化就缺乏源头活水。"❶我的理解是，没有道德的引领，单纯的法治很可能走偏，就会出现一些不近情理的规定。前面述及秦朝"弃礼任法"，抛弃仁义道德，只讲法律治理，推行强制告奸之法，不分对象、无论亲

---

❶《习近平：加快建设社会主义法治国家》，人民网，http://jhsjk.people.cn/article/26310136，最后访问日期：2023年3月27日。

疏，搞得父子成仇、夫妻反目。这样的法律，悖逆了人的基本情理，不可能长久施行。

法律本应维护亲情，岂能强迫子女证明父母有罪，妻子检举丈夫犯法？汉宣帝于地节四年（公元前66年）下诏："父子之亲，夫妇之道，天性也。虽有患祸，犹蒙死而存之。诚爱结于心，仁厚之至也，岂能违之哉！自今，子首匿父母、妻匿夫、孙匿大父母，皆勿坐。其父母匿子、夫匿妻、大父母匿孙，罪殊死，皆上请廷尉以闻。"[1] 据此，三代以内的直系亲属相互包庇对方罪行，不追究法律责任；即便有特殊情节需要追究，当事人也可以享受"上请"的法律特权。这一刑法原则到唐朝发展为"同居相为隐"，后世历代沿用不改。之所以制定这样的法律原则，正是为了防止法律对亲情伦理的破坏，乃是用道德革新恶法的典范。

近代以来，我们仿行西法，法律的制定以平等为价值取向，对亲属成员与非亲属成员之间实际存在的伦理差异未做更多的考量。比如《刑事诉讼法》第62条第1款规定："凡是知道案件情况的人，都有作证的义务。"这一规定，从普遍性的角度考虑是正确的，但没有排除特殊性。如果知道案情的人是犯罪嫌疑人的直系亲属，他也得依照法律的强制规定去作证，进而出现子证父母、妻证丈夫一类的现象。例如，众所周知的2008年陕西"华南虎案"，被告人周正龙拍摄虚假的华南虎照片，骗取奖金2万元，因诈骗和非法持有弹药罪，被判有期徒刑3年6个月，决定执行有期徒刑2年6个月。这个判决固无不当，但周正龙造假过程以及用木制虎爪伪造老虎脚印的细节，是由其妻子和儿子指认的。这种逆情悖理的行为，严重冲击人类的道德底线。

---

[1]〔汉〕班固撰：《汉书·宣帝纪》，〔唐〕颜师古注，中华书局1962年版，第251页。

2012年刑事诉讼法第二次修正时,对这一法律规定引发的矛盾给予了关注:不指证自己的亲属犯罪,虽然符合道德要求,却违背了法律的规定,甚至可能会受到法律的制裁;指证亲属的罪行,虽然符合法律的要求,却会受到良心和舆论的谴责,不利于家庭关系的维系。必须对此做适当修改,方能缓解德法之间的冲突。❶ 2012年3月14日,第二次修正后的刑事诉讼法正式通过,其第188条第1款规定:"经人民法院通知,证人没有正当理由不出庭作证的,人民法院可以强制其到庭,但是被告人的配偶、父母、子女除外。"这就排除了直系亲属在法庭上指证对方有罪的可能性,避免法律对亲情的破坏,对维护和谐的家庭关系有一定的积极意义。但客观而言,这次修正尚有"犹抱琵琶半遮面"之感,因为在公安侦查阶段和检察院审查起诉阶段,面对司法机关的调查,亲属是没有拒绝作证的权利的。欲其有进一步完善,还需对我国古代法制建设在这方面的成功经验进行创造性汲取,使德法之间达到有机结合。

3. 用道德改良力度不足的法律

道德和法律本是不同的事物,用辩证的眼光观察:有些道德不必转化为法律,有些应当转化。有些道德得到法律支持后,可以有效解决相应的社会问题;有些道德虽得到了法律的支持,但如果力度不够,仍然难以应对相应的社会问题。经济交往中的诚信道德,就是一个显例。

历史上的诚信之德,既依赖道德教化的引导,更得益于法律制度的规制,尤其是刑法的调控。西周时期,不守诚信的债务人会被处以墨刑。唐宋以迄明清,对于不能遵守诚信原则的债务人,既要

---

❶ 原立荣:《亲属拒证权研究》,《内蒙古社会科学(汉文版)》2007年第3期,第29—32页。

判令偿还债务，还要处以笞、杖之刑，且拖欠时间越长量刑越重，最重可以判一年徒刑。❶在这样的法律体制下，违法失信者会付出沉重代价，所以诚信道德得到了较好的维护，进而形成"人无信不立，业无信不兴"的文化传统。

近代以来向西方学习，奉行"民事行为不科刑"的法律观念，法律进一步划分为刑事法律、民事法律。违反经济领域中的诚信道德，属于民事违法，不再是犯罪，只能用返还财产、支付违约金等民事责任方式来制裁。而返还财产本来就是应该的，支付违约金不过是给对方当事人一点利息罢了，这样的法律在某些人看来根本不具有惩罚性质。换言之，违法成本低而获取的利益大，于是经济交往中违法失信的行为越来越多，出现诚信危机。

针对这样的现象，习近平总书记在2016年12月就指出："要运用法治手段解决道德领域突出问题……要完善守法诚信褒奖机制和违法失信惩戒机制，使人不敢失信、不能失信。"❷党的十九大报告又强调要"推进诚信建设"。有了这样的思想指导，我们完全可以在立法层面作出与时俱进的调整。既然单一使用民事法律难以有效维护经济领域中的诚信道德，那么对某些债权债务关系明确且债务人主观上有恶性的民事违法行为，可以试点用刑法来调整。比如不对父母尽赡养义务的行为，在目前的法律体系中属于民事违法，赡养费纠纷在全国民事案件中的占比逐年增加，即便裁判之后，也往往不能顺利执行，对孝悌诚信一类道德冲击很大。借鉴历史上"供

---

❶〔唐〕长孙无忌等撰：《唐律疏议》，刘俊文点校，中华书局1983年版，第485页。

❷《习近平：坚持依法治国和以德治国相结合 推进国家治理体系和治理能力现代化》，人民网，http://jhsjk.people.cn/article/28940092，最后访问日期：2023年3月27日。

养有阙者,徒二年"❶的法治经验,对拒不赡养父母的行为人,可以直接追究其刑事责任。如此一转变,失信缺德的违法成本提高,诸如此类的纠纷将能化解于无形。

从理论上讲,按照发生原因的不同,债可以分为合同之债、侵权之债、不当得利之债、无因管理之债。现行法律制度中,不当得利之债就是用刑法调整,比如捡到别人的财物拒不归还,应当定侵占罪。既然如此,为什么其他债权债务纠纷不能用刑法来调整呢?既然"民事行为不科刑"的西式学说不能解决中国问题,为什么我们就不能突破这一理论桎梏呢?从实践来看,亦有先例可证。曾几何时,醉酒驾车被当作行政违法行为进行制裁,效果一直不好。自醉酒驾车入刑以后,将行政处罚改为刑事处罚,问题便迎刃而解,还刺激了一个新兴产业的出现——"代驾"。以此类推,对于维护道德但力度不足的法律,通过调整修改而加大处罚力度,才能使法治与德治相得益彰。

(二)法律实施层面的德法合治

法律实施层面的德法合治,实则为"法律道德化"的过程。法律制定后,应该在施行的过程中展现良好的道德观念,才能获得更广泛的民众支持。然而法律作为人为制定的规则,即使对道德做了最详尽的考虑与吸纳,也会因律条有限而情状无穷,在具体执行时难免会和道德发生冲突,故需要用道德来指导司法,以使案件处理符合人的常情常理,也需要通过司法活动来加强人们对良善道德的推崇与信奉。

当今,行政机关执行法律的活动称为执法,检察机关与审判机

---

❶〔唐〕长孙无忌等撰:《唐律疏议》,刘俊文点校,中华书局1983年版,第437页。

关适用法律的活动称为司法。我国古代行政与司法不分，也不存在执法、司法之别。在法律实施过程中，遇到德法冲突的案件，司法官员常常会运用情理来加以变通，使得案件的处理达到法律效果与社会效果的统一。汉到唐的"春秋决狱"、宋元明清的"屈法以伸伦理"，运用的都是这一原理，渐而形成"天理、国法、人情"的法律运行机制。法律需要有权威，但不能超然于天理人情之外，更需要道德的主导与制约。

近代以来，我们学习西法，但西人的法律观念跟我们迥然不同，他们信奉"人人是法律的臣仆"，法有着超越其他规则的至高权威，强调"法律具有最高性"。❶ 正如严复所说：中华民族用是非来衡量法，不是用法来衡量是非；西方则相反，是以法来衡量是非。❷ 随着西方法学理论在中国法律界取得强势话语权，实践中逐渐形成一种趋势，任何行为皆以法为评判标准：凡是符合法律者，不问是否有理，皆以法保护之，故出现前述的缺德行为依法牟利的怪象，一定程度上影响了法律的"惩恶"功能；凡是违反法律者，不管是否符合道德，皆依法制裁之，又在某种程度上破坏了法律的"扬善"功能。要应对这种不良倾向，必须在执法或司法环节贯彻"德法合治"方略。具体如何操作，笔者以为可以明确两个大的方向。

---

❶ 程燎原：《从法制到法治》，法律出版社1999年版，第286—287页。
❷ 严复在翻译孟德斯鸠《法意》卷一"按语"中说："然法之立也，必以理为之原。先有是非而后有法，非法立而后以离合见是非也。……盖在中文，物有是非谓之理，国有禁令为之法，而西文则通谓之法，故人意遂若理法同物，而人事本无所谓是非，专以所许所禁为是非者，此理想之累于文字者也。中国理想之累于文字者最多，独此则较西文有一节之长。"参见［法］孟德斯鸠：《孟德斯鸠法意》（上册），严复译，商务印书馆1981年版，第2页。

1. 不得让违背道德的行为通过法律而获得不当利益

法律乃人类行为之"低限",而道德是"高限"。因为有高低之别,故一个人的行为违反了道德,却不一定违反法律。缺德只会受到舆论的谴责,不会受到法律的制裁,有些人就根本不拿道德当回事,还要依法谋取利益。据报道,南京市建邺区江心洲一位男子为了获取更多的拆迁补偿,竟然和母亲办理结婚证。民政部门之所以作出这样荒唐的行政行为,是因为他们"'符合'申请结婚领证条件"❶,形式上是合法的。常州一位老太太偷邻居种的洋水仙当作"韭菜"吃,导致孙子食物中毒住院,之后竟然上门大闹,要求邻居赔偿,警察调解时让该邻居铲除洋水仙以绝后患,且要求其"出于人道主义赔偿部分医药费"❷。想当年南京"彭宇案",一审判决中的理由认定也许自有其理,但给人感觉就是"如果不是你撞的,你为什么去扶",并判决彭宇承担赔偿责任。此案一出,见危不救的现象便如瘟疫般蔓延。国人惊呼,"彭宇案让中国道德水平倒退五十年"❸。更有人说,"彭宇案"开启了中国某些特殊群体最为畸形的产业:"碰瓷"。

可以说,近几十年法律实践中只问法律不问道德的做法,对中国的道德滑坡产生了不可低估的推波助澜作用。无论执法还是司法,都具有强烈的教育、评价、指引、示范功能,如果任由一些失

---

❶ 《为迁户口母子领证"结婚"父亲与儿子前岳母再婚》,人民网,http://house.people.com.cn/n/2014/0721/c164220-25309945.html,最后访问日期:2023年12月30日。

❷ 《老太偷邻居洋水仙当韭菜给孙子包饺子 中毒后要赔偿 洋水仙:怪我咯?》,搜狐网,https://www.sohu.com/a/121309064_349398,最后访问日期:2023年12月30日。

❸ 《11年前的南京彭宇案,是今天所有见死不救的开始》,搜狐网,https://www.sohu.com/a/148615454_682886,最后访问日期:2023年12月30日。

德行为通过法律程序谋得利益，无异于向世人宣示道德无用论，会引发更多人质疑甚至践踏道德价值。自然法学者德沃金认为："任何人不得从其错误行为中获利。"❶ 所以在法律实施层面，凡是违反道德的行为，要严格杜绝其通过法律途径获取不当利益，引领普罗大众树立良好的道德风尚。

2017年热议的"电梯劝阻吸烟案"为世人树立了良好示范。郑州市杨某因劝老人段某不要在电梯里吸烟而与其发生口角，后段某病发送医院抢救无效离世。段某家属诉至法院，要求赔偿40余万元。一审法院适用公平原则，判决杨某补偿死者家属15000元。二审法院认为，一审判决适用法律错误，损害了社会公共利益，"本案中杨某劝阻吸烟行为与段某死亡结果之间并无法律上的因果关系"，因此，撤销一审判决，驳回原告诉讼请求，杨某不需要承担任何法律责任。2018年全国两会期间，最高人民法院院长周强对此做了专门的评析，认为二审"判决得很好"，"一个小的判决大大推动了社会风气，让见义勇为者敢为，让符合法律的行为受到鼓励"。❷ 作为中国主管司法审判的最高长官，其评价无疑告诉大家：司法工作既要鼓励民众的道德义举，又要杜绝缺德行为借助法律牟利。

2. 不得让符合道德的行为因为法律而承受不利后果

由于道德的限度高于法律，故从逻辑上讲，符合道德的行为不可能违反法律，更不会受到法律的追究，但落实到纷繁复杂的生活中却并不尽然。2016年3月21日，福建村民蓝某追偷鸡贼陈某，

---

❶ ［美］德沃金：《法律帝国》，李常青译，中国大百科全书出版社1996年版，第18—19页。
❷ 《最高法院长周强再评郑州"电梯劝阻吸烟案"》，新浪网，http://henan.sina.com.cn/news/z/2018-03-11/detail-ifxpwyhw8971614.shtml?from=henan_ydph，最后访问日期：2023年12月30日。

致其摔倒，经抢救无效死亡，侦查机关以蓝某涉嫌过失致人死亡罪将其移送县检察院审查起诉。依情理而论，大部分人在财产被盗之时，第一反应肯定是抓小偷，追回被偷财物。至于小偷因雨天路滑，摔倒在水泥路面致颅脑损伤的后果，失主是不可能预见的。如此天经地义之举，却可能遭受牢狱之灾。❶又比如，2017年1月9日，唐山朱振彪路过一交通肇事现场，在追赶肇事逃逸者张永焕时，张永焕进入火车道，被火车撞击身亡。死者家属诉诸法院，索赔60余万元。❷朱振彪的行为，是典型的道德义举，却面临舍财免灾的法律风险。

　　这两起案件最后都得到了很好的处理：蓝某追小偷致死案被检察院退回公安局并撤案；朱振彪追交通肇事逃逸者致死案，法院一审判决驳回原告的所有诉求，认定朱振彪的追赶行为属于见义勇为。然而两案前后历时一年左右，给当事人造成的精神压力是可想而知的。比如朱振彪在法官宣读判决书，旁听亲属鼓掌之时感叹："这件事牵扯我太多的精力，现在算是告一段落了。"同时，给司法成本带来的无端浪费是不得不考虑的。尤其是对公众的道德价值观的冲击，更值得反思：为什么明显符合道德的行为却要进入法律问责的程序？能否将这样的案件消弭于萌芽之初，尽量避免开启法律程序？实践中有没有更好的办法让道义行为者消除后顾之忧呢？

　　这方面，古人为我们提供了有益的经验。汉代桓宽云说："故春

---

❶《小偷被追身亡，失主该担责吗？》，搜狐网，https：//www.sohu.com/a/196504157_252194，最后访问日期：2023年12月30日。
❷《唐山追逃逸者致死被索赔案宣判"追逃"被认定见义勇为不用赔钱》，搜狐网，https：//www.sohu.com/a/222471709_667702，最后访问日期：2023年12月30日。

秋之治狱，论心定罪。志善而违于法者免，志恶而合于法者诛。"❶古人谓："志，本心也。"心就是志，志就是心，亦即人同此心、心同此理的道德情理。所谓"论心定罪"，是在"本其事而原其志"的基础上来分辨主观心态的善恶：符合道德的善举，哪怕形式上违法，也应该免除责任；违背道德的恶行，即便表面上合法，也要追究责任。"春秋决狱"中之善恶，可以和今日犯罪构成理论中的主观故意与过失相对应，实则是一种用道德改造执法司法的方法，值得借鉴。2015年2月，湖南省沅江市人民检察院对"陆勇案"的处理树立了良好典范。陆勇无偿为国内慢性粒细胞白血病患者从印度代购"格列卫"抗癌药品，纯属道德义举，结果被公安机关以涉嫌妨害信用卡管理罪、销售假药罪移送检察院审查起诉。检察院认为，"如果认定陆勇的行为构成犯罪，将背离刑事司法应有的价值观"❷，对其作出不起诉决定，体现了司法对道德价值的维护。

参古酌今，在法律实施层面，我们完全可以提出两个大的原则，即不得让违背道德的行为通过法律而获得不当利益，不得让符合道德的行为因为法律而承受不利后果，供执法司法工作参考，以达到道德、法律有机整合的目的。

（三）法律遵守层面的德法合治

党的十八大将"全民守法"与"科学立法、严格执法、公正司法"放在一起，作为全面推进依法治国基本方略的"新十六字方针"。习近平总书记进一步指出："推进全民守法，必须着力增强全民法治观念。要坚持把全民普法和守法作为依法治国的长期基础性

---

❶ 参见《盐铁论校注》，王利器校注，中华书局1992年版，第567页。
❷ 参见湖南省人民检察院官方微博，https://weibo.com/hunanjiancha?is_hot=1#_loginLayer_1531549598259，最后访问日期：2018年7月10日。

工作，采取有力措施加强法制宣传教育。"❶可见，法律的遵守在法治建设中有着举足轻重的作用。正如卢梭所说："一切法律中最重要的法律，既不是刻在大理石上，也不是刻在铜表上，而是铭刻在公民的内心里。"❷如何在守法层面推进法治与德治相结合，笔者认为可以从如下两方面着手：

1. 以法辅德：用法制教育裨助道德教化

普法教育是推进全民守法最有效、最常用的手段，我国从"一五""二五"普法，到现在已经是"八五"普法，对加强公民法律意识功莫大焉，于道德教育亦大有裨益。法律和道德虽分属不同的范畴，却又有交叉重合之处，法律不过是对一些基本的、重要的道德进行规范化和强制化表达。黑格尔将道德分为"抽象法""道德""伦理"三个层次，康德分之为"完全的义务"与"不完全的义务"，富勒区分了"义务的道德"和"向往的道德"，如此等等。❸笔者曾将道德分为两个层次：一是"己我"范围的道德，是人对自身精神的完善、对理想蓝图的追求，所谓"高山仰止，景行行止。虽不能至，心向往之"，这方面的道德没有必要转化为法律。二是"己他"范围的道德，即自己的行为不得损害他人的利益，在力所能及的情况下帮助他人，这方面的道德是需要转化为法律的。❹因此，在一定意义上，普法教育本来就是对道德的宣扬。

这方面我们的祖先积累了丰富的经验与智慧，他们倡导"以德

---

❶《习近平：加快建设社会主义法治国家》，人民网，http://jhsjk.people.cn/article/26310136，最后访问日期：2023年3月27日。

❷［法］卢梭：《社会契约论》，何兆武译，商务印书馆1980年版，第20页。

❸ 唐凯麟、曹刚：《论道德的法律支持及其限度》，《哲学研究》2000年第4期，第67页。

❹ 龙大轩：《道与中国法律传统》，山东人民出版社2004年版，第244页。

化民，以刑弼教"❶，即用法律弼助道德教化。朱元璋在为《大明律》作序时写道："明礼以导民，定律以绳顽。"申明礼义道德是为了引导庶民大众，意在扬善，制定律法典刑是为了惩治顽劣刁民，旨在惩恶，二者交互为用，通过惩恶以达到扬善的目的，当人们懂得律法之严厉，才会对行为有所约束，进而逐渐步入道德的轨道。清代官员陆陇其特别擅长此道，抓住小偷不直接处罚，而是给他们讲解律例知识和做人道理，同时请人教他们纺纱技术。待其学成，发放一笔费用，令其购置纺纱机械自谋生路，若有再犯，严惩不贷。大多数人在其教化之下都走上了正道，偶有再犯者被抓住，则严格按照《大清律例》规定进行惩治。❷ 故在其治下，莫不法纪申明、道德风行，"民爱之比于父母"❸。

以古为鉴，在守法层面，要注重用法制教育来加强道德教育。邓小平曾说过："加强法制重要的是要进行教育，根本问题是教育人。"❹ 法制教育本身就包含道德教育，在什么可以为、什么不能为的命题上，其不仅能培养公民的自律意识，还能使受教育者通过长期的自律而将道德内化为自觉，从而成为一个社会意义上合格的"人"。于是，法制教育就升华为道德教育，法律意识和道德意识的融通，正是以法治促进德治的奥妙所在。对此，习近平总书记做了更为深入的论述，他说："要引导全体人民遵守法律，有问题依靠

---

❶《清实录·康熙朝实录》，中华书局1985年版，第1184页。按：吾国古代以刑罚来统率不同的法律形式，故古人之谓刑，等同于法。《说文解字》曰："法，刑也。"《盐铁论·诏圣》云："法者，刑罚也。"参见《盐铁论校注》，王利器校注，中华书局1992年版，第595页。

❷《大清律例》，张荣铮等点校，天津古籍出版社1995年版，第389—390页。"凡窃盗已行而不得财，笞五十，……掏摸者罪同。"

❸〔清〕赵尔巽等撰：《清史稿》，中华书局1977年版，第9935页。

❹《邓小平文选》(第3卷)，人民出版社1993年版，第163页。

法律来解决，决不能让那种大闹大解决、小闹小解决、不闹不解决现象蔓延开来，否则还有什么法治可言呢？要坚决改变违法成本低、守法成本高的现象，谁违法就要付出比守法更大的代价……使大家都相信，只要是合理合法的诉求，通过法律程序就能得到合理合法的结果。"❶ 这就从正反两方面诠释了法制教育的重要性及其对道德教育的推动性：从正面看，可以引导民众依法而为，形成遇事找法、办事依法、解决问题用法、化解矛盾纠纷靠法的法治思维；从反面看，可以教育民众，那种不讲道理、无视道德的"闹而优则灵"的做法，不仅不合法，还要付出更高的违法成本。双向合力之下，才能使中国传承数千年的"合理合法"的朴素理念重新回到现实生活中，实现法治与德治的有机统一。

2. 以德助法：用道德教化促进全民守法

如果说法制教育可以培养民众被动守法的意识，那么道德教化则能够使民众养成主动守法的品格，因而要充分利用道德教育来促进全民守法。我国已形成中国特色社会主义法律体系，相应的法律法规成千上万，要让全体民众都能学习领会是不现实的。故普法在主体上要分类，在客体上要分层。❷ 从普法客体考量，笔者以为，法律可分三个层次："法之文"，即法律、法规、部门规章、司法解释等的条文规定，不可胜计，作为法律职业群体学习的内容较为恰当；"法之制"，即运行法律的相应制度设计，如法院、检察院、监

---

❶ 中共中央文献研究室编：《习近平关于全面依法治国论述摘编》，中央文献出版社2015年版，第88页。

❷ 从国家目前的安排来看，守法主体大致可分三类：领导干部是带头人，公务人员是中坚力量，人民群众是广泛基础。针对不同的主体，所普之法应该有区别，近年来推行的"谁执法谁普法"的普法责任制正适应了这一需求。参见杨春福：《全民守法的法理阐释》，《法制与社会发展》2015年第5期，第66—68页。

委会，以及各行政执法机关的运行机制，作为相关公务人员的学习内容更为妥帖；"法之义"，即法律背后所蕴含的是非善恶的道理，其实就是道德，作为全体民众领会的知识更为切实，当然也可作为法律职业群体、公务人员用来深刻把握法律精神的观念指导。当民众懂得法之义，懂得哪些行为能做，哪些行为不能做，其举止自然能符合法律的要求，进而达到守法的目的。

《论语·为政》有云："道之以政，齐之以刑，民免而无耻。道之以德，齐之以礼，有耻且格。"单靠政令刑法去引导和管理，民众就会只在意如何逃避法律的打击，内心对自己违法犯罪的行为不会感到羞耻；如果用礼义道德去引导和管理，民众就会对自己违法犯罪的行为感到羞耻，就能自觉遵守国家律法。历史实践证明，这一思想是充满智慧的。东汉王烈（字彦方）担任地方官时，十分重视道德教化。一偷牛贼被抓住后，请罪说："刑戮是甘，乞不使王彦方知也。"王烈得知后，将其放走，还送给他一端布。别人问他为什么这样做，他说："盗惧吾闻其过，是有耻恶之心。既怀耻恶，必能改善，故以此激之。"一个人还有廉耻之心，就有可能改过自新。后来，一老者丢失了一把宝剑，沿途寻找，发现一人正守着宝剑等待失主，那人正是以前那位偷牛贼。在王烈使用这种方法治理下，当地百姓无不被其感化，"诸有争讼曲直，将质之于烈，或至涂而返，或望庐而还"❶。

偷牛贼知道盗窃行为可耻，说明他内心尚存最基本的是非善恶观念。这样的认识，与其说是法制教育得来的，不如说是道德教化养成的，因为它是一种自觉意识，是根植于内心的道德观念。可见，道德教育确实具有引导人主动守法的功效。反之，如果只重视

---

❶〔宋〕范晔撰：《后汉书·独行列传》，〔唐〕李贤等注，中华书局1965年版，第2696页。

法律的宣讲，不重视道德的力量，人们就会变得只关心自己的行为在法律上"能不能"，不关心其在道德上"该不该"的问题。时下法律生活中一些匪夷所思的现象，正印证了这一点，或者借助法律技巧去逃避制裁，或者利用法律空白去胡搅蛮缠。对于聚众闹事以追逐不当利益的行为，因为法律上的缺位，有关部门无法进行有效制止，以致出现"医闹""学闹""鉴闹"等特殊群体；偷逃门票翻墙进入动物园被老虎吃掉的，其家属还能理直气壮地诉诸法院要求高额赔偿；保安擅自早退在路上遭遇车祸身亡的，家属可以大言不惭地要求认定为工伤。如此种种，恐怕不是行为人不懂得法律，而是不顾及最基本的道德观念造成的。

对此，习近平总书记发出严正指示："发挥好道德的教化作用，必须以道德滋养法治精神、强化道德对法治文化的支撑作用。再多再好的法律，必须转化为人们内心自觉才能真正为人们所遵行。'不知耻者，无所不为。'"❶ 人要是无视礼义廉耻，真是"再多再好的法律"都拿他没辙。所以要达到全民守法的预期，法制教育固然重要，但道德教育恐怕更为重要。

三、新时代"德法合治"的合理性

我国在新时代选择了法治与德治相结合的治理方略，其有什么合理性呢？美国法人类学者霍贝尔认为："从人类学的观点看，法律仅仅是文化的一个方面。"❷ 或许可以这样比喻：文化像土壤，法律制度不过是这土壤上的一种植物而已，此外还有政治制度、经济制度、军事制度、教育制度等，都是上面的植物。植物必须和土壤

---

❶《习近平：加快建设社会主义法治国家》，人民网，http://jhsjk.people.cn/article/26310136，最后访问日期：2023年3月27日。

❷ E. Adamson Hoebel, *The Law of Primitive Man*, Harvard University Press, 1967, p.4.

相匹配，才能茁壮成长；法律也必须和文化相适应，才能有效运行。换言之，制度安排必须和文化相适应，才具有合理性，否则就不合理。

在中国传统文化的土壤上，我们长出了礼法结合的"植物"，即道德法律综合为治的治理模式。近代以来向西方学习，推行的是德法分治的模式，以法治作为单纯的追求目标，强调道德与法律之间应当有明确的边界。这一号称先进的治理模式，或许适应西方的文化土壤，移植到中国，难免"水土不服"。党的十八届四中全会决定，全面推进依法治国，必须坚持"从中国实际出发"的原则，"汲取中华法律文化精华，借鉴国外法治有益经验，但决不照搬外国法治理念和模式"❶。既然不再照搬西方法律，那么在法律与道德的关系问题上，就需要继承和发展中国固有的法律传统，走法治与德治相结合的道路。这是由文化土壤决定的。

（一）中西文化的差异

那么中西文化究竟有什么区别呢？关于文化的概念，目前有不下百余种。《周易》有言："观乎人文，以化成天下。"❷此当为文化概念最早的源头。早期文字中的"文"，通皱纹的"纹"。人在年幼的时候就没有皱纹，但也没有相应的知识、智慧、经验、教训。随着年龄的增长，积淀了相应的知识、智慧、经验、教训，同时也有了皱纹。故人文即指人类社会知识、智慧、经验、教训的积累，我们用之以教化天下，天下之人亦为其所化，便是文化。制度由人设

---

❶《中共中央关于全面推进依法治国若干重大问题的决定》，《人民日报》2014年10月29日，第1版。

❷《周易译注》（上），黄寿祺、张善文译注，上海古籍出版社2007年版，第132页。

计而定，所以可以移植；文化因长期积淀而成，故难以改变。我们可以学习西方的制度，却无法移植西方的文化，因此，习近平总书记指出："中国有坚定的道路自信、理论自信、制度自信，其本质是建立在5000多年文明传承基础上的文化自信。"❶ 文化的定义虽然诸家异说，但主要观点是相同的。一言以蔽之，其核心乃是看待问题和思考、处理问题的观念和方法的总和，可细分为两个层次：对事物的看法和做法。中西文化的不同，也集中体现在这两个层次上。这就是决定我们在治理模式上有不同选择的文化根基。

1. 价值观不同

哲学与文化学意义上的价值观，指人们对宇宙、社会、人生的总体看法，与今日的三观（世界观、人生观、价值观）有交叉重合之处。中国人怎么看这个世界？我们认为，人类在宇宙万物中太渺小了，必须和万事万物保持统一，才能长久地生存下去。我们的祖先把这种价值观叫作"天人合一"，哲学上则称其为"统一性原则"，即人要与万事万物保持统一。西方人跟咱们不同，他们认为，人是"万物之灵"，具有独立自主、能动自决的主观性，可以征服、占有、利用整个世界，是万事万物的主体。这种"天人相分"的价值观，哲学上称作"主体性原则"。

在历史长河中，中西方走的文明道路不同，根源就在这里。中国走了几千年农业文明的道路，直到19世纪中叶西方文明传来方始改变，不是我们不懂科学技术，是因为我们奉行的是统一性的价值观，所以春种、夏耕、秋收、冬藏，明年又重来，循环往复、周而复始，如此才符合天人合一的要求。优点是人与人、人与自然的

---

❶《习近平：建设中国特色中国风格中国气派的考古学 更好认识源远流长博大精深的中华文明》，人民网，http://jhsjk.people.cn/article/31949931，最后访问日期：2023年3月27日。

冲突，不会达到毁灭性的程度，人可以与天地共长久；缺点是不进步，总是原地踏步。战国时我们就发明了指南针，但不是用来航海，而是拿来看风水；唐朝就有了火药，但不是用来造枪炮，而是拿来造鞭炮；宋朝就有了连珠枪，却没有得到推广，因为那是杀人利器。西方奉行主体性的价值观，要征服、占有、利用整个世界。要征服自然，在技术上就产生了科学主义，在人文上就促成了自由主义；要征服其他国家、其他民族，就产生了殖民主义。优点是科技进步，可以上天入地，人人都有了"顺风耳"和"千里眼"，给人类带来了极大的方便；缺点就是一旦人与人、人与自然的冲突达到极致，也可能"谈笑间，樯橹灰飞烟灭"。❶

1840 年，中西方因鸦片贸易发生交流碰撞进而引发战争，中国在遭受百余年的屈辱与苦难后终于"站起来"了；再经过几十年的奋斗，又"富起来"了。习近平总书记提出的"人类命运共同体"理念是中国文化中天人合一价值观在新时代的创新性发展，必将为世界的和平发展作出更大贡献。正如英国著名的历史学家汤因比在 20 世纪 70 年代所预言的那样，人类未来的希望在东方，未来世界转型和 21 世纪人类社会的繁荣，离不开中国文明所提供的文化宝藏和思想资源。但这在西方看来是不可接受的，因为他们的价值观是主体性的，要征服、占有、利用整个世界，故又发生了中美贸易战。这场"战争"和多年前的鸦片战争有着惊人的相似之处，它背后潜藏的是两种文化的碰撞。

2. 思维方式不同

价值观的不同，进而导致了思维方式的不同。思维方式就是遇到问题你是怎么思考、怎么处理的。中国人奉行的是统一性的价值

---

❶ 参见［英］阿诺德·汤因比：《人类与大地母亲——一部叙事体世界历史》，徐波等译，上海人民出版社 2001 年版，第 13 页。

观，遇到任何一个问题，都会把个体放在整体背景当中，综合起来考虑，是一种综合性的思维方式。这种思维方式还有一个特点，就是对问题本身不需要进行深究，所以我们经常会有一些口头禅：也许、大概、差不多。古人说"三"，有时候是"三"，有时候又不是"三"，而是多的意思。故又叫模糊性思维。西方人奉行主体性价值观，要征服、占有、利用整个世界，遇到任何问题，都要逐一进行分析研究，是一种分析性的思维方式。

美国心理学家理查德·尼斯贝特（Richard Nisbett）曾用看图像的方法做过实验，发现美国人在看图像时专注于位于中心的物体，中国人则更倾向于把图像作为一个整体来观察。进而得出结论：东方文化看问题是整体性的，强调事物之间的联系，乃综合性思维；相反，西方文化则强调事物自身的特性，是分析性思维。❶思维方式的差异进而决定了行为方式的不同。中国文化是综合性思维，处理问题时往往看到的是整体，想到的是个体，说的是上面，考虑的是下面，是一种迂回式的行为模式；西方文化是分析性思维，将问题分析清楚之后，则直奔主题，是一种直接式的行为模式。

中西方的不同，不仅是人的体貌不同，更重要的是文化不同。价值观的差异，潜藏于内心深处，难以知晓，需要深入探究才能得其三昧，日常生活中能感受到的是思维方式的不同，也就是思考问题和处理问题的方法不同。比如炒菜放盐，西方人要拿秤来称，既不能多也不能少；中国人则是"少许"，凭的是经验和感觉，也许大概差不多就行了。西方人的厨房里有很多种刀具，切不同的食物用不同的刀；中国人的厨房里就两把刀，即菜刀、水果刀。前者是典型的分析性思维，后者则是综合性思维，或者说模糊性思维。又

---

❶ 谢伟：《从尼斯比特等人的研究看认知心理学的发展》，《西南交通大学学报（社会科学版）》2008年第6期，第73页。

比如医学，西医把人体分成各个不同的结构和部位，分析出病因后直奔主题式地进行治疗，头痛医头，脚痛医脚，效果明显；中医则将人当作整体进行观察，脚痛可能用医头的方法解决，讲究辩证论治。再比如运动方式，西洋拳击强调直接刚猛有力，通过追求刚强来达到刚强；中国太极拳则主张刚柔相济、化柔为刚，通过追求柔弱来达到刚强。两种文化各有优缺点，不能说中国文化优于西方文化，也不能说西方文化优于中国文化。由于文化是数千年积淀而成的，各自有不同的传统，不可能用一种文化去压制或代替另一种文化。

（二）中西文化的差异决定了治理模式的不同

文化的差异导致中西方的日常生活各有异趣，处理问题的方法亦大相径庭。

1.分析性思维促成德法分治

在法律与道德的关系上，受分析性思维支配，西方否定两者之间的联系，采取的是道德与法律分而治之的治理模式。著名实证法学代表人物奥斯丁认为，法律和道德是两回事，甚至讽刺把法律与道德混淆的倾向，是产生无知和困惑的来源。❶主张"纯粹法学"的凯尔森说："法的概念无任何道德含义，它指出一种社会组织的特定技术。"❷他否定了法律和道德在内容上的任何联系。新分析法学的代表人物哈特的观点似乎略有变通，他认为法律在实际上可能反映了一定的道德要求，但这样做并不是对的，强调严格区分"实

---

❶ 奥斯丁说："法律的存在是一回事，它的优缺点是另一回事。"参见〔英〕约翰·奥斯丁：《法理学的范围》，刘星译，中国法制出版社2002年版，第147页。

❷ 〔奥〕凯尔森：《法与国家的一般理论》，沈宗灵译，中国大百科全书出版社1996年版，第3页。

际是这样的法律"和"应当是这样的法律"。❶因为有如此种种思潮,所以西方人采德法分治之策,实乃自然而然之事。

及于法律内部,亦以分析性思维进行设计,从而衍生出严密的法律规范形式,形成严格的规范之治,且有程序法与实体法之分。程序法中,若要追诉某个罪犯,则有"毒树之果"理论,任何一环节不符合法律要求,当以非法证据排除规则排除之,宛如工厂生产流水线,一环出错全盘皆输。实体法中,若要判断某个行为是否为犯罪,则有犯罪构成理论,有三要件说、四要件说、五要件说等。国人熟悉的是四要件说:主体、客体、主观方面、客观方面。看一个人的行为是否构成犯罪,用这四个要件来套,套得上便是犯罪,套不上就不是。恰似机器的零部件,一个都不能少。如此极具分析性的法律思维,精细而缜密,有助于立法技术的提高和法律理论的专精。

人文社会生活是丰富多变的,分析性思维运用于科学技术可谓屡试不爽,但一成不变地运行于法律世界,未必放之实践而皆准,难免有削足适履、刻舟求剑之嫌,也会出现一些不尽如人意的尴尬。20世纪90年代,美国所谓的世纪大审判辛普森案,便是一个显例。众多的证据指向辛普森杀害其前妻,但现场的血手套辛普森戴不上,此关键的一环出错,导致证据链条中断,辛普森得以无罪释放。❷这样的案件,在中国人看来,可能觉得逆情悖理。但在西

---

❶ 哈特说:"这里我们所说的法律实证主义的意识,是指这样一个简明的观点:法律反映或符合一定道德的要求,尽管事实上往往如此,然而不是一个必然的真理。"参见[英]哈特:《法律的概念》,张文显等译,中国大百科全书出版社1996年版,第182页。

❷ 1994年,前美式橄榄球运动员辛普森涉嫌用刀杀害前妻,因警方几个重大失误导致有力证据失效,辛普森得以无罪释放,本案也成为美国历史上疑罪从无的最大案件。参见百度百科,https://baike.baidu.com/item/,最后访问日期:2018年6月11日。

方人看来，却顺理成章，因为他们受这种文化影响，其思维方式使其能接受甚至会支持这样的法律制度。

2. 综合性思维铸就德法合治

中国人秉持综合性思维，整个文化呈现出钱穆先生所说的"完整凝一"❶的形态，道德、宗教、法律、政治、哲学、艺术亦是如此。落实到法律与道德之上，更是彼此贯通，互融互济，可谓"你中有我，我中有你"，实在有些难分难解。法律内部亦无程序、实体之分，刑事、民事之别，学界谓之"诸法合体，刑民不分"。先秦儒家思想集大成者荀子曰："治之经，礼与刑。"（《成相杂辞》）这句话尤能反映中华民族的思维方式。治国理政的根本，在于礼义道德和刑法制度这两方面，单纯依赖礼义道德或单纯使用刑法制度都是不行的，必须两手抓，方能治国平天下。西汉《淮南子》一书中进一步阐明了道德与法律的关系："故法制礼义者，治人之具也。"❷无论法律制度，还是礼义道德，都是治理国家和社会的工具，二者不可割裂、不可偏废，唯有综合为用，才能产生更好的治理效果。

在这种思维方式的指导下，在数以千年的实践中，中国形成了"天理、国法、人情"的法律运行机制。在这一机制中，法律不是孤立的，需要和情理相联系。对中国传统法律文化的这种特性，英国著名学者李约瑟博士似有所悟，他说："中国人有一种深刻的信念，认为任何案件必须根据它的具体情况进行裁决，也就是说，就事论事。"❸何谓天理？宋儒直接将传统道德论证为天理。朱熹说："所谓天理，复是何物？仁、义、礼、智岂不是天理？君臣、父子、

---

❶ 金耀基：《从传统到现代》，中国人民大学出版社1999年版，第194页。
❷ 何宁撰：《淮南子集释》，中华书局1998年版，第927页。
❸ [英]李约瑟：《四海之内》，劳陇译，生活·读书·新知三联书店1987年版，第77页。

兄弟、夫妇、朋友岂不是天理？"❶何谓人情？即人人共知共认的一些常情、常理、常识，也是天理的部分来源。所谓"民之所欲，天必从之"（《尚书·泰誓》）。于是，天理人情由神秘变得世俗，由模糊变得具体，成为评价法制善恶的标准。已故著名刑法学家蔡枢衡先生认为，天理"是法哲学上所谓理想法或自然法，是儒家之所谓天或天道"❷。注重情理法的融合，正是德法合治的传统。

近代以来，西学东渐并取得强势话语权，分析性思维得到了法律人的推崇，法律与道德的差异愈发清晰，法律规范遂游离于道德规范之外。法律内部亦用分析之法构建，遂有程序与实体之分、刑事与民事之别。德法分治的治理模式适应西方文化，却难与中国文化土壤相契合，百余年来的实践表明，欲其有效地解决中国问题，难矣！有的行为明明很缺德，却不一定会受到法律制裁，甚至可能通过法律谋取利益。在法律内部，比如在刑法领域，有的行为明明是犯罪，但用四要件来判断，居然不构成犯罪；有的行为明明不是犯罪，依照移植而来的犯罪构成理论，可能就变成了犯罪。

天津大妈赵春华经营射击摊，被警方查获，其中 6 支枪形物被鉴定为枪支，经检察院审查起诉，一审法院以非法持有枪支罪判处赵春华有期徒刑 3 年 6 个月，引起舆论大哗。依法律分析，赵春华的行为在主体、客体、主观方面、客观方面都符合犯罪构成四要件的要求，且依照现行法规定，赵春华持有 6 支枪，如此定罪量刑还算是"照顾"了她。但在老百姓看来，赵大妈摆摊是为了谋生糊口，并无犯罪的动机与目的。网友感叹，人们心里自有以为然的一番道理，善恶之分，道德与否，以为不害人、不为恶，行正坐直、

---

❶ 曾枣庄、刘琳主编：《全宋文》（第 284 册），上海辞书出版社、安徽教育出版社 2006 年版，第 361 页。

❷ 蔡枢衡：《中国法律之批判》，正中书局 1942 年版，第 86 页。

正当谋生，便断无违法犯罪之嫌，结果却触犯了刑法，招来牢狱之灾。以至于我国著名刑法学家陈兴良说："赵春华案被判有罪，完全是符合我国当前司法逻辑的，但却明显违背常识，不为社会公众所接受。"❶ 于此，法律便严重冲击了人们对是非善恶的基本道德判断。

比较可知，分析性思维指导的德法分治，不适合中国的文化土壤。选择德法合治，才符合中国人的思维方式，才适应中国的文化土壤，具有合理性。

结　语

以上笔者就新时代"德法合治"方略的必然性、操作性与合理性这 3 个问题，进行了哲理层面的思考，从中获得了一种自我的，也是坚定的认识和体会，那就是：坚持依法治国和以德治国相结合，在中国有着深厚的历史渊源和文化土壤，是总结几千年治国理政经验智慧的举措，是伟大人物在伟大时代作出的重大部署，必将指引我们沿着中国特色社会主义法治道路奋力前进！

（原文发表于《中国法学》2019 年第 1 期）

---

❶ 陈兴良：《赵春华非法持有枪支案的教义学分析》，《华东政法大学学报》2017 年第 6 期。

附录二　国家治理需要法律和道德协同发力

党的十九大报告指出，要"坚持依法治国和以德治国相结合"，"提高全民族法治素养和道德素质"。细读报告全文，可以发现，其中多次提及"法治"概念。与此相对应，报告明确提出"德治"概念 1 次；使用包括"道德"在内的词组 7 次（道德素质、道德观念、道德规范、道德建设、道德水准、公民道德、职业道德）；使用包括"德"的词组 12 次（德治、以德治国、社会公德、家庭美德、个人品德、德艺双馨、立德树人、德智体美、师德师风、有品德、德才兼备、以德为先）。

2016 年 12 月 9 日，习近平总书记在中共中央政治局第三十七次集体学习时，对法治与德治的关系作出了精辟论述："法律是成文的道德，道德是内心的法律。法律和道德都具有规范社会行为、调节社会关系、维护社会秩序的作用，在国家治理中都有其地位和功能。法安天下，德润人心。……法治和德治不可分离、不可偏废，国家治理需要法律和道德协同发力。"[1]

---

[1]《习近平：坚持依法治国和以德治国相结合 推进国家治理体系和治理能力现代化》，人民网，http: //jhsjk.people.cn/article/28940092，最后访问日期：2023 年 3 月 27 日。

这种法治与德治相结合的治国理政方略，是习近平新时代中国特色社会主义思想的重要组成部分。

中国有着悠久的德法合治的传统。自汉代至清末，一直奉行"礼法并用、德主刑辅"。清末以后，我们向西方学习，走上了道德法律分而治之的道路。实践表明，欲其有效解决中国问题，难矣！

新时代法治与德治相结合的治理方略，正是中国数千年治国理政经验智慧的结晶，对进一步推进国家治理体系和治理能力现代化有着十分重要的意义。

一、以道德建设推动法治建设，促进构建和谐家庭

党的十九大报告提出要推进"家庭美德、个人品德建设"，"激励人们向上向善、孝老爱亲"。这是新时代在家庭、个人层面用道德建设推动法治建设的有力指导。

一段时间以来，由于孝道观念淡薄，赡养费纠纷逐年增加，有的子女往往以"父母经济状况良好""父母在财产分配上不公""自己没有工作"等为由，拒绝对父母尽赡养义务。"义"的传统美德的缺失，成为离婚纠纷增多的重要原因。

若父母与子女之间、夫妻之间的矛盾纠纷层出不穷，则家庭无法稳固。家庭不稳固，社会也难以稳定。党的十九大报告有两处提到"孝老"的概念：一是在"坚定文化自信，推动社会主义文化繁荣兴盛"部分提到"孝老爱亲"；二是在"提高保障和改善民生水平，加强和创新社会治理"部分提出要"构建养老、孝老、敬老政策体系和社会环境"。"孝"的概念在当今一些人的心目中似乎早已模糊，更是远离了政治文件与法律文本。在与家庭伦理道德联系最紧密的《民法典》《老年人权益保障法》等法律中，也没有使用这一概念，而是用"赡养"一类的术语来代替。党的十九大报告明确

提出"孝"的概念，提倡"孝老爱亲"，这是一次里程碑式的发展。因为孝道一词远比赡养一词博大而温馨，不仅包含物质层面的赡养，更包括精神层面的敬养。

党的十九大报告关于"孝老爱亲"的定位，对于我们在家庭道德建设中倡导"孝慈义悌"，对于进一步完善婚姻家庭领域的法律制度，有着重要的推动作用。对家事层面一些严重违反道德的行为，立法应加以关注。比如子女未对父母尽孝，此前的法律只规定了赡养义务，精神层面的孝，立法则有待加强。对于离婚问题，司法实践中坚持以感情破裂作为离婚标准，如果能参考传统道德中"夫妇有义"的价值理念，考察当事人的离婚诉求合不合情理，或可推动婚姻家事司法改革进一步深化。

二、以道德建设滋养法治建设，促进法治社会、法治国家形成

党的十九大报告指出，要"深入实施公民道德建设工程，推进社会公德、职业道德、家庭美德、个人品德建设"。这是新时代在国家和社会层面推进法治与德治进一步结合、促成良法善治的有效途径。

2014年4月1日，习近平主席在比利时布鲁日欧洲学院讲话时指出，"孝悌忠信、礼义廉耻"等传统理念，"至今仍然深深影响着中国人的生活"。党的十九大报告提出："深入挖掘中华优秀传统文化蕴含的思想观念、人文精神、道德规范，结合时代要求继承创新。"❶

---

❶《习近平：决胜全面建成小康社会 夺取新时代中国特色社会主义伟大胜利——在中国共产党第十九次全国代表大会上的报告》，人民政府网，http://www.gov.cn/zhuanti/2017-10/27/content_5234876.htm，最后访问日期：2023年3月27日。

传统"八德"中，孝悌是家庭层面的道德，忠信、礼义、廉耻则是国家、社会层面的道德。我们可以对"八德"进行创造性转化，使其融入社会主义核心价值观之中，融入新时代的道德建设之中，进而滋养法治建设，使之获得更强大的生命力。

党的十九大报告对各行各业的道德建设都作了具体部署：干部队伍建设要坚持"德才兼备、以德为先"的原则；教育领域要以"立德树人"作为根本任务，教师应加强"师风师德"建设，学生应当注重"德智体美全面发展"；国防和军队建设要"培养有灵魂、有本事、有血性、有品德的新时代革命军人"；文艺队伍建设要"造就一大批德艺双馨名家大师"；农村基础工作要"健全自治、法治、德治相结合的乡村治理体系"。各方面道德建设的加强，必然为相关领域的法治建设提供丰厚的文化滋养，使中国特色社会主义法治体系获得更深厚的情理支持。

中国社会从来不缺乏诚信文化基因。但随着社会转型和传统美德的缺失，当下诚信危机也不容忽视。习近平总书记曾指出："要运用法治手段解决道德领域突出问题……对突出的诚信缺失问题，既要抓紧建立覆盖全社会的征信系统，又要完善守法诚信褒奖机制和违法失信惩戒机制，使人不敢失信、不能失信。"[1] 党的十九大报告又进一步强调要"推进诚信建设"。在这种思想的指导下，立法工作应当顺应时势变化作出调整，加大对严重失信行为的惩罚力度，使失信行为人付出更高的违法成本，这样才能有效维护诚信价值观，才能使法律拥有取信于民的魅力。

"礼义廉耻，国之四维。"传统社会对这四德既在道德层面大力

---

[1]《习近平：坚持依法治国和以德治国相结合 推进国家治理体系和治理能力现代化》，人民网，http://jhsjk.people.cn/article/28940092，最后访问日期：2023年3月27日。

提倡，又用法律制度进行规范。如宋朝曾制定《仪制令》，将文明礼让的道德行为写进法典：行路，贱避贵，来避去，少避老，轻避重，违者笞五十。中华民族享有礼仪之邦的盛誉，正是践行道德法律综合治理的结果。

党的十九大报告直面当前"社会文明水平尚需提高"的现状，提出要弘扬中华优秀传统文化，推动"群众性精神文明创建活动扎实开展"。有了这一思想抓手，在社会层面推进法治与德治相结合，一定能够畅通无阻。纵观各地，社会公德教育与宣传弘扬文明礼让的行动已蔚然成风，反对寡廉鲜耻、抵制"低俗、庸俗、媚俗"在各行业自觉开展。在法治与德治协同发力的治理格局下，一种文明、美好的社会秩序正悄然走近。

观复而知新，"礼法并用"和"德主刑辅"思想是中华文明生生不息的重要原因。新时代法治与德治相结合的治理方略，作为习近平新时代中国特色社会主义思想的重要组成部分，是中国数千年治国理政经验与智慧的新发展，必将为新时代实现中华民族伟大复兴的中国梦作出不可磨灭的贡献。

（原文发表于《光明日报》2018年1月14日，第7版）

附录三 民法典充分体现中华优秀法律文化

习近平总书记在中共中央政治局第二十次集体学习时指出,《民法典》"汲取了中华民族5000多年优秀法律文化"。学界通说认为,中国古代的法以"诸法合体,民刑不分"为特征,当时并无专门的民法。这是依循西方法学话语体系得出的结论。传统社会虽无西学意义上的"民法"概念,但调整民事活动的法律规范和法律制度却源远流长。《易经·系辞下》载:"日中为市,致天下之民,聚天下之货,交易而退,各得其所。"有了交易,就会有契约,相应的调整规则亦伴随而来。"契"通"栔"。《说文解字》中提道:"栔,刻也。"远古时期没有文字,交易活动往往通过"刻木立信"的方式进行。方亨咸在《苗俗纪闻》中记载苗人先民时说道:"俗无文契,凡称贷交易,刻木为信,未尝有渝者。"具体做法就是当事人双方在木头上刻几道印迹,再用刀从中间剖开,各持一半,作为彼此交易的凭证;若发生纠纷,则执之诉于首领进行决断。故其字左上方为"丰",右上方为"刀",下面原本是个"木",后来写成"大",便有了今天见到的"契"。汉字的形成过程蕴含了大量的文化信息。从文字发生学的角度考察,"契"字表明中国早在远古时期就已经有了调整民事活动的习惯法规则。

  进入国家社会，以前的原始习惯法摇身变为国家制定法，经过数千年的演变发展，积累了丰富的法律文化。恩格斯说："我们根本没想到要怀疑或轻视历史的启示，历史就是我们的一切。"❶ 当今《民法典》的制定，离不开对法制历史的继承。但这种继承不是固有法典的照搬，更不是原有条文的复制，而是过滤式的汲取，即将传统法律中的良法美意、原则观念创造性地运用到现实法律的设计创制之中。遍览《民法典》之规定，其所厘定的基本原则，大都是历史积淀的成果，是中华民族优秀法律文化在新时代的发扬光大。

一、自愿原则与"两相和同"观念

  《民法典》第 5 条规定，民事主体在民事活动中应当遵循自愿原则，这与传统法律中的"两相和同"观念有着文化上的继承性。古代社会的契约，在法典中称作"和同"，又称"两和"。如《唐律疏议·名例》谓："和同相卖者，谓两相和同。"依照《说文解字》的解释，"和"即"和调也"，通过和调的方式，使不同的主体达到彼此同意的境界，便是和同。用今天的民法术语表达，就是"意思自治"，即参加民事活动的当事人，按自己的意愿确立民事法律关系而不受外力干涉。

  "两相和同"是契约有效成立的前提条件。形成于西周中期的"格伯簋"铭文便是显例：格伯自愿售良马四匹给倗生，倗生给价三十田，写下契券从中分开，两人各执一半，格伯返回后铸造青铜簋记录此事。又如，现存北宋太平兴国九年（公元 984 年）的一份土地买卖契约，记录了马隐等人将土地卖给石进充作坟地一事。全文百余字，三次使用"情愿"一词。反之，在民事活动中违反和同

---

❶《马克思恩格斯全集》（第 1 卷），人民出版社 1956 年版，第 650 页。

原则,不仅会导致民事行为无效,还会使当事人受到法律制裁。《汉书·萧何传》载,西汉初年,相国萧何"强贱买民田宅"遭到告发,被汉高祖刘邦打入大狱,交付廷尉审判。萧何虽地位显赫,但不能逃避法律的制裁。可见,自愿和同原则在传统法律中得到了充分的保障,成为可资今日借鉴的优秀文化资源。

二、公平原则与"法平如水"观念

《民法典》第 6 条规定的公平原则,在历史上更是由来已久。"法"字在西周金文及战国文字中作"灋",后演化为篆书"灋"。其字义释为"平之如水,从水;廌,所以触不直者;去之,从去"(《说文解字》)。"廌"即独角兽,遇有纠纷,用独角不直的一方触而去之,从而使社会秩序达到像水一样的公平状态。

在古代社会,法平如水的观念不仅深入人心,还得到了历朝律令典章一以贯之的维护。成于西周晚期的"散氏盘"铭文记载:矢氏侵犯了散氏的采邑,造成损失,散氏诉诸官府要求赔偿。为保障公平,官府裁定矢氏用两处田地作为赔偿。《张家山汉简》载:"其失火延燔之,罚金四两,债所燔。"失火行为造成他人损失,不仅要罚金四两,还需承担损害赔偿的民事责任。《资治通鉴》记载:唐高宗永徽元年,中书令褚遂良压低价格购买他人房宅被揭发,大理寺判其以铜赎罪。依据《唐律疏议》该判决明显处罚过轻,大失公正,后褚遂良和大理寺少卿均被降职迁官。明代《问刑条例》规定:"典当田地器物等项,不许违律起利。"诸如此类的立法规定和司法案例表明,中华传统法律文化中,从来不缺乏公正平等的精神价值,亦是推进今日法治建设永不枯竭的文化遗产。

三、诚信原则与"朋友有信"观念

《民法典》第 7 条所定"诚信原则",在传统社会有着丰厚的文化土壤。孟子曰:"朋友有信。"这里的"朋友",不是特指那些与自己关系亲近、感情深厚的人,而是泛指普通的社会关系,凡是与自己打交道的人,皆当以朋友的态度待之,最为重要的就是一个"信"字。在汉字中,"信"和"诚"可以互训。明清之际思想家王夫之指出:"诚,以言其实有尔。"说的都是实际上有的,相当于实话实说,侧重内在的心态。清代文字学家段玉裁解释"信"说:"人言则无不信者。"说出来的话是没有人不相信的,相当于说话算话,注重外在的表现。诚信不但是古代中国重要的道德概念,在"孝悌忠信礼义廉耻"八德中排在第四位,更是人人安身立命的生活信条,故有"人无信不立、业无信不兴"等民谚。

传统法律制度维护诚信的力度很大,甚至远远超出了我们今人的想象。《周礼·秋官·司约》载:"凡大约剂书于宗彝,小约剂书于丹图。……其不信者服墨刑。"重要契约须刻载于宗庙彝器上,一般契约则书写在红色竹帛上。违背诚信原则破坏契约的,要处以墨刑,就是在犯者脸上刺字,再涂上植物染料,永不褪色,让人一望而知其是不守诚信的"老赖"。《汉书·刑法志》谓之:"刻肌肤,终身不息,何其刑之痛而不德也!"及至隋唐,在民事活动中违反诚信原则的,处以笞、杖之刑,同时还需承担债务清偿责任。《唐律疏礼·杂律》规定:"诸负债违契不偿,一匹以上,违二十日,笞二十,二十日加一等,罪止杖六十。三十匹,加二等;百匹,又加三等。各令备偿。"宋元明清基本沿袭这一规定,没有大改。

由于失信行为要受到刑罚的惩治,违法成本高,故民事经济交往中的失信行为人,往往愿意接受调解,以免被诉至官府遭受皮肉之苦。诚如著名法史学者张金鉴先生在其《中国法制史概要》中所说："吾国向重礼治，民事以道德伦理为尚，刑事之外无民律；即诉讼本质之为民事者，亦视为失礼而入于刑；能调解则调解之，不能，则以刑罚逼之使服。"❶这正是古代社会民间调解发达的重要原因，而调解又以其及时有效化解民事纠纷的功能，反过来推动诚信观念深入人心。近代以来，仁义礼智信等传统道德被斥为封建纲常而大受批判，有的人只问行为是否合法，不问行为是否缺德，导致民事领域中诚信缺失现象频仍。《民法典》强调民事主体"应当遵循诚信原则，秉持诚实，恪守承诺"，既是对传统法律文化的继承，更能有效应对日渐肆虐的诚信危机。

四、公序良俗与"法顺人情"观念

《民法典》第8条确定的"公序良俗"原则，与古代"法顺人情"的传统可谓一脉相承。法家代表人物慎到说："法非从天下，非从地出，发于人间，合乎人心而已。"（《慎子·逸文》）法乃人定规则，不过是人心情理的条文化，故有"律设大法，礼顺人情"（《后汉书·卓茂传》）的说法。只有符合情理的法律制度，才能有助于公正秩序的建立和善良风俗的形成；反之，则可能伤风败俗。例如秦朝"任法而治"，推行《分户令》，强制父子分家别居，出现贾谊所说"借父耰锄，虑有德色；母取箕帚，立而谇语。抱哺其子，与公并倨；妇姑不相说，则反唇而相稽"的恶俗，父子如陌路，婆媳似仇人，割裂了亲属间应有的亲情。汉朝以后奉行儒家思想，提倡同财共居，曹魏时下令"除异子之科"，严禁父子分家。隋唐至明清，法律中出现禁止"别籍异财"的规定，既倡导了孝老爱亲的道德风尚，又妥善解决了养老敬老的社会问题。

---

❶ 张金鉴：《中国法制史概要》，正中书局1973年版，第4页。

清末以来，落后挨打的残酷现实使得一些人丧失文化自信，认为中国传统文化大都是糟粕："父慈子孝"和"夫妇有义"等家庭美德被无情抛弃，实践中赡养费纠纷逐年增加，离婚纠纷也越来越多，甚至有人将离婚作为进步、时髦的象征；"扶弱济贫"和"守望相助"等社会公德遭到漠视，出现帮扶老人反被讹诈、见义勇为反被诬告等现象，给社会带来的负面影响不言而喻。针对这些不良风气，《民法典》在"婚姻家庭编"中规定：家庭应当树立优良家风，弘扬家庭道德，并在离婚环节设置"冷静期"，夫妻双方自申请离婚登记之日起三十日内，任何一方不愿意离婚的，可以向婚姻登记机关撤回申请。在"总则"的"民事责任"部分规定："因自愿实施紧急救助行为造成受助人损害的，救助人不承担民事责任。"有人调侃式地感叹："读完《民法典》我一口气扶了十个老奶奶。"如此种种举措，体现了人民群众的常情、常理、常识，无疑是对"天理、国法、人情"相统一的法律传统的创新性发展，必将为构建和谐家庭、改善社会风俗提供有力的法律保障。

　　《圣经》有言："已有的事，后必再有。已行的事，后必再行。"中华优秀法律文化与五千年传承不息的中华文明相伴而生，其对今日《民法典》的制定、实施，有不可忽视的贡献！

（原文发表于《光明日报》2020年7月4日，第7版）

附录四　民法典"绿色原则"中的法治文化传统

习近平总书记在中共中央政治局第二十次集体学习时指出,《民法典》"汲取了中华民族5000多年优秀法律文化"。该法第9条规定:"民事主体从事民事活动,应当有利于节约资源、保护生态环境。"这一原则被誉为"绿色原则",该原则及在其指导下订立的具体法律条文,是应对当下全球日趋严重之环境问题的重要立法探索,得到了广泛的社会认同。法国著名社会学家涂尔干(公元1858—公元1917年)说:"要想深刻地理解一种规矩或一种制度,一种法律准则或一种道德准则,就必须尽可能地揭示出它的最初起源。"❶ "绿色原则"的诞生,既是我国民事立法上的一大创新,又是对中华优秀法律文化的继承与发展。

一、绿色发展法治理念与"天人合一"的法思想传统

《民法典》中的"绿色原则",是绿色发展的集中体现,是确保人类生存繁衍和社会永续发展的有力法制举措。其在总则设计的总

---

❶ [法]涂尔干:《乱伦禁忌及其起源》,汲喆等译,上海人民出版社2003年版,第3页。

体性规定，以及物权编、合同编、侵权责任编厘定的各种民事行为准则，为生态文明建设夯实了法治基石，与传统"天人合一"思想有着明显的文化传承性。

中国古代的环境保护理念，源于"天人合一"的哲学思想，落实到法制层面，便成为指导、调节人类与自然之关系的法律思想。战国时杂家代表作《尸子》一书说："四方上下曰宇，往古来今曰宙。"我们的祖先认为，人是很渺小的，必须和宇宙万物保持统一，才能长久地生存下去。由此形成的"天人合一"价值观，哲学上称之为"统一性原则"，和西方强调人是万物之灵，可以征服、占有、利用整个世界的"主体性原则"有巨大差别。英国著名历史学家汤因比（公元1889—公元1975年）在《人类与大地母亲——一部叙事体世界历史》一书中说："人类是地球母亲的女儿，可是人类在科学技术上的进步，已经达到了一旦被滥用就足以毁灭地球的地步。因此人类应学会共处，否则就是同归于尽。"❶ 所以他预测，21世纪人类社会的繁荣，离不开中国"天人合一"的智慧。

中华文化在"天人合一"思想的指导下，认为人不过是宇宙万物中的一分子，不应有超越万物的优越感，而应与万物和谐相处，从而跳出人类中心主义的"囹圄"。《道德经》云："人法地，地法天，天法道，道法自然。"人类须效法天地自然的规律来规范自己的行为，否则就是背道而驰。但这种效法不是简单的顺从，而应该"两相养，时相成"（《黄帝四经·姓争》），既要利用自然万物来养育人类，又要发挥人的主观能动性来保护自然，如此才能达到"生生不息"的佳境。对此，《礼记·月令》有系统的设计，比如：孟春之月，"禁止伐木，毋覆巢，毋杀孩虫，胎夭飞鸟，毋麛毋卵"；及至

---

❶ ［英］阿诺德·汤因比：《人类与大地母亲——一部叙事体世界历史》，徐波等译，上海人民出版社2001年版，第13页。

仲春,"毋竭川泽,毋漉陂池,毋焚山林"。这体现了古人保护植物、动物资源和水资源的思想理念。当"相养相成"的观念深入人心之后,普罗大众莫不认为保护环境、节约资源是天经地义、不证自明的事。故"天人合一"的法思想,不仅从本体论的角度为历代环保法的制定运行提供了终极支撑,也成为今日绿色发展法治理念的深层理论渊源。习近平总书记关于"绿水青山就是金山银山"的指示,正是对这一思想的发扬光大,亦是《民法典》中"绿色原则"的重要立法指导。

二、生态环境保护与"以时禁发"的法制度传统

生态环境保护作为"绿色原则"的重点调整对象之一,在《民法典》中有多处规定。如第250条、第251条,确立了自然资源、野生动植物资源的国家所有权制度;第286条明确了业主的相关行为应当符合"保护生态环境的要求";第294条规定不动产权利人不得违法弃置固体废物和排放有害物质;在侵权责任编中甚至设置了"环境污染和生态破坏责任"专章,共有7条规定,严格落实生态侵权的责任制度。

党的十八届四中全会在《中共中央关于全面推进依法治国若干重大问题的决定》中指出:"用严格的法律制度保护生态环境……强化生产者环境保护的法律责任,大幅度提高违法成本。"❶用制度的形式保护环境,不但在生活实践中能取得很好的效果,而且在法制历史上也其来有自。古代中国是农业社会,生活依"春种、夏耕、秋收、冬藏"的次序循环往复,以期与天地共长久。故保护自然资源的法律也依一年四季的不同特点作出不同的规定,有的时段禁

---

❶《中共中央关于全面推进依法治国若干重大问题的决定》,《人民日报》2014年10月29日,第1版。

止开发，有的时段又允许开发。《荀子·王制》谓之："以时禁发。"

首先，通过制定禁止性法律规范对破坏生态环境的行为进行预防。《吕氏春秋》谓之："制四时之禁。"早在禹夏时就出现相关规定："禹之禁，春三月，山林不登斧，以成草木之长；夏三月，川泽不入网罟，以成鱼鳖之长。"(《逸周书·大聚解》)但只有禁止而无开放，会危及民众的正常生活，故《云梦秦简·田律》又规定："到七月而纵之。"发展到汉朝，相关规定更为详尽，《二年律令·田律》《敦煌悬泉月令诏条》等出土文献中皆有记载，内容涉及林木、动物资源和水资源等方面。及至隋唐，甚至出现了维护城市卫生环境的法律制度。《唐律疏议·杂律》规定："其穿垣出秽污者，杖六十……主司不禁，与同罪。"《全唐文》记载了一个"对开沟向街判"的判例，县令处排污者杖六十之刑。当事人上诉后，上级机关以"法有恒禁，政贵移风，故议事之刑，则符令典"为由，支持县令判决，驳回上诉。

其次，通过制定义务性法律规范对生态环境进行主动整治。尽管历朝历代面临的生态问题不同，但保护环境的治理理念不变，无论在律令诏诰的成文法典中，还是在《农桑辑要》《农政全书》一类的政府指导性文件里，多有号令天下植树造林、固土防沙、兴修水利等内容，用以改造自然，优化环境。如汉景帝曾下诏"令郡国务劝农桑，益种树"。唐代宗也颁布《劝天下种桑枣制》，要求百姓"课种桑枣"，承担"每丁每年种桑三十树"的法律义务。明代官员刘天和出任总河侍郎期间，带领乡民沿黄河岸边种植 280 万棵柳树，起到了保护河堤、平衡生态的重要作用。

三、资源节约利用与"戒奢以俭"的法价值传统

节约资源是"绿色原则"的又一重点调整对象，相关规定在

《民法典》中随处可见。如第 326 条规定用益物权人行使权利时应"合理开发利用资源";第 346 条规定设立建设用地使用权"应当符合节约资源"的要求;第 509 条规定履行合同过程中,"应当避免浪费资源";第 619 条规定,出卖人应当采取"有利于节约资源"的包装方式。如此种种绿色条款,是避免资源浪费的法律保障,同时也是对中华民族"戒奢以俭"(《谏太宗十思疏》)传统的弘扬。

法的作用不仅在于调整人与人之间的关系,实现公平正义,还在于调整人与自然的关系,使之和谐相处。在传统法文化视野中,人们对待大自然不仅是敬畏的,甚至是多情的:仰望星空,便有了"举杯邀明月,对影成三人"的感慨;环顾田野,更有了"绿树村边合,青山郭外斜"的怡情。自然万物是我们的朋友,我们应该用一颗"仁"者之心去对待它们。任何浪费资源的行为,不仅可能导致生态失衡、遭到大自然的"天谴",而且严重违背了"仁"的价值要求,为法律所不容。因此,古代法律在节约资源的制度设计上,主要从两个维度实现其价值追求:一方面推行禁奢原则。奢靡之风是资源浪费的重要原因,历代政权多用法律手段严加禁止。《旧唐书·五行志》载,唐中宗时安乐公主喜好用珍稀飞禽的羽毛制作华丽服饰,引起社会效仿,导致"江岭奇禽异兽毛羽,采之殆尽",对动物的自然生态链造成破坏。后来玄宗即位,下令焚毁奇装异服,并禁止再着锦绣珠翠之类的华服,取得了"采捕渐息,风教日淳"的良好效果。又如北宋仁宗时,一度盛行佩戴鹿胎冠的风气,导致群鹿几近灭绝。后来仁宗颁诏禁止捕鹿,才使得"鹿胎无用,而采捕者亦绝"(《宋朝事实》卷三)。

另一方面提倡合理利用资源。古人很早就意识到资源再生和循环利用的重要性,据《周礼》记载,周人在土地资源的开发利用上,已经开始用制度的形式将土地分为三类:一是无须休耕、年年可种的土地；二是一年休耕、一年可种的土地；三是两年休耕、一年可种的土地。这种休耕轮作的方式，显然是为了避免地力过度消耗，以保障后续耕种。关于野生动植物资源的合理利用，则有"竭泽而渔，明年无鱼"和"焚林而猎，后必无兽"的经验之谈。春秋时期，鲁宣公于夏季在泗水捕鱼，大臣里革认为宣公的行为违反时令，不利于鱼群生长繁衍，于是斩断其渔网。宣公作为一国之君，不但承认自己的错误，还称赞里革为匡正君过的"良罟"。由此可见，我国的可持续发展理念由来已久。

"问渠那得清如许？为有源头活水来。"细思《民法典》"绿色原则"之要旨，无论在法思想、法制度还是法价值层面，都能从中华优秀法律文化传统中寻根溯源。习近平法治思想强调"要传承中华优秀传统法律文化"，"探索适合自己的法治道路"。而《民法典》对传统的回归，对文化的延续，正是推动当代绿色法治建设健康发展的力量源泉！

（原文发表于《学习时报》2021年2月24日，第2版）

附录五　我国古代法律中的刑事责任年龄

纵观中华传统法文化，其中蕴含着妥善处理刑事责任年龄问题的经验与智慧。法文化之"文"，指人类社会在法律制度、法律思想、法律观念等方面形成的种种积淀；法文化之"化"，则是将这样的积淀化育到法律生活之中，使民众养成对待法制建设的价值观念、思维方式乃至行为习惯。我国古代关于刑事责任年龄的法律制度能体现出法文化潜移默化的功能，这对今日进一步完善刑事责任年龄的法律制度，亦有重要的借鉴意义。

一、古代刑事责任年龄制度述略

梳理古代文献可以发现，历代法律制度关于刑事责任年龄的规定，虽然各有不同，但也有规律可循，大致可分为三个阶段。

其一是完全无刑事责任年龄阶段，即七岁以下，九十岁以上。这一年龄段的人对个人罪行不负责任。《礼记·曲礼上》载："八十、九十曰耄，七年曰悼，悼与耄虽有罪，不加刑焉。"对幼弱、年老的犯罪人予以刑罚宽免的理论渊源，最早可以追溯到西周的"三赦之法"，即对"幼弱"、"老旄"和"蠢愚"进行赦免。《唐律疏议·

名例》曰:"悼耄之人,皆少智力。"古代刑律确定无刑事责任年龄,蕴含着"矜老恤幼"的刑事司法思想,与当代刑法有着旨趣相通之处。

鸿嘉元年(公元前20年),汉成帝定令:"年未满七岁,贼斗杀人及犯殊死者,上请廷尉以闻,得减死。"可见,从先秦至汉,七岁以下的孩童都是免于刑责的。及至唐朝,《唐律疏议》明确规定:"九十以上,七岁以下,虽有死罪,不加刑",是为"爱幼养老之义也"。另外,《宋刑统·名例律》在"老幼疾及妇人犯罪"中亦有"九十以上,七岁以下,虽有死罪不加刑"的规定,明清亦沿用此制。比如在嘉庆十七年(公元1812年),年仅六岁的哈尔呢都用刀戳九岁的玛勒塔玛勒致其身死。刑部复核认为:"该犯年止六岁,与七岁以下虽有死罪不加刑之律相符。"哈尔呢都被依律免罪。

其二是相对负刑事责任年龄阶段,即七岁至十岁、七十岁至九十岁。这一年龄段的人已具有一定的认知能力和是非观念,对其重大、恶性的犯罪"情状难原",不能免除其刑事责任。然出于哀矜老小的缘故,在罪责认定和刑罚执行中可以给予一定的宽容。

《周礼·司刺》记载:"一赦曰幼弱,再赦曰老旄,三赦曰蠢愚。"东汉经学大师郑玄注疏此条时曰:"幼弱、老耄,若今时律令,年未满八岁、八十以上,非手杀人,他皆不坐。"可见西周之时,八岁以下的孩童和八十岁以上的老人,要为"手杀人"的行为承担刑事责任。《二年律令》规定:"有罪年不盈十岁,除;其杀人,完为城旦舂。"意思是,十岁以下的人仅对杀人行为承担刑事责任。另《汉书·惠帝纪》载:"民年七十以上若不满十岁有罪当刑者,皆完之。"孟康注:完之即"不加肉刑"。综合这几种情形可知,十岁以下七十岁以上的人犯罪,一般不追究刑事责任,但所犯为"杀人"重罪,仍然要负刑事责任,只是在量刑时予以优待。发展到唐朝，需要追究刑事责任的罪名种类有所增加，《唐律疏议·名例》规定："八十以上、十岁以下及笃疾，犯反、逆、杀人应死者，上请。"从杀人罪扩大到谋反、谋大逆，都需追责，但当事人可以通过"上请"程序享受减免政策。后世朝代亦比照唐律的规定，实行宽刑。

其三是完全负刑事责任年龄阶段，即十岁至七十岁。这一年龄段的人，应对其所犯罪行承担刑事责任。《礼记·内则》云："十年，出就外傅，居宿于外，学书计。"年满十岁之人，可以外出求学、独立起居。从法律意义上考察，其对自己的行为已具备认知和控制的能力，自当对个人所犯罪行负责。

《汉书·惠帝纪》中有七十岁以上和不满十岁之人"有罪当刑，皆完之"的规定，其言外之意就是：已满十岁未满七十岁的人自然是"有罪当刑"、无所宽宥。比如《南史·孔琇之传》载："有小儿年十岁，偷刈邻家稻一束。"孔琇之审案时将其定为盗窃罪，并说："十岁已能为盗，长大何所不为？"又如，《旧唐书·穆宗本纪》中有这样一个案例：康宪向张莅讨还债务，张莅拒不归还，还趁酒醉将康宪打得奄奄一息。康宪儿子康买德年届十四，为报父仇，用木钟打破张莅头部，三日后亡。康买德已超过十岁，达到了承担罪责的法定年龄，依律"杀人当死"，但为表彰其"能知子道"的孝心，皇帝敕令"减死罪一等"。

二、古代刑事责任年龄制度的当代启示

民众的法律观念与法制思维要通过法律制度实施来培养，而前者为制度的传承创新提供文化土壤。肇自西周，下迄当代，设定刑事责任年龄的制度一脉相承。从文化学的角度分析，其中潜藏着深厚的文化底蕴。

中华文化说到底还是"礼法文化"。汉初,统治者反秦之弊,采纳大儒董仲舒建议,"罢黜百家,独尊儒术",中华文化与儒家思想开始深度融合,史称"引礼入法"。后经魏晋南北朝礼法结合进一步发展,至隋唐形成了"礼法合一"的格局,传统法文化得以确立,儒家倡导的"仁"成为其思想核心。《说文解字》云:"仁,亲也。从人,从二。"孟子曰:"恻隐之心,仁之端也。""仁"强调的就是"我为人人,人人为我"和"将心比心"的处事方法。

受儒家"仁"的思想影响,历代对老幼废疾皆实行宽刑。及至清末,由"悼耄不加刑"发展为"未满十二岁人之行为不为罪"(《大清新刑律》第11条)。到了现代,《刑法》明确规定已满十四周岁不满十六周岁的人,需对八类暴力犯罪负责。纵观我国从古至今有关刑事责任年龄的设定,其立法原意都是对老幼的矜恤与悲悯。2011年《刑法修正案(八)》新增:"已满七十五周岁的人故意犯罪的,可以从轻或者减轻处罚;过失犯罪的,应当从轻或者减轻处罚。"可以说,这一新增条文是对"矜老恤幼"立法传统的承继,是"以人为本"思想在刑事司法领域的体现,亦是中华法文化内核——"仁"的思想回归。

历代有关刑事责任年龄的制度设定,承载着古代司法的用刑智慧。吸收外来,是为润其所在;"知所从来,才能明其将往"。

考诸过往可知,降低刑事责任年龄是具有历史必然性的。《汉律》明确十岁以下的人要对杀人行为承担刑事责任;《唐律疏议》在《汉律》的基础上,扩大了追责范围,十岁以下犯反、逆、杀人罪的,依律判处死刑。《大清律例》规定:"十岁以下,犯杀人应死者,上裁。"意思是,十岁以下杀人的,应上报皇帝裁定是否予以减刑。但最终能否减刑也不能一概而论,应当根据案件的性质、情节等具体问题具体分析。乾隆年间,发生九岁孩童刘縻子殴毙李子相案,上裁时皇帝斥责道:"若第因其年幼辄行免死,岂为情法之平?况九龄幼童即能殴毙人命,其赋性凶悍可知,尤不宜遽为矜宥!"刘糜子年方九岁,本来在依律减刑的范围之内。但他"赋性凶悍",若得免死,必将对社会造成不确定的危害;若不免死,既没有突破"上裁"的原则性规定,又能减少不确定的社会危害因素,做到情法两平,实现法律效果与社会效果的统一。当法律实现了"杀人偿命、有罪必罚"的朴素正义观,才能得到普罗大众的拥护。

综之,探讨中华法文化中的刑事责任年龄制度,不仅是为降低刑事责任年龄提供理论支撑,更旨在继承和弘扬传统法律中"矜老恤幼"的思想理念,以及"天理、国法、人情"相统一的价值追求,将讲仁爱、重民本、守诚信、崇正义、尚和合、求大同的优秀传统文化融入中国特色社会主义法治体系之中,以推动我国刑事责任年龄制度进一步完善。

(原文发表于《学习时报》2020年12月16日,第2版)

附录六 积极探索社会主义法治文化传播新途径

2021年，中共中央办公厅、国务院办公厅印发《关于加强社会主义法治文化建设的意见》（以下简称《意见》），为新时代弘扬社会主义法治文化提供了"施工图"和"时间表"。《周易》有言："观乎人文，以化成天下。""文"指人类社会知识、智慧、经验、教训的积淀，文化的功能在于以文化人。法治文化建设的要旨则在于以法治之"文"，"化"天下之人，将法治精神转化成普罗大众的内心信仰。党的十八大以来，以习近平同志为核心的党中央在推进全面依法治国的进程中，高度重视社会主义法治文化建设。这既是建设社会主义法治国家的应有之义，也是增强文化自信的应尽之为，更是实现中华民族伟大复兴的应行之路。

然而，文化作为一个"文而化之"的过程，重在传播推广，是动态的，同时也是漫长的，不可能一蹴而就，其中难免会有诸多困难。要将"尊法、学法、懂法、守法、用法"化育为全民的生活习惯，必须找准症结，探索出切实有效的法治文化传播途径。当前，社会主义法治文化的传播主要依靠文本传读与口头讲解，其氛围和声音在当代中国迅猛发展的浪潮中稍显微弱，对人民群众的滋养仍显不足。究其原因，有以下三点需给予高度重视：

第一，重西方而轻中国。在正式提出"建设中国特色社会主义法治体系"之前，我国法律体系基本是从西方移植而来，导致部分人盲目崇尚西方制度。学习他国先进经验确有必要，但不关注中国自身的法律文化传统，长此以往就可能陷入"言必称希腊"的泥潭，也难以获得民众内心的价值认同。

第二，重法律而轻文化。法律是一门实用之学。"法律工具论"长期存在于部分群众心中，其并未将法治精神转化为自觉的是非善恶观念。正如费孝通先生在《乡土中国 生育制度》中所说："这些凭借一点法律知识的败类，却会在乡间为非作恶起来，法律还要去保护他。"❶ 若缺乏文化价值的引导，法律不免有逆情悖理之处，将难以令人信服，法治也殊难成为信仰。

第三，重研究而轻传播。改革开放四十余年来，我国法学教育取得了巨大成就，但也一直存在着注重理论研究而忽略知识传播的现象。高深的理论固然有助于推动法治建设的进步，但无法转化成百姓喜闻乐见的语言，不能被人民群众所理解和接受，自然就很难将法治精神融入日常生活之中。

冰冻三尺非一日之寒，社会主义法治文化的培育也绝非朝夕之功。唯有对症下药，方能大功毕成。积极探索民族的、科学的、大众的社会主义法治文化传播新途径，正是全面推进依法治国的有力抓手：

首先，坚守社会主义法治文化的"中国立场"。习近平总书记强调要"从我国革命、建设、改革的实践中探索适合自己的法治道

---

❶ 费孝通：《乡土中国 生育制度》，北京大学出版社1998年版，第58页。

路"❶。西方的法律思想和法律制度自有其先进之处，但"橘生淮南则为橘，生于淮北则为枳"，不同的社会背景下所适用的法律必然不同，盲目崇拜西方法律制度、移植西方法律体系，恐有方枘圆凿之患。古代中国是"礼法社会"，自古以来中国人就讲求"天理、国法、人情"的高度统一，千年以后的今天亦是如此，这是深深植根于中国人心目中的道德标准和法律观念。中国特色社会主义法治道路必须要在中国的土壤上才能行稳致远，中国的法治道路没有范本可循，只有结合中国实际、符合中国国情、解决中国问题的中国特色社会主义道路才是我们的最终归宿，这不仅是社会主义法治建设的基本要求，更是坚定文化自信的重要举措。习近平法治思想是全面依法治国的根本遵循和行动指南，更是加强社会主义法治文化建设的理论武器，要深入挖掘、研究、阐释其内在的科学性、系统性和创新性。与此同时，要在强化学理支撑、凝结经验共识、打造高端智库、提供决策参考等方面下功夫、做文章，做细、做实、做强中国特色社会主义法治理论的研究工作。

其次，传承社会主义法治文化的"中国基因"。文以载道，以文化人。一直以来，德主刑辅、以和为贵、上下和合、明礼导民、执法公正等传统法律文化精华都是广大人民群众的价值追求和内在祈盼，但是仅仅依靠佶屈聱牙的古代典籍传播中华优秀传统法律文化，并非一个良好而成熟的选择。在此语境下，对中华优秀传统法律文化进行创造性转化和创新性发展，将文化的厚重精神和现实的

---

❶ 《习近平在中央全面依法治国工作会议上强调 坚定不移走中国特色社会主义法治道路 为全面建设社会主义现代化国家提供有力法治保障》，人民网，http://jhsjk.people.cn/article/31934454，最后访问日期：2023年3月27日。

法治需求紧密结合起来，就必须解决内容大众化的问题。要积极发掘经典文段中契合时代内涵、与社会主义核心价值观内在统一的法律文化精华，将人民群众难以读懂和理解的文字、段落，通过现代人的思维范式和行文习惯进行不改变原文含义的翻译和改编，做到走向大众、深入人心、效果突出。此外，法治人才的培养是关乎社会主义法治建设后继有人的历史使命，必须引起重视。要充分运用中华优秀传统法律文化，将"立德树人、德法兼修"融入思想道德教育、文化知识教育、社会实践教育各环节，以道德品行、社会责任能力、民族与国家情感的养成作为法学人才培养的根基，加强对学生法治理论的培养深度、法治思维的训练广度。

最后，唱响社会主义法治文化的"中国声音"。从某种意义上讲，社会主义法治文化的传播，就是将深居象牙塔的研究成果转化为向大众传播普及的精神食粮。第一，抓好"关键少数"。通过集中培训、适时轮训、开展讲座等方式，提高领导干部运用法治思维、使用法治方法、坚守法治底线的能力和水平。第二，完善普法体系。把宪法和法律普及与爱国主义教育结合起来，深入落实"谁执法谁普法"的要求，广泛开展社会普法宣讲、青少年法治教育，建立法治宣传教育基地、青少年法治教育实践基地等。第三，加强政企合作。加大对法治文化产业的扶持力度，由政府提供政策保障，帮助企业获得资金等支持，共同推出法治文化品牌，开展法治文化传播传承活动。第四，拓展传播渠道。着力建设社会主义法治文化进校园、进企业、进社区工作格局。用好新媒体传播模式，巧用互联网唤醒法治文化的智慧，做到线上线下同频共振、同步发声、同时传播。借助各大视频平台、自媒体平台的推广效应，策划、开发兼具知识性、通俗性、趣味性的法治文化宣传普及产品，包括精彩视频、有声图书、学习读本等,帮助人民群众知晓法律条文、理解法治精神、提升法治素养,助力全面普法、全民守法、全社会尊法。

(原文发表于《光明日报》2021年6月19日,第7版)